高等职业教育"十三五"规划教材

立信精品教材

Excel在财务中的经典应用案例

（第二版）

主编　孙一玲　李煦

副主编　喻竹　李婉琼　谈先球

参编　张皓阳　郭海光　韩晶　令狐荣波　张杨

立信会计出版社

LIXIN ACCOUNTING PUBLISHING HOUSE

图书在版编目(CIP)数据

Excel 在财务中的经典应用案例 / 孙一玲主编. —2

版. —上海：立信会计出版社,2016.6

高等职业教育"十三五"规划教材立信精品教材

ISBN 978 - 7 - 5429 - 5043 - 7

Ⅰ.①E… Ⅱ.①孙… Ⅲ.①表处理软件—应

用—财务管理—高等职业教育—教材 Ⅳ.①F275-39

中国版本图书馆 CIP 数据核字(2016)第 155721 号

策划编辑 陈 旻
责任编辑 陈 旻
封面设计 南房间

Excel 在财务中的经典应用案例(第二版)

Excel Zai Caiwu Zhong De Jingdian Yingyong Anli

出版发行	立信会计出版社		
地 址	上海市中山西路 2230 号	邮政编码	200235
电 话	(021)64411389	传 真	(021)64411325
网 址	www.lixinaph.com	电子邮箱	lxaph@sh163.net
网上书店	www.shlx.net	电 话	(021)64411071
经 销	各地新华书店		

印 刷	浙江省临安市曙光印务有限公司
开 本	787 毫米×1092 毫米 1/16
印 张	14.75
字 数	350 千字
版 次	2016 年 6 月第 2 版
印 次	2017 年 6 月第 2 次
印 数	3101—6200
书 号	ISBN 978 - 7 - 5429 - 5043 - 7/F
定 价	32.00 元

前　　言

Excel 2010 具有十分友好的人机界面和强大的计算功能,它已成为国内外广大用户财务、数据统计、绘制各种专业化表格的得力助手。与财务软件相比,使用 Excel 2010 既能高效、正确、灵活地处理会计数据,又能节约成本。

本书充分利用 Excel 2010 的技术特点,以企业财务与管理常用表单和功能需求为任务,深入揭示了 Excel 2010 与财务背后的原理概念,并配合有大量典型实用的应用案例,帮助读者全面掌握 Excel 2010 在财务中的应用技术。技术内容包括:Excel 2010 的基本功能、公式与函数、图表与图形、Excel 2010 表格分析与数据透视表、Excel 2010 高级功能。任务案例包括:销售业务单据与统计表、应收账款分析与管理、进销存管理与利润分析、薪资管理、固定资产管理与折旧计算、会计账务处理、财务报表分析、预算管理、筹资管理、项目投资管理、Excel 中的 VBA 语言介绍和 Excel 快捷键介绍等。

本书有以下显著特点:

一是专业性。本书体现了较强的财务专业知识,遵循了 2014 年新修订的企业会计准则。

二是实用性。本书充分考虑企业实践中的相关专业应用,建立的模型可以应用到企业实战,并有一定的可扩展性。

三是易学性。本书案例由浅到深,循序渐进。任何具有 Excel 基础知识和会计基础知识的人员,都可以按照本书讲解的步骤轻松使用 Excel 来处理企业单位的会计实务工作。

本书由孙一玲、李煦、喻竹、李婉琼、谈先球、张皓阳、郭海光、韩晶、令狐荣波和张杨等老师通力合作完成。孙一玲、张皓阳编写典型项目 1　销售业务单据与统计表和典型项目 6　会计账务处理,李煦编写典型项目 2　应收账款分析与管理和典型项目 9　筹资管理,喻竹、张皓阳编写典型项目 3　进销存管理与利润分析,喻竹、令狐荣波编写附录 1　Excel 中的 VBA 语言介绍,李婉琼编写典型项目 5　固定资产管理与折旧计算,谈先球编写典型项目 4　薪资管理,郭海光编写典型项目 10　项目投资管理,韩晶编写典型项目 8　预算管理,张杨、孙一玲编写典型项目 7　财务报表分析和附录 2　Excel 快捷键。孙一玲、李煦对本书进行了总纂。

由于编写时间仓促,疏漏之处,恳请广大读者批评指正。

相关教学资源请与立信会计出版社联系索取。

编　　者

2016 年 8 月

目　录

典型项目 1 销售业务单据与统计表

➤ 项目目标

1. 销售业务单据制作
2. 销售订单统计表生成
3. 销售统计表的信息分析统计和图表分析
4. 举一反三,掌握企业其他业务单据的编制、汇总、统计和图表分析基本方法

➤ 项目知识背景

财务角度:通过了解企业销售业务订单的编制方法,掌握销售订单各个项目信息的特点、来源和作用。Excel 单据的编制要最大限度地满足业务的需要,做到数据精准、规范,同时兼顾美观便捷,从而提高企业形象。

Excel 技巧:利用数据有效性,编制数据透视表,金额数字的小写转大写,if、VLOOK-UP、IFERROR 和 NUMBERSTRING 等功能和函数。

➤ 项目任务

滨海电器商贸有限公司拟完善企业经营业务的信息管理,提高效率,规范销售业务,将手工销售订单通过 Excel 表格归集。表 1.1 至表 1.9 是该公司的部分业务资料,其中表 1.1 是该公司的销售订单纸质样本,现需要业务人员能通过计算机开具订单、存档,并进行统计分析和销售预测。

表 1.1   销 售 订 单

序号:101   订单编号:D20150301101   制单日期:2015/3/1

客户名称		上海万联商贸有限公司		联系人	刘芳
联系电话		02167231234		传真	02167231234
单位地址		上海市中山西路 120 号			
交货方式	自提	交货地点		交货日期	2015/3/1
付款方式		现金		收款日期	2015/3/1
业务员		林卿		开票种类	增值税专用发票

（续表）

序号	编码	品名	规格	单位	数量	单价	金额
1	Z230-3	Z230-3 烤箱	Z230-3-2000W	台	46	4 000.00	184 000.00
2	J212068	J212068 面包机	J212068-1500W	台	20	4 230.00	84 600.00
3	K213281	K213281 咖啡机	K213281-800W	台	2	1 800.00	3 600.00
4							
5							
6							
7							
8							
9							
10							
合计	人民币:贰拾柒万贰仟贰佰元整（￥272 200.00 元）						
备注							
业务代表	签字：				日期：		
销售经理	签字：				日期：		

表 1.2　　　　　　　　　销售订单统计表

月份	制单日期	订单编号	序号	编码	品名	规格	单位	数量	单价	金额	客户名称	业务员	交货方式	付款方式	开票种类
3	20150301	D20150301101-1	1	Z230-3	Z230-3烤箱	Z230-3-2000W	台	46.00	4 000.00	184000	上海万联商贸有限公司	林卿	自提	现金	增值税专用发票
3	20150301	D20150301101-2	2	J212068	J212068面包机	J212068-1500W	台	20.00	4 230.00	84600	上海万联商贸有限公司	林卿	自提	现金	增值税专用发票
3	20150301	D20150301101-3	3	K213281	K213281咖啡机	K213281-800W	台	2.00	1 800.00	3600	上海万联商贸有限公司	林卿	自提	现金	增值税专用发票
3	20150301	D20150301102-1	1	J210565	J210565面包机	J210565-1000W	台	50.00	3 000.00	150000	北京华通商贸有限公司	魏华	指定地点交货	银行汇票	增值税专用发票
3	20150301	D20150301102-2	2	K213290	K213290咖啡机	K213290-1000W	台	10.00	2 800.00	28000	北京华通商贸有限公司	魏华	指定地点交货	银行汇票	增值税专用发票
3	20150301	D20150301102-3	3	Z350-6	Z350-6烤箱	Z350-6-2000W	台	10.00	8 000.00	80000	北京华通商贸有限公司	魏华	指定地点交货	银行汇票	增值税专用发票

表 1.3　　　　　　　　　客　户　资　料

序号	编码	客户名称	联系人	联系电话	传真	单位地址	业务员
1	bjht	北京华通商贸有限公司	王 乔	01067231234	01067231235	北京市东城区钱粮胡同 4 号	林卿
2	shwl	上海万联商贸有限公司	刘 芳	02167231234	02167231234	上海市中山西路 120 号	林卿
3	tjhy	天津华云电器商贸有限公司	刘云华	02225327899	02225327899	天津市滨海新区黄海路 1002 号	罗芳
4	gzhm	广州惠民科技有限公司	杨 平	02084722888	02084722888	广州市越秀区幸福路 86 号	张亮
5	tjjn	天津津南电子器材有限公司	马 桑	02284721238	02284721238	天津市津南区沿河路 86 号	罗芳
6	gzxl	广州西联科技有限公司	张 品	02067891234	02067891234	广州市花都沿江大道 124 号	张亮

表 1.4　　　　　　　　　　　　　商 品 信 息 表

序号	编码	品名	规格	计量单位	定价
1	J210261	J210261 面包机	J210261-800W	台	2 000.00
2	J210565	J210565 面包机	J210565-1000W	台	3 000.00
3	J212068	J212068 面包机	J212068-1500W	台	4 230.00
4	K213281	K213281 咖啡机	K213281-800W	台	1 800.00
5	K213290	K213290 咖啡机	K213290-1000W	台	2 800.00
6	Z230-3	Z230-3 烤箱	Z230-3-2000W	台	4 000.00
7	Z350-6	Z350-6 烤箱	Z350-6-2000W	台	8 000.00
8	Z460-8	Z460-8 烤箱	Z460-8-2000W	台	9 000.00

表 1.5　　　　　　　　　　　　　付 款 方 式 表

编号	付款方式
001	现金
002	转账
003	银行汇票
004	银行承兑汇票
005	本票
006	"2/10，1/20，n/30"
007	

表 1.6　　　　　　　　　　　　　业 务 员 名 单

编号	姓名
001	林　卿
002	魏　华
003	王　颖

表 1.7　　　　　　　　　　　　　发 票 种 类 表

编号	发票种类
001	增值税专用发票
002	增值税普通发票
003	国税手工发票
004	收款收据

表 1.8　　　　　　　　　　　　　交 货 方 式 表

编号	交货方式
001	自提
002	指定地点交货

年 份	2011	2012	2013	2014	2015
销售额	1 800 000	2 000 000	2 100 000	2 200 000	2 400 000

表 1.9　　　　　　　　　　销售历史数据　　　　　　　　　　单位:元

➤ **任务分解**

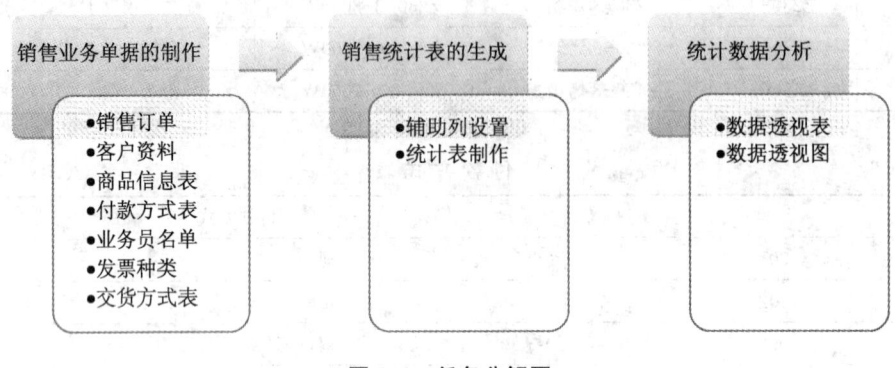

图 1.1　任务分解图

任务 1.1　销售业务单据的制作

1.1.1　任务分析

销售是企业利润的重要来源,建立客户资料、签订订单,并按订单发货是企业数据处理系统化、科学化的基础工作,也是企业准确计算利润的关键。为了数据录入的准确规范,方便操作和汇总统计,先建立客户资料、商品信息表、付款方式表、业务员名单、发票种类表和交货方式表等相关基础信息列表。

销售订单采用企业常用格式,企业可根据需要设计适合自己,体现本企业需求和文化的表单形式。当格式固定后,不同订单的数据信息不同,可以手工录入,但是为了高效地进行数据的统计,销售业务单据要实现数据输入的规范性,本案例需使用数据的有效性,同时为了有效性的更新和可扩展,需建立客户资料表、商品信息表、业务员表、发票种类表、交货方式表和付款方式表等相关辅助列表。

销售统计表根据销售订单生成,方法较多,各有优缺点,有的编制复杂但后期操作简单,一劳永逸;有的利用 Excel 的功能直接生成,但需要操作人员有一定的 Excel 技能基础,并且出错的概率加大。

1.1.2　任务实现步骤

1.1.2.1　辅助工作表制作

步骤 1　客户资料、商品信息表、付款方式表、业务员名单、发票种类表和交货方式表等相关辅助列表需要我们调研企业销售业务的需求,表1.3至表1.8已经给出该公司部分资料,建立辅助工作表可以做到资料的可扩展性,即新增资料可以追加在工作表中。

步骤2 建立"销售业务单据与统计表"Excel工作簿,修改工作表"sheet1"为"客户资料"。录入表1.3客户资料,如图1.2所示。

	A	B	C	D	E	F	G	H
1	序号	编码	客户名称	联系人	联系电话	传真	单位地址	业务员
2	1	bjht	北京华通商贸有限公司	王乔	01067231234	01067231235	北京市东城区钱粮胡同4号	林卿
3	2	shwl	上海万联商贸有限公司	刘芳	02167231234	02167231234	上海市中山西路120号	林卿
4	3	tjhy	天津华云电器商贸有限公司	刘云华	02225327899	02225327899	天津市滨海新区黄海路1002号	罗芳
5	4	gzhm	广州惠民科技有限公司	杨平	02084722888	02084722888	广州市越秀区幸福路86号	张亮
6	5	tjjn	天津津南电子器材有限公司	马桑	02284721238	02284721238	天津市津南区沿河路86号	罗芳
7	6	gzxl	广州西联科技有限公司	张品	02067891234	02067891234	广州市花都沿江大道124号	张亮

图1.2 客户资料

步骤3 同理,将"sheet2"改为"商品信息表",将"sheet3"改为"付款方式表",并录入表1.4和表1.5中数据,如图1.3和图1.4所示。

	A	B	C	D	E	F
1	序号	编码	品名	规格	计量单位	定价
2	1	J210261	J210261面包机	J210261-800W	台	2 000.00
3	2	J210565	J210565面包机	J210565-1000W	台	3 000.00
4	3	J212068	J212068面包机	J212068-1500W	台	4 230.00
5	4	K213281	K213281咖啡机	K213281-800W	台	1 800.00
6	5	K213290	K213290咖啡机	K213290-1000W	台	2 800.00
7	6	Z230-3	Z230-3烤箱	Z230-3-2000W	台	4 000.00
8	7	Z350-6	Z350-6烤箱	Z350-6-2000W	台	8 000.00
9	8	Z460-8	Z460-8烤箱	Z460-8-2000W	台	9 000.00

图1.3 商品信息表

	A	B
1	编号	付款方式
2	001	现金
3	002	转账
4	003	银行汇票
5	004	银行承兑汇票
6	005	本票
7	006	"2/10, 1/20, n/30"

图1.4 付款方式表

	A	B
1	编号	姓名
2	001	林卿
3	002	魏华
4	003	王颖

图1.5 业务员名单

步骤4 依次增加"业务员名单""发票种类表"和"交货方式表",如图1.5至图1.7所示。

	A	B
1	编号	发票种类
2	001	增值税专用发票
3	002	增值税普通发票
4	003	国税手工发票
5	004	收款收据

图1.6 发票种类表

	A	B
1	编号	交货方式
2	001	自提
3	002	指定地点交货

图1.7 交货方式表

1.1.2.2 销售订单制作

步骤 1 新建"销售订单"工作表，如图 1.8 所示，注意从第二行和 E 列开始。

	序号	编码	品名	规格	单位	数量	单价	金额

销售订单

序号		订单编号：					制单日期：	
客户名称					联系人			
联系电话					传真			
单位地址								
交货方式		交货地点			交货日期			
付款方式					收款日期			
业务员					开票种类			
序号	编码	品名	规格	单位	数量	单价	金额	
1								
2								
3								
4								
5								
6								
7								
8								
9								
10								
合 计								
备注								
业务代表	签字：				日期：			
销售经理	签字：				日期：			

客户资料 库存清单 付款方式表 业务员名单 发票种类表 交货方式表 销售订单

图 1.8　空白销售订单

步骤 2 跨越合并。选中 F4:I5 单元格区域，单击"开始"选项卡上"对齐方式"组中的"合并后居中"按钮后的三角，如图 1.9 所示，选择"跨越合并"，同理设置 K4:L5，F8:I9，K8:L9 单元格区域。

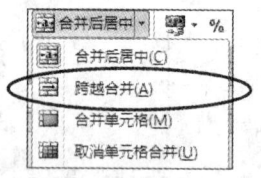

图 1.9　合并选项设置

步骤 3 参照图 1.7 将销售订单单元格设置一定颜色，图中无色单元格为手工输入或可以修改的信息单元，有色的单元格为不需录入信息和公式自动生成不需修改的信息。

步骤 4 设置订单序号。选择序号所在 F3 单元格，输入"101"，单击"开始"选项卡上"对齐方式"组中的"文本左对齐"按钮 ≡ 。

步骤 5 设置制单日期。选择制单日期所在 L3 单元格，设置为日期型，输入"2015/3/1"或"2015-3-1"。

步骤6　设置订单编号。订单编号以字母"D"开头,并由日期与订单序号合并而成。选择 H3 单元格,输入公式"=″D″&TEXT(L3,″yyyymmdd″)&F3",如图 1.10 所示。

	E	F	G	H	I	J	K	L
1	序号	编码	品名	规格	单位	数量	单价	金额
2				**销售订单**				
3	序号:	101	订单编号:	D20150301101			制单日期:	2015/3/1
4	客户名称		上海万联商贸有限公司			联系人		刘芳
5	联系电话		02167231234			传真		02167231234
6	单位地址			上海市中山西路120号				
7	交货方式	自提	交货地点			交货日期		2015/3/1
8	付款方式		现金			收款日期		2015/3/1
9	业务员		林卿			开票种类		增值税专用发票
10	序号	编码	品名	规格	单位	数量	单价	金额
11	1	Z230-3	Z230-3烤箱	Z230-3-2000W	台	46	4 000.00	184 000.00
12	2	J212068	J212068面包	J212068-1500W	台	20	4 230.00	84 600.00
13	3	K213281	K213281咖啡	K213281-800W	台	2	1 800.00	3 600.00
14	4							
15	5							
16	6							
17	7							
18	8							
19	9							
20	10							
21	合 计		人民币:贰拾柒万贰仟贰佰元整 (￥272 200.00)					
22	备注							
23	业务代表		签字:			日期:		
24	销售经理		签字:			日期:		

图 1.10　订单编号设置

知识链接

　　TEXT 函数是用来将数值转换为按指定数字格式表示的文本。该函数的语法规则如下:

$$\text{TEXT}(value, format\_text)$$

具有以下参数:

value 为数值、计算结果为数字值的公式,或对包含数字值的单元格的引用。

format_text 为"单元格格式"对话框中"数字"选项卡上"分类"框中的文本形式的数字格式。

说明

format_text 不能包含星号(＊)。通过"格式"菜单调用"单元格"命令,然后在"数字"选项卡上设置单元格的格式,只会更改单元格的格式而不会影响其中的数值。使用函数 TEXT 可以将数值转换为带格式的文本,而其结果将不再作为数字参与计算。

实例

A1 = 2015/3/1,则:

　　= TEXT(A1,″yy″) 结果为:15;

（续上）

> ＝TEXT(A1,"yyyy")结果为:2015;
>
> ＝TEXT(A1,"mm")结果为:03;
>
> ＝TEXT(A1,"mmm")结果为:Mar;
>
> ＝TEXT(A1,"mmmm")结果为:March;
>
> ＝TEXT(A1,"m月份报表")结果为:3月份报表;
>
> ＝TEXT(A1,"yyyymmdd")结果为:20150301。

☞ **知识链接**

> 在 Excel 公式中,"&"是文本合并运算符,即将大写字母"D"、TEXT(A1,"yyyymm-dd")的结果"20150301"和 F3 单元格中的"101",合并在 H3 单元格中,即:D20150301101。

步骤 7 利用下拉菜单,将"客户资料"中的客户名称选择录入订单,可以通过设置客户名称的数据有效性来完成。

选择 F4 的合并单元格,单击"数据"选项卡上"数据工具"组中的"数据有效性"按钮"⊞"。打开"数据有效性"窗口,在"设置"选项卡下,选择"允许"下面的"序列",点击来源下面的"⊞"按钮,单击表下方的工作表名"客户资料",进入"客户资料"工作表,选择 C 列,如图 1.11 所示,再点击"⊞"按钮,返回数据有效性设置,如图 1.12 所示,点击"确定"按钮。

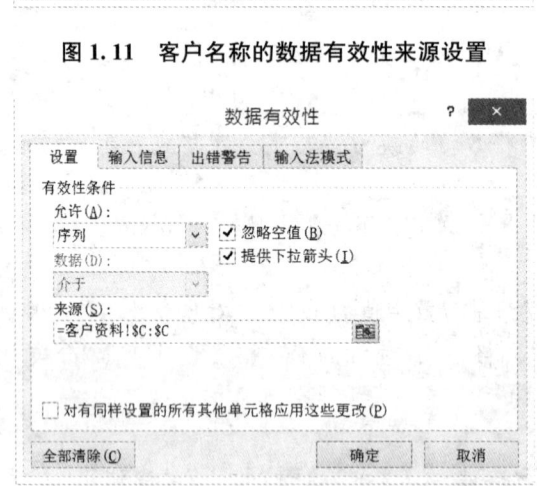

图 1.11 客户名称的数据有效性来源设置

图 1.12 客户名称的数据有效性设置

步骤 8 选择 F4 的合并单元格,单元格右部出现向下的三角,点击三角,选择录入客户名称"上海万联商贸有限公司",如图 1.13 所示。数据有效性不仅在客户清单已建立的情况下,提高了录入速度,更重要的是提高了录入的准确度,为后期的汇总和函数调用提供了基础。

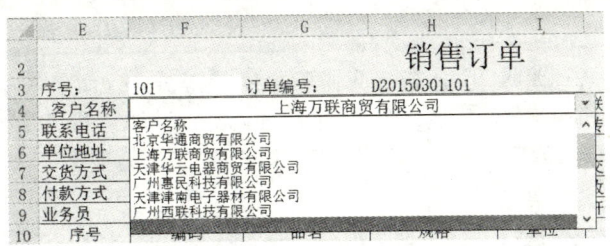

图 1.13 客户名称的数据有效性应用

☞ **知识链接**

数据有效性是对单元格或单元格区域输入的数据从内容到数量上的限制。对于符合条件的数据,允许输入;对于不符合条件的数据,则禁止输入。这样就可以依靠系统检查数据的正确有效性,避免错误的数据录入。

步骤 9 通过客户名称,将对应的客户信息自动填入订单。选择 K4 合并单元格,输入公式"= IF(F4<>"",VLOOKUP(F4,客户资料! C:H,2,0),"")",或者"= IFERROR(VLOOKUP(F4,客户资料! C:H,2,0),"")"。如图 1.14 所示。

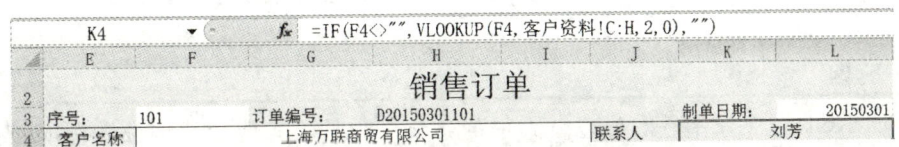

图 1.14 "联系人"的公式设置

☞ **知识链接**

VLOOKUP 函数是 Excel 中的一个纵向查找函数,它与 LOOKUP 函数和 HLOOKUP 函数属于一类函数,在工作中都有广泛应用。VLOOKUP 是按列查找,最终返回该列所需查询列序所对应的值;与之对应的 HLOOKUP 是按行查找的。该函数的语法规则如下:

VLOOKUP(lookup_value, table_array, col_index_num, range_lookup)

具有以下参数:

lookup_value 为需要在数据表第一列中进行查找的数值。lookup_value 可以为数值、引用或文本字符串。

table_array 为需要在其中查找数据的数据表。使用对区域或区域名称的引用。

col_index_num 为 table_array 中查找数据的数据列序号。col_index_num 为 1 时,返回 table_array 第一列的数值,col_index_num 为 2 时,返回 table_array 第二列的数值,以此类推。如果 col_index_num 小于 1,函数 VLOOKUP 返回错误值 ♯VALUE!;如果 col_index_num 大于 table_array 的列数,函数 VLOOKUP 返回错误值 ♯REF!。

range_lookup 为一逻辑值,指明函数 VLOOKUP 查找时是精确匹配,还是近似匹配。如果为 false 或 0,则返回精确匹配,如果找不到,则返回错误值 ♯N/A。如果 range_lookup

（续上）

为 TRUE 或 1，函数 VLOOKUP 将查找近似匹配值，也就是说，如果找不到精确匹配值，则返回小于 lookup_value 的最大数值。如果 range_lookup 省略，则默认为近似匹配。

☞ **知识链接**

IF 函数是逻辑函数，表达的意思是当满足某条件时，返回一个值，否则返回另一个值。该函数的语法规则如下：

$$IF(logical\_text,[value\_if\_true],[value\_if\_false])$$

具有以下参数：

logical_text 表示要判断的条件。

value_if_true 表示当满足判断的条件时返回的值。

value_if_false 表示当不满足判断的条件时返回的值。

实例

销售订单表 J4 合并单元格中使用 IF 函数，是为了防止 E4 为空时，VLOOKUP 返回错误值"＃N/A"。

☞ **知识链接**

IFERROR 是用来捕获和处理公式中的错误。如果公式的计算结果错误，则返回指定的值；否则返回公式的结果。该函数的语法规则如下：

$$IFERROR(value, value\_if\_error)$$

具有以下参数：

value 为检查是否存在错误的参数。

value_if_error 必须，公式的计算结果为错误时要返回的值。计算得到的错误类型有：＃N/A、＃VALUE!、＃REF!、＃DIV/0!、＃NUM!、＃NAME? 或 ＃NULL!。

7 种错误的含义：

（1）＃N/A 当在函数或公式中没有可用数值时，将产生错误值 ＃N/A。

（2）＃VALUE! 当使用错误的参数或运算对象类型时，或者当公式自动更正功能不能更正公式时，将产生错误值 ＃VALUE!。

（3）＃REF! 删除了由其他公式引用的单元格，或将移动单元格粘贴到由其他公式引用的单元格中。当单元格引用无效时将产生错误值 ＃REF!。

（4）＃DIV/0! 当公式被零除时，将会产生错误值 ＃DIV/0!。

（5）＃NUM! 当公式或函数中某个数字有问题时将产生错误值 ＃NUM!。

（6）＃ NAME? 当公式或函数无法识别公式中的文本时，将出现此错误值 NAME?。

（7）＃NULL! 使用了不正确的区域运算符或不正确的单元格引用。当试图为两个并不相交的区域指定交叉点时将产生错误值 ＃NULL!。

（续上）

> **实例**
>
> 如果 value 或 value_if_error 是空单元格,则 IFERROR 将其视为空字符串值("")。如果 value 是数组公式,则 IFERROR 为 value 中指定区域的每个单元格返回一个结果数组。

步骤 10 同理设置其他相关单元格。选择 F5 合并单元格,输入公式"=IF(F4<>"", VLOOKUP(F4,客户资料! C:H,3,0),"")"或者"=IFERROR(VLOOKUP(F4,客户资料! C:H,3,0),"")"。

选择 K5 合并单元格,输入公式"=IF(F4<>"",VLOOKUP(F4,客户资料! C:H,4,0),"")"或者"=IFERROR(VLOOKUP(F4,客户资料! C:H,4,0),"")"。

选择 F6 合并单元格,输入公式"=IF(F4<>"",VLOOKUP(F4,客户资料! C:H,5,0),"")"或者"=IFERROR(VLOOKUP(F4,客户资料! C:H,5,0),"")"。

步骤 11 设置交货方式的数据有效性,选择 F7 单元格,"设置—允许"为序列,来源输入"=交货方式! \$B:\$B"。选择录入"自提"。

步骤 12 设置付款方式的数据有效性,选择 F8 单元格,"设置—允许"为序列,来源输入"=付款方式! \$B:\$B"。选择录入"现金"。

步骤 13 设置业务员的数据有效性,选择 F9 单元格,"设置—允许"为序列,来源输入"=业务员名单! \$B:\$B"。选择录入"林卿"。

步骤 14 设置交货日期和送货日期的默认值为订单的日期,并可以修改。选择 K7 单元格,输入公式"=IF(L3<>"",L3,"")"。选择 K8 单元格,输入公式"=IF(L3<>"",L3,"")"。

步骤 15 设置增值税专用发票的数据有效性,选择 K9 单元格,"设置—允许"为序列,来源输入"=发票种类! \$B:\$B"。选择录入"增值税专用发票"。

步骤 16 设置商品编码的数据有效性,选择 F11 单元格,"设置—允许"为序列,来源输入"=库存清单! \$B:\$B"。选择录入"Z230-3"。

步骤 17 根据商品的编码自动录入相关信息。选择 G11 单元格,输入公式"=IF(F11<>"",VLOOKUP(F11,商品信息表! \$B:\$E,2),"")或者"=IFERROR(VLOOKUP(F11,商品信息表! \$B:\$E,2),"")"。

选择 H11 单元格,输入公式"=IF(F11<>"",VLOOKUP(F11,商品信息表! \$B:\$E,3),"")或者"=IFERROR(VLOOKUP(F11,商品信息表! \$B:\$E,3),"")"。

选择 I11 单元格,输入公式"=IF(F11<>"",VLOOKUP(F11,商品信息表! \$B:\$E,4),"")或者"=IFERROR(VLOOKUP(F11,商品信息表! \$B:\$E,4),"")"。

选择 K11 单元格,输入公式"=IF(F11<>"",VLOOKUP(F11,商品信息表! \$B:\$E,5),"")或者"=IFERROR(VLOOKUP(F11,商品信息表! \$B:\$F,5),"")"。

步骤 18 输入数量"46"(J11 单元格)。

步骤 19 自动计算金额。选择 L11 单元格,输入公式"=IFERROR(J11＊K11,"")"。

步骤 20 同理设置下面各行,或拖动复制。

步骤 21 录入其他数据,选择 F12 单元格,选择录入"J212068",选择 J12 单元格,输入数量"20"。选择 F13 单元格,选择录入"K213281",选择 J13 单元格,输入数量"2"。

步骤 22 设置合计金额的大小写。设置的函数和方法很多,举例如下:选择 F21 合并单元格,本单元格中需要录入 L11:L20 金额合计的人民币大写金额。

方法一 选择 F21 合并单元格,输入公式。

"="人民币":"&IF((SUM(L11:L20)−INT(SUM(L11:L20)))=0,TEXT(SUM(L11:L20),"[DBNUM2]")&"元整",IF(INT(SUM(L11:L20)*10)−SUM(L11:L20)*10=0,TEXT(INT(SUM(L11:L20)),"[DBNUM2]")&"元"&TEXT((INT(SUM(L11:L20)*10)−INT(SUM(L11:L20))*10),"[DBNUM2]")&"角整",TEXT(INT(SUM(L11:L20)),"[DBNUM2]")&"元"&IF(INT(SUM(L11:L20)*10)−INT(SUM(L11:L20))*10=0,"零",TEXT(INT(SUM(L11:L20)*10)−INT(SUM(L11:L20))*10,"[DBNUM2]")&"角")&TEXT(RIGHT(SUM(L11:L20),1),"[DBNUM2]")&"分"))&"(¥"&SUM(L11:L20)&"元)""。

效果如图 1.15 所示。

序号	编码	品名	规格	单位	数量	单价	金额
1	Z230-3	Z230-3烤箱	Z230-3-2000W	台	46	4 000.00	184 000.00
2	J212068	J212068面包	J212068-1500W	台	20	4 230.00	84 600.00
3	K213281	K213281咖啡	K213281-800W	台	2	1 800.00	3 600.00
4							
5							
6							
7							
8							
9							
10							
合 计	人民币:贰拾柒万贰仟贰佰元整 (¥272 200)						

图 1.15 销售订单"合计"方法一效果图

方法二 选择 F21 合并单元格,输入公式"="人民币"&NUMBERSTRING(SUM(L11:L20),2)&"元整"&"(¥"&SUM(L11:L20)&"元)""。该种方法适用于舍弃"角分"的金额处理。效果图同方法一图 1.15 所示。

方法三 选择 F21 合并单元格,输入公式"=TEXT(SUM(L11:L20)*100,"[dbnum2]人民币0仟0佰0拾0万0仟0佰0拾0元0角0分")&"(¥"&SUM(L11:L20)&"元)""。效果如图 1.16 所示。

序号	编码	品名	规格	单位	数量	单价	金额
1	Z230-3	Z230-3烤箱	Z230-3-2000W	台	46	4 000.00	184 000.00
2	J212068	J212068面包	J212068-1500W	台	20	4 230.00	84 600.00
3	K213281	K213281咖啡	K213281-800W	台	2	1 800.00	3 600.00
4							
5							
6							
7							
8							
9							
10							
合 计	人民币 零 仟 零 佰 贰 拾 柒 万 贰 仟 贰 佰 零 拾 零 元 零 角 零 分 (¥272 200)						

图 1.16 销售订单"合计"方法三效果图

☞ **知识链接**

在 Excel 中,隐藏了一个数字转大写的函数 NUMBERSTRING,仅支持正整数。该函数的语法规则如下:

$$NUMBERSTRING(value, type)$$

具有以下参数:

value 为要转化的数字;

type 为返回结果的类型(类型有 1、2、3 共三种),其中:1 为汉字小写,2 为汉字大写,3 为汉字读数。

实例

=NUMBERSTRING(1234567890,1)   结果为:一十二亿三千四百五十六万七千八百九十

=NUMBERSTRING(1234567890,2)   结果为:壹拾贰亿叁仟肆佰伍拾陆万柒仟捌佰玖拾

=NUMBERSTRING(1234567890,3)   结果为:一二三四五六七八九〇

1.1.3 拓展任务

销售订单中有颜色的区域,是不希望被随意修改的,请您对这部分区域进行保护。

提示:在 Excel 使用过程中,为了防止对别人或自己对工作表进行修改,我们经常要将工具表进行锁定,而有时并不是全部锁定,局部表格可以输入才能满足我们工作的需要。这就涉及对工作表进行局部加密,即使用"保护工作表"和"保护工作簿"等功能。

任务 1.2 销售订单的统计表生成

1.2.1 任务分析

销售订单采用企业常用格式,方便使用人员认知、操作和打印,但是给统计和分析工作造成一定障碍,因此需采取一定的技巧与方法,将销售订单转化为列表形式的销售统计表。例如:使用过渡的辅助单元格,隐藏过渡的辅助行或列等。

1.2.2 任务实现步骤

1.2.2.1 销售订单辅助行列设置

步骤 1 在销售订单设置辅助列,首先设置辅助列的标题,如图 1.17 所示。

步骤 2 为每行获取订单日期,同时订单内容为空时,日期也为空。选择 C11 单元格,输入公式"=IF(F11<>"",L3,"")"。

步骤 3 利用 C 列获取订单月份,同时订单内容为空时,月份也为空。选择 B11 单元格,输入公式"=IFERROR(MONTH(C11),"")"。

步骤 4 设置订单编号的唯一码,即订单编号加订单内行号选择 D11 单元格,输入公式

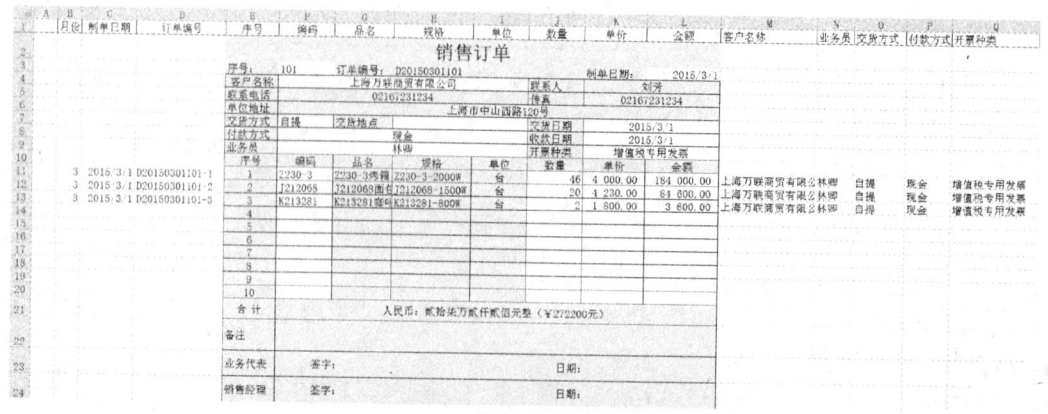

图 1.17　销售订单统计表

"=IF(F11<>"",H3&"-"&E11,"")"

步骤 5　同理设置 B11:D20 其他公式,如图 1.18 所示。

	A	B	C	D	E	F
1		月份	制单日期	订单编号	序号	编码
2						
3					序号:	101
4					客户名称	
5					联系电话	=IF(F4<>"",\
6					单位地址	=IF(F4<>"",\
7					交货方式	自提
8					付款方式	
9					业务员	
10					序号	编码
11		=IFERROR(MONTH(C11),"")	=IF(F11<>"",L3,"")	=IF(F11<>"",H3&"-"&E11,"")	1	Z230-3
12		=IFERROR(MONTH(C12),"")	=IF(F12<>"",L3,"")	=IF(F12<>"",H3&"-"&E12,"")	2	J212068
13		=IFERROR(MONTH(C13),"")	=IF(F13<>"",L3,"")	=IF(F13<>"",H3&"-"&E13,"")	3	K213281
14		=IFERROR(MONTH(C14),"")	=IF(F14<>"",L3,"")	=IF(F14<>"",H3&"-"&E14,"")	4	
15		=IFERROR(MONTH(C15),"")	=IF(F15<>"",L3,"")	=IF(F15<>"",H3&"-"&E15,"")	5	
16		=IFERROR(MONTH(C16),"")	=IF(F16<>"",L3,"")	=IF(F16<>"",H3&"-"&E16,"")	6	
17		=IFERROR(MONTH(C17),"")	=IF(F17<>"",L3,"")	=IF(F17<>"",H3&"-"&E17,"")	7	
18		=IFERROR(MONTH(C18),"")	=IF(F18<>"",L3,"")	=IF(F18<>"",H3&"-"&E18,"")	8	
19		=IFERROR(MONTH(C19),"")	=IF(F19<>"",L3,"")	=IF(F19<>"",H3&"-"&E19,"")	9	
20		=IFERROR(MONTH(C20),"")	=IF(F20<>"",L3,"")	=IF(F20<>"",H3&"-"&E20,"")	10	

图 1.18　销售订单 B11:D20 单元格公式

步骤 6　设置其他辅助列公式。选择 M11 单元格,参照图 1.19 输入公式,效果如图 1.19 所示。注意 M11:M20 区域公式与 N11:N20 区域公式设计的不同,N11:N20 区域录入公式的效率要高于 M11:M20 区域,公式效果相同。注意此处不要使用绝对地址,因为制作好的订单将要被复制。

此时,第一张订单设置完成。

步骤 7　将第一张订单(第 2 行至第 24 行单元格区域),复制到第 26 行至第 48 行。

步骤 8　设置第二张订单序号的自动顺序生成公式。选择第二张订单序号单元格 F27,输入公式"=F3+1"。

步骤 9　按图 1.20 所示,录入 102 号销售订单,订单内部白色单元格为可填制和可修改

	M	N	O	P	Q
1	客户名称	业务员	交货方式	付款方式	开票种类
11	=IF(F11<>"",F4&"","")	=IF(F11<>"",F9&"","")	=IF(F11<>"",F7&"","")	=IF(F11<>"",F8&"","")	=IF(F11<>"",K9&"","")
12	=IF(F12<>"",F4&"","")	=IF(F12<>"",N11&"","")	=IF(F12<>"",O11&"","")	=IF(F12<>"",P11&"","")	=IF(F12<>"",Q11&"","")
13	=IF(F13<>"",F4&"","")	=IF(F13<>"",N12&"","")	=IF(F13<>"",O12&"","")	=IF(F13<>"",P12&"","")	=IF(F13<>"",Q12&"","")
14	=IF(F14<>"",F4&"","")	=IF(F14<>"",N13&"","")	=IF(F14<>"",O13&"","")	=IF(F14<>"",P13&"","")	=IF(F14<>"",Q13&"","")
15	=IF(F15<>"",F4&"","")	=IF(F15<>"",N14&"","")	=IF(F15<>"",O14&"","")	=IF(F15<>"",P14&"","")	=IF(F15<>"",Q14&"","")
16	=IF(F16<>"",F4&"","")	=IF(F16<>"",N15&"","")	=IF(F16<>"",O15&"","")	=IF(F16<>"",P15&"","")	=IF(F16<>"",Q15&"","")
17	=IF(F17<>"",F4&"","")	=IF(F17<>"",N16&"","")	=IF(F17<>"",O16&"","")	=IF(F17<>"",P16&"","")	=IF(F17<>"",Q16&"","")
18	=IF(F18<>"",F4&"","")	=IF(F18<>"",N17&"","")	=IF(F18<>"",O17&"","")	=IF(F18<>"",P17&"","")	=IF(F18<>"",Q17&"","")
19	=IF(F19<>"",F4&"","")	=IF(F19<>"",N18&"","")	=IF(F19<>"",O18&"","")	=IF(F19<>"",P18&"","")	=IF(F19<>"",Q18&"","")
20	=IF(F20<>"",F4&"","")	=IF(F20<>"",N19&"","")	=IF(F20<>"",O19&"","")	=IF(F20<>"",P19&"","")	=IF(F20<>"",Q19&"","")

图 1.19　销售订单 L11:P20 单元格公式

区域。同理,将 102 号销售订单,复制到第 50 行至第 72 行单元格区域,可继续生成新的销售订单。

	E	F	G	H	I	J	K	L
1	序号	编码	品名	规格	单位	数量	单价	金额

销售订单

26					
27	序号： 102	订单编号： D20150302102		制单日期：	2015/3/2
28	客户名称	北京华通商贸有限公司		联系人	王乔
29	联系电话	01067231234		传真	01067231235
30	单位地址	北京市东城区钱粮胡同4号			
31	交货方式 指定地点交货	交货地点	京市东城区钱粮胡同4	交货日期	2015/3/2
32	付款方式	银行汇票		收款日期	2015/3/2
33	业务员	魏华		开票种类	增值税专用发票

序号	编码	品名	规格	单位	数量	单价	金额
1	J210565	J210565面包机	J210565-1000W	台	50	3 000.00	150 000.00
2	K213290	K213290咖啡机	K213290-1000W	台	10	2 800.00	28 000.00
3	Z350-6	Z350-6烤箱	Z350-6-2000W	台	10	8 000.00	80 000.00
4							
5							
6							
7							
8							
9							
10							

合　计	人民币：贰拾伍万捌仟元整（￥258000元）
备注	
业务代表	签字：　　　　　　　　　　　　　日期：
销售经理	签字：　　　　　　　　　　　　　日期：

图 1.20　销售订单(102)

　　步骤 10　为了制作一张美观的订单,可以进行字体、颜色、表格边框的修饰。尤其需要隐藏 B、C、D、M、N、O、P 列和 Q 列,如图 1.21 所示。

	A	E	F	G	H	I	J	K	L	R
1		序号	编码	品名	规格	单位	数量	单价	金额	

销售订单

序号：	101		订单编号：	D20150301101			制单日期：	2015/3/1	
客户名称			上海万联商贸有限公司			联系人		刘芳	
联系电话			02167231234			传真		02167231234	
单位地址			上海市中山西路120号						
交货方式	自提		交货地点			交货日期		2015/3/1	
付款方式			现金			收款日期		2015/3/1	
业务员			林卿			开票种类		增值税专用发票	
序号	编码		品名	规格	单位	数量	单价	金额	
1	Z230-3		Z230-3烤箱	Z230-3-2000W	台	46	4 000.00	184 000.00	
2	J212068		J212068面包机	J212068-1500W	台	20	4 230.00	84 600.00	
3	K213281		K213281咖啡机	K213281-800W	台	2	1 800.00	3 600.00	
4									
5									
6									
7									
8									
9									
10									
合 计			人民币：贰拾柒万贰仟贰佰元整（￥272 200元）						
备注									
业务代表		签字：					日期：		
销售经理		签字：					日期：		

图 1.21　销售订单列隐藏效果图

1.2.2.2　销售订单的统计表制作方法

方法一　使用高级筛选

步骤 1　将 D1 单元格内容(订单编号)复制到 S3 单元格,选择 S4 单元格,输入">＝D20150301",单击"数据"选项卡上"排序和筛选"组中的"高级"按钮 ⚡高级,如图 1.22 所示。

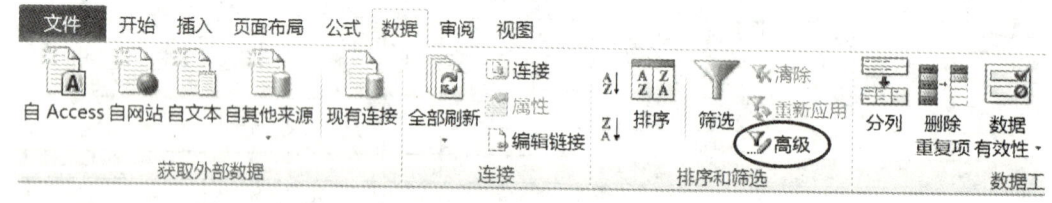

图 1.22　高级筛选按钮

步骤 2　在高级选项窗口中,方式下选择"将筛选结果复制到其他位置",其他选项,如图 1.23 所示。注意图 1.23 中各区域使用鼠标选择。

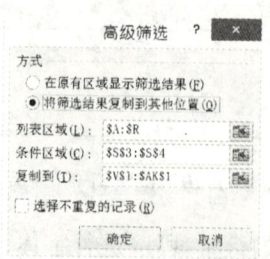

图 1.23　销售订单高级筛选

步骤 3　点击"确定"按钮,如图 1.24 所示。

	月份	制单日期	订单编号	序号	编码	品名	规格	单位	数量	单价	金额	客户名称	业务员	交货方式	付款方式	开票种类
		3	2015/3/1	D2015030	1	Z230-3	Z230-3烤	Z230-3-2	台	46	######	######	上海万联	林娜	自提	现金	增值税专用发票
订单编号		3	2015/3/1	D2015030	2	J212068	J212068面	J212068-	台	20	######	######	上海万联	林娜	自提	现金	增值税专用发票
>=D20150301		3	2015/3/1	D2015030	3	K213281	K213281咖	K213281-	台	2	######	######	上海万联	林娜	自提	现金	增值税专用发票
		3	2015/3/2	D2015030	1	J210565	J210565面	J210565-	台	50	######	######	北京华通	魏华	指定地点	银行汇票	增值税专用发票
		3	2015/3/2	D2015030	2	K213290	K213290咖	K213290-	台	10	######	######	北京华通	魏华	指定地点	银行汇票	增值税专用发票
		3	2015/3/2	D2015030	3	Z350-6	Z350-6烤	Z350-6-2	台	10	######	######	北京华通	魏华	指定地点	银行汇票	增值税专用发票

图 1.24　销售订单高级筛选效果图

步骤 4　新建工作表"销售订单统计表",录入表头"销售订单统计表",设定字号:16。

步骤 5　将"销售订单"工作表中高级筛选出的内容,利用"选择粘贴"数值功能,复制到"销售订单统计表"。选中 V1:AL7,按鼠标右键,点击"复制",选中工作表"销售订单统计表",点击 A2 单元格,按鼠标左键,点击"粘贴选项—123" ,如图 1.25 所示。

图 1.25　粘贴选项

步骤 6　利用自动调整功能,调整"销售订单统计表"列宽。选中列标 A,拖至列标 O,即选中 A:O 单元格区域,光标移至 A 列与 B 列中线,光标变为" ←┼→ ",双击鼠标右键,各列自动调整为最小列宽,如图 1.26 所示。

	A	B	C	D	E	F	G	H	I	J	K	L	M	N	O	P
1							销售订单统计表									
2	月份	制单日期	订单编号	序号	编码	品名	规格	单位	数量	单价	金额	客户名称	业务员	交货方式	付款方式	开票种类
3	3	2015/3/1	D20150301101-1	1	Z230-3	Z230-3烤箱	Z230-3-2000W	台	46	4000	184000	上海万联商贸有限公司	林娜	自提	现金	增值税专用发票
4	3	2015/3/1	D20150301101-2	2	J212068	J212068面包机	J212068-1500W	台	20	4230	84600	上海万联商贸有限公司	林娜	自提	现金	增值税专用发票
5	3	2015/3/1	D20150301101-3	3	K213281	K213281咖啡机	K213281-800W	台	2	1800	3600	上海万联商贸有限公司	林娜	自提	现金	增值税专用发票
6	3	2015/3/2	D20150302102-1	1	J210565	J210565面包机	J210565-1000W	台	50	3000	150000	北京华通商贸有限公司	魏华	指定地点交货	银行汇票	增值税专用发票
7	3	2015/3/2	D20150302102-2	2	K213290	K213290咖啡机	K213290-1000W	台	10	2800	28000	北京华通商贸有限公司	魏华	指定地点交货	银行汇票	增值税专用发票
8	3	2015/3/2	D20150302102-3	3	Z350-6	Z350-6烤箱	Z350-6-2000W	台	10	8000	80000	北京华通商贸有限公司	魏华	指定地点交货	银行汇票	增值税专用发票

图 1.26　销售订单统计表

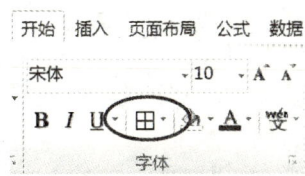

图 1.27　所有框线

步骤 7　画表格线。选择 A2:P8 单元格区域,单击"开始"选项卡上"字体"组中的"所有框线"按钮 ⊞·,如图 1.27 所示。

直接使用"高级筛选"的方法最大的优点是:不仅能筛选出全部订单列表,还能根据条件区域的设定,筛选出指定条件的数据,比如,任意月份、日期、品名、客户等的单据。这种编制方法的缺点是:要求操作者必须熟练使用该功能的"条件区域"的设置。这种方法生成的统计表是静态报表,不能随销售订单的信息变化而随时变化。

☞ **知识链接**

高级筛选

高级筛选作为一般筛选的补充,可以得到一般筛选无法得到的结果,用于条件较复杂的筛选操作,其筛选的结果可显示在原数据表格中,不符合条件的记录被隐藏起来;也可以在新的位置显示筛选结果,不符合的条件的记录同时保留在数据表中而不会被隐藏起来,这样就更加便于进行数据的比对了。

高级筛选中,可以使用表 1.10 所示通配符作为筛选以及查找和替换内容时的比较条件。

表 1.10	高级筛选中通配符使用
请使用	若要查找
？（问号）	任何单个字符 例如，l? ng 查找到"lang"和"leng"
＊（星号）	任何字符数 例如，＊面包机 查找"J210261 面包机""J210565 面包机"和"J212068 面包机"
～（波形符）后跟?、＊或～	问号、星号或波形符 例如，"咖啡机～?"将会查找"咖啡机?"

操作方法

在 Excel 2010 中的数据标签中找到排序和筛选项,点击高级按钮,在接下来弹出的高级筛选对话框中选择需要筛选的区域,筛选条件的区域,然后可以选择把筛选结果复制到其他位置,在弹出的对话框上点击"确定"按钮,这样可以非常方便地把筛选的结果复制到其他位置而不出错。还可以选择不重复的记录,以方便得到唯一的结果。

确定之后,就会在用户选定的 Excel 2010 工作表区域中出现筛选结果,这样可以把这个筛选结果复制到其他 Excel 2010 表格中继续使用。

方法二　使用公式和排序

步骤 1　新建工作表"销售订单统计表(方法二)",合并 A1：P1 单元格区域,录入标题"销售订单统计表",设定字号：16。

步骤 2　将"销售订单"工作表的标题行(B1：Q1 单元格区域)复制到"销售订单统计表(方法二)"的 A2：P2 单元格区域。

步骤 3　画表格线。选中 A2：P3 单元格区域设置"所有框线田"。

步骤 4　将"销售订单"中辅助列不为空的数据拷贝到"销售订单统计表(方法二)"中。在 A3 单元格中输入公式"＝IF(销售订单! ＄B2<>"",销售订单! B2,"")"。

步骤 5　横向复制。向右拖动填充手柄至 P3 单元格,如图 1.28 所示。

月份	制单日期	订单编号	字号	编码	品名	规格	单位	数量	单价	金额	客户名称	业务员	交货方式	付款方式	开票种类

图 1.28　销售订单统计表(方法二)表头

步骤 6　纵向复制。选中 A3：P3 单元格区域右下角的填充手柄,向下拖至所需单元格,如 A500：P500。

(注：第二次统计时,不需拖动,选中 A3：P3 单元格区域,双击 A3：P3 单元格区域右下角的填充手柄,即可完成自动填充。)

步骤 7　点击 A2 单元格(月份),单击"开始"选项卡上"编辑"组中的"排序和筛选"按钮下的"升序"。设置"制单日期"为短日期。得到销售统计表效果,如图 1.29 所示。

使用公式和排序方法,能做到更新订单时,销售订单统计表同步更新,但是销售订单追加商品和增加新销售订单时,要再次执行步骤 6 至步骤 7。

	A	B	C	D	E	F	G	H	I	J	K	L	M	N	O	P
1	销售订单统计表															
2	月份	制单日期	订单编号	序号	编码	品名	规格	单位	数量	单价	金额	客户名称	业务员	交货方式	付款方式	开票种类
3	3	2015/3/1	D20150301101-1	1	Z230-3	Z230-3烤箱	Z230-3-2000W	台	46	4000	184000	上海万联商贸有限公司	林卿	自提	现金	增值税专用发票
4	3	2015/3/1	D20150301101-2	2	J212068	J212068面包机	J212068-1500W	台	20	4230	84600	上海万联商贸有限公司	林卿	自提	现金	增值税专用发票
5	3	2015/3/1	D20150301101-3	3	K213281	K213281咖啡机	K213281-800W	台	2	1800	3600	上海万联商贸有限公司	林卿	自提	现金	增值税专用发票
6	3	2015/3/2	D20150302102-1	1	J210565	J210565面包机	J210565-1000W	台	50	3000	150000	北京华通商贸有限公司	魏华	指定地点交货	银行汇票	增值税专用发票
7	3	2015/3/2	D20150302102-2	2	K213290	K213290咖啡机	K213290-1000W	台	10	2800	28000	北京华通商贸有限公司	魏华	指定地点交货	银行汇票	增值税专用发票
8	3	2015/3/2	D20150302102-3	3	Z350-6	Z350-6烤箱	Z350-6-2000W	台	10	8000	80000	北京华通商贸有限公司	魏华	指定地点交货	银行汇票	增值税专用发票

图 1.29　销售订单统计表(方法二)效果

1.2.3　拓展任务

在 Excel 2010 的工作表中，行数为 1～1048576 行，列数为 A 至 XFD，共计 16384 列，一般中小企业将 1 年的销售订单放在一个工作表中是可以实现的，但是录入和查询起来就比较困难了，因此需要建立销售订单模板，每月通过拷贝，制作 1～12 月份销售订单，从而生成各月份销售订单统计表。将各个月份销售订单统计表合并，形成全年的销售订单统计表，继而进行各种分析。

1.2.3.1　不同期间的销售订单录入在同一个工作表中

步骤 1　继续录入 103～107 号销售订单，生成销售统计表，并对产品的销售情况进行分析。销售订单，如图 1.30 至图 1.34 所示。

销售订单

序号:	103	订单编号: D20150306103				制单日期:	2015/3/6
客户名称	天津华云电器商贸有限公司				联系人	刘云华	
联系电话	02225327899				传真	02225327899	
单位地址	天津市滨海新区黄海路1002号						
交货方式	指定地点交货	交货地点	天津市滨海新区黄海路1002号		交货日期	2015/3/6	
付款方式	银行承兑汇票				收款日期	2015/3/6	
业务员	王颖				开票种类	国税手工发票	
序号	编码	品名	规格	单位	数量	单价	金额
1	J210261	J210261面包	J210261-800W	台	20	2 000.00	40 000.00
2	K213281	K213281咖啡	K213281-800W	台	10	1 800.00	18 000.00
3	Z230-3	Z230-3烤箱	Z230-3-2000W	台	10	4 000.00	40 000.00
4	Z350-6	Z350-6烤箱	Z350-6-2000W	台	20	8 000.00	160 000.00

图 1.30　销售订单 3 月 103 号

销售订单

序号:	104	订单编号: D20150308104				制单日期:	2015/3/8
客户名称	上海万联商贸有限公司				联系人	刘芳	
联系电话	02167231234				传真	02167231234	
单位地址	上海市中山西路120号						
交货方式	自提	交货地点			交货日期	2015/3/8	
付款方式	转账				收款日期	2015/3/8	
业务员	林卿				开票种类	增值税专用发票	
序号	编码	品名	规格	单位	数量	单价	金额
1	J210565	J210565面包	J210565-1000W	台	20	3 000.00	60 000.00
2	J212068	J212068面包	J212068-1500W	台	20	4 230.00	84 600.00
3	Z350-6	Z350-6烤箱	Z350-6-2000W	台	10	8 000.00	80 000.00

图 1.31　销售订单 3 月 104 号

销售订单

序号:	105	订单编号:	D20150320105		制单日期:		2015/3/20

客户名称	广州西联科技有限公司			联系人		张品	
联系电话	02067891234			传真		02067891234	
单位地址	广州市花都沿江大道124号						
交货方式	指定地点交货	交货地点	广州市花都沿江大道124号	交货日期		2015/3/20	
付款方式	"2/10, 1/20, n/30"			收款日期		2015/3/20	
业务员	王颖			开票种类		增值税普通发票	

序号	编码	品名	规格	单位	数量	单价	金额
1	Z460-8	Z460-8烤箱	Z460-8-2000W	台	25	9 000.00	225 000.00
2	Z350-6	Z350-6烤箱	Z350-6-2000W	台	20	8 000.00	160 000.00

图 1.32　销售订单 3 月 105 号

销售订单

序号:	106	订单编号:	D20150401106		制单日期:		2015/4/1

客户名称	北京华通商贸有限公司			联系人		王乔	
联系电话	01067231234			传真		01067231235	
单位地址	北京市东城区钱粮胡同4号						
交货方式	自提	交货地点		交货日期		2015/4/1	
付款方式	银行汇票			收款日期		2015/4/1	
业务员	魏华			开票种类		增值税专用发票	

序号	编码	品名	规格	单位	数量	单价	金额
1	J210261	J210261面包	J210261-800W	台	10	2 000.00	20 000.00
2	K213281	K213281咖啡	K213281-800W	台	20	1 800.00	36 000.00
3	Z230-3	Z230-3烤箱	Z230-3-2000W	台	10	4 000.00	40 000.00

图 1.33　销售订单 4 月 106 号

注:4 月份的第一张销售订单序号可以改为 101,第二张销售订单序号自动顺延为 102。本例使用全年连续编号方法。

销售订单

序号:	107	订单编号:	D20150405107		制单日期:		2015/4/5

客户名称	广州西联科技有限公司			联系人		张品	
联系电话	02067891234			传真		02067891234	
单位地址	广州市花都沿江大道124号						
交货方式	指定地点交货	交货地点	广州市花都沿江大道124号	交货日期		2015/4/5	
付款方式	银行承兑汇票			收款日期		2015/4/5	
业务员	王颖			开票种类		国税手工发票	

序号	编码	品名	规格	单位	数量	单价	金额
1	J210565	J210565面包	J210565-1000W	台	20	3 000.00	60 000.00
2	K213290	K213290咖啡	K213290-1000W	台	30	2 800.00	84 000.00
3	Z350-6	Z350-6烤箱	Z350-6-2000W	台	22	8 000.00	176 000.00

图 1.34　销售订单 4 月 107 号

步骤 2　生成销售订单统计表,设置制单日期的格式,对齐方式等,如图 1.35 所示。

图 1.35　销售订单统计表

1.2.3.2　不同期间的销售订单录入在不同工作表中

参考步骤如下：

步骤 1　鼠标选中"销售订单"的工作表标签，同时按住"ctrl"键＋鼠标左键，拖动，松开，复制出"销售订单（2）"的工作表，更改工作表名为"销售订单模板"，将白色不含公式的单元格清空，序号不清空。

步骤 2　同理，将"销售订单模板"工作表复制并更名为"3 月销售订单""4 月销售订单"等工作表，录入各个月份销售订单。

步骤 3　分别制作"3 月销售订单统计表""4 月销售订单统计表"等各月销售统计报表。

步骤 4　将各月销售订单统计表复制到一张工作表中，形成全年的销售订单统计表。

步骤 5　让我们继续拓展一下，根据 2015 年的销售订单及统计表的工作簿，制作出销售订单及统计表的工作簿空白模板，就可以完成各年度的销售订单录入和统计。

任务 1.3　销 售 预 测

1.3.1　任务分析

销售预测是指对未来特定时间内，全部产品或特定产品的销售数量与销售金额的估计。销售预测是在充分考虑未来各种影响因素的基础上，结合本企业的销售实绩，通过一定的分析方法提出切实可行的销售目标。销售预测方法有定性预测和定量预测。常见的定量预测有时间序列分析法和回归分析法。

1. 时间序列分析法

时间序列分析法是利用变量与时间存在的相关关系，通过对以前数据的分析来预测将来的数据。在分析销售收入时，一般我们会将销售收入按照年或月的次序排列下来，以观察其变化趋势。时间序列分析法现已成为销售预测中具有代表性的方法。

2. 回归分析法

各种事物彼此之间都存在直接或间接的因果关系。同样的,销售量亦会随着某种变量的变化而变化。当销售与时间之外的其他事物存在相关性时,就可运用回归分析法和相关分析法进行销售预测。

滨海电器商贸有限公司需根据表 1.9 销售历史数据,预测计划期 2016 年的销售量。拟采用的方法如下:①采用移动平均法预测,样本期为 3 期。②采用修正的移动平均法预测。③采用回归分析法预测。

1.3.2 任务实现步骤

1.3.2.1 移动平均法预测

步骤 1 录入销售历史数据,如图 1.36 所示。

	A	B	C	D	E	F	G	H
1	年 份	2011	2012	2013	2014	2015	2016	修正的2016
2	销售额	1 800 000	2 000 000	2 100 000	2 200 000	2 400 000		
3	3期移动平均							

图 1.36 销售预测历史数据

步骤 2 计算 2011 年度至 2013 年度的 3 期移动平均数。选中 E3,输入公式"=SUM(B2:D2)/3",拖动填充手柄至 G3,复制出 2012 年度至 2014 年度的 3 期移动平均数和 2013 年度至 2015 年度的 3 期移动平均数。

1.3.2.2 修正的移动平均法预测

计算修正的 2016 年预测数。选中 H3,输入公式"=G3+(G3−F3)",如图 1.37 所示。

	A	B	C	D	E	F	G	H
1	年 份	2011	2012	2013	2014	2015	2016	修正的2016
2	销售额	1 800 000	2 000 000	2 100 000	2 200 000	2 400 000		
3	3期移动平均				1 966 667	2 100 000	2 233 333	2 366 667

图 1.37 销售预测(移动平均法和修正的移动平均法)

1.3.2.3 回归分析法预测

回归分析法预测,首先建立趋势预测方程:$y=a+bx$(其中 y 代表销售额,x 代表年份)。常数项 a 和系数 b 的计算公式为:

$$b = \frac{n\sum xy - \sum x \sum y}{n\sum x^2 - \left(\sum x\right)^2}$$

$$a = \frac{\sum y - b\sum x}{n}$$

待求出 a、b 之后,代入公式 $y=a+bx$,根据 x 的取值,可以求得销售额 y 的预测值。

步骤 1 如图 1.38 录入相关信息。

步骤 2 选中 B5,输入系数 b 公式"=INDEX(LINEST(B2:F2,B1:F1,TRUE,TRUE),1,1)"。

步骤 3 选中 B6,输入常数 a 公式"=INDEX(LINEST(B2:F2,B1:F1,TRUE,

	A	B	C	D	E	F	G	H
1	年　份	2011	2012	2013	2014	2015	2016	修正的2016
2	销售额	1 800 000	2 000 000	2 100 000	2 200 000	2 400 000		
3	3期移动平均				1 966 667	2 100 000	2 233 333	2 366 667
4	趋势预测方程：$y=a+bx$（其中y代表销售额，x代表年份）							
5	$b=$							
6	$a=$							
7	$R^2=$							
8	利用此方程预测							
9	2016年销售额							

图 1.38　销售预测回归分析图(1)

TRUE),1,2)"。

步骤 4　选中 B7，输入相关系数平方 R^2 公式"＝INDEX(LINEST(B2：F2，B1：F1，TRUE，TRUE)，3，1)"。

步骤 5　选中 B8，输入 2016 年销售额预测公式"＝B6＋B5 * 2016"，如图 1.39 所示。

	A	B	C	D	E	F	G	H
1	年　份	2011	2012	2013	2014	2015	2016	修正的2016
2	销售额	1 800 000	2 000 000	2 100 000	2 200 000	2 400 000		
3	3期移动平均				1 966 667	2 100 000	2 233 333	2 366 667
4	趋势预测方程：$y=a+bx$（其中y代表销售额，x代表年份）							
5	$b=$	140000						
6	$a=$	−279720000						
7	$R^2=$	0.98						
8	利用此方程预测							
9	2016年销售额	2520000						

图 1.39　销售预测回归分析图(2)

☞ **知识链接**

> **LINEST**
>
> 使用最小二乘法对已知数据进行最佳直线拟合，并返回描述此直线的数组。因为此函数返回数值数组，所以必须以数组公式的形式输入。
>
> 直线的公式如下：
>
> $$y = mx + b \text{ or}$$
> $$y = m1x1 + m2x2 + \cdots + b（如果有多个区域的 x 值）$$
>
> 式中，因变量 y 是自变量 x 的函数值。m 值是与每个 x 值相对应的系数，b 为常量。注意 y、x 和 m 可以是向量。$LINEST$ 函数返回的数组为 $\{mn, mn-1, \cdots, m1, b\}$。$LINEST$ 函数还可返回附加回归统计值。
>
> 该函数的语法规则如下：
>
> $$\text{LINEST}(\text{known\_y's}, \text{known\_x's}, \text{const}, \text{stats})$$
>
> 具有以下参数：
>
> known_y's 为已在 $y = mx + b$ 关系中了解的 y 值集。如果数组 known_y's 位于单个列中，则每列 known_x's 都会被解释为单独的变量。如果数组 known_y's 位于单个行中，则每行 known_x's 都会被解释为单独的变量。输入数组常量作为参数时，可以使

（续上）

用逗号分隔同一行中的值,使用分号来分隔行。分隔符字符可能不同,具体取决于您的操作系统的区域设置。

known_x's 为已在 $y = mx + b$ 关系中了解的可选 x 值集。数组 known_x's 可以包含 1 个或多个变量集。如果只使用 1 个变量,known_y's 和 known_x's 可以是任意形状的区域,只要它们维度相同。如果使用多个变量,known_y's 必须是单元格区域,且高度为 1 行、宽度为 1 列(也称为矢量)。如果 known_x's 被忽略,则系统会假定数组 $\{1,2,3,\cdots\}$ 与 known_y's 大小相同。输入数组常量作为参数时,可以使用逗号分隔同一行中的值,使用分号来分隔行。分隔符字符可能不同,具体取决于您的操作系统的区域设置。

const 用于指定是否强制常数 b 等于零的逻辑值。如果 const 为 true 或被忽略,将以正常方式计算 b。如果 const 为 false,则将 b 设置为等于 0(零)并调整 m 值,使 $y = mx$。

stats 用于指定是否返回附加的回归统计值的逻辑值。如果 stats 为 true,此函数将返回附加的回归统计值,以便返回的数组为 $\{mn, mn-1, \cdots, m1, b; sen, sen-1, \cdots, se1, seb; r2, sey; F, df; ssreg, ssresid\}$。如果 stats 为 false 并被忽略,此函数将只返回 m 系数和常数 b。

☞ **知识链接**

INDEX 用于返回表格或区域中的数值或对数值的引用。

函数 INDEX( ) 有两种形式:数组和引用。数组形式通常返回数值或数值数组;引用形式通常返回引用。

(1) 返回数组中指定单元格或单元格数组的数值。

$$INDEX(array, \ row\_num, \ column\_num)$$

具有以下参数:

array 为单元格区域或数组常数。

row_num 为数组中某行的行序号,函数从该行返回数值。

column_num 为数组中某列的列序号,函数从该列返回数值。

需注意的是,row_num 和 column_num 必须指向 array 中的某一单元格,否则,函数 INDEX 返回错误值 #REF!。

(2) 返回引用中指定单元格或单元格区域的引用。

$$INDEX(reference, \ row\_num, \ column\_num, \ area\_num)$$

具有以下参数:

reference 为对一个或多个单元格区域的引用。

row_num 为引用中某行的行序号,函数从该行返回一个引用。

column_num 为引用中某列的列序号,函数从该列返回一个引用。

需注意的是,row_num、column_num 和 area_num 必须指向 reference 中的单元格;否则,函数 INDEX 返回错误值 #REF!。如果省略 row_num 和 column_num,函数 INDEX 返回由 area_num 所指定的区域。

（续表）

> **实例**
>
> 如果 A1＝34、A2＝55、B1＝67、B2＝72、C1＝89、C2＝42，则公式"＝INDEX(A1:A3,1,1)"返回 34，"＝INDEX(A1:A3,2,2)"返回 72。

1.3.3 拓展任务

回归分析法预测的函数不止本案例中涉及的，大家可以搜集和总结一些进行比较，同时利用图表功能中也可以进行相关预测。

任务 1.4 销售统计分析图表

1.4.1 任务分析

数据分析最简便和有效的方法是数据透视表，数据透视表是一种对大量数据快速汇总和建立交叉分析的数据分析和工具，可以有效、灵活地将数据进行各种目标的统计和分析。直接生成的透视表有时不能满足使用者的视觉需求，为了制作达到一定要求的报表格式，还需使用者进一步探索。

根据销售统计表（见图 1.35），编制各月份商品销售分析表和分析图。

1.4.2 任务实现步骤

1.4.2.1 数据透视表

步骤 1 打开销售统计工作表，选中数据区域中任意单元格，单击"插入"选项卡"表格"组中"数据透视表" 按钮下方的下拉按钮，在弹出的下拉菜单中选择"数据透视表"选项。弹出窗口，如图 1.40 所示。

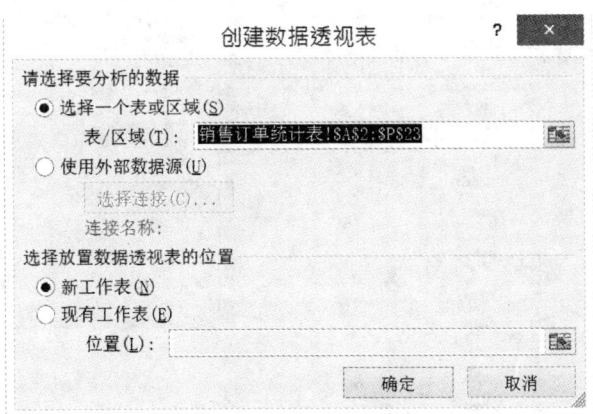

图 1.40 插入透视表

步骤 2 点击"确定"按钮，如图 1.41 所示。

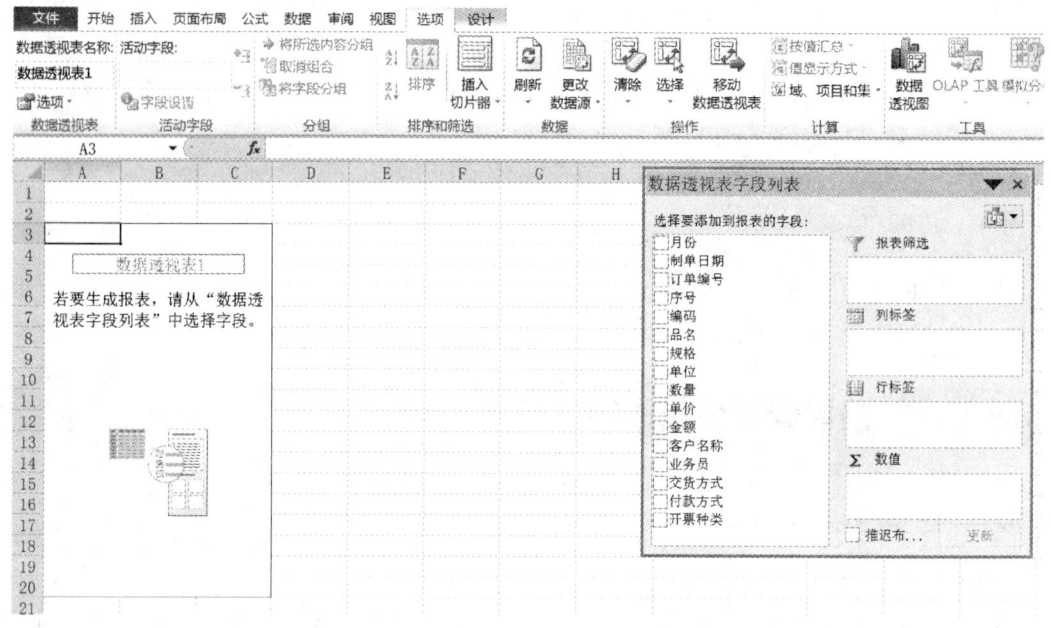

图 1.41 数据透视表字段列表

步骤 3 将"开票种类"拖入"报表筛选",将"月份""品名""客户名称"拖入"行标签",将"数量""金额"拖入"Σ 数值",如图 1.42 所示。

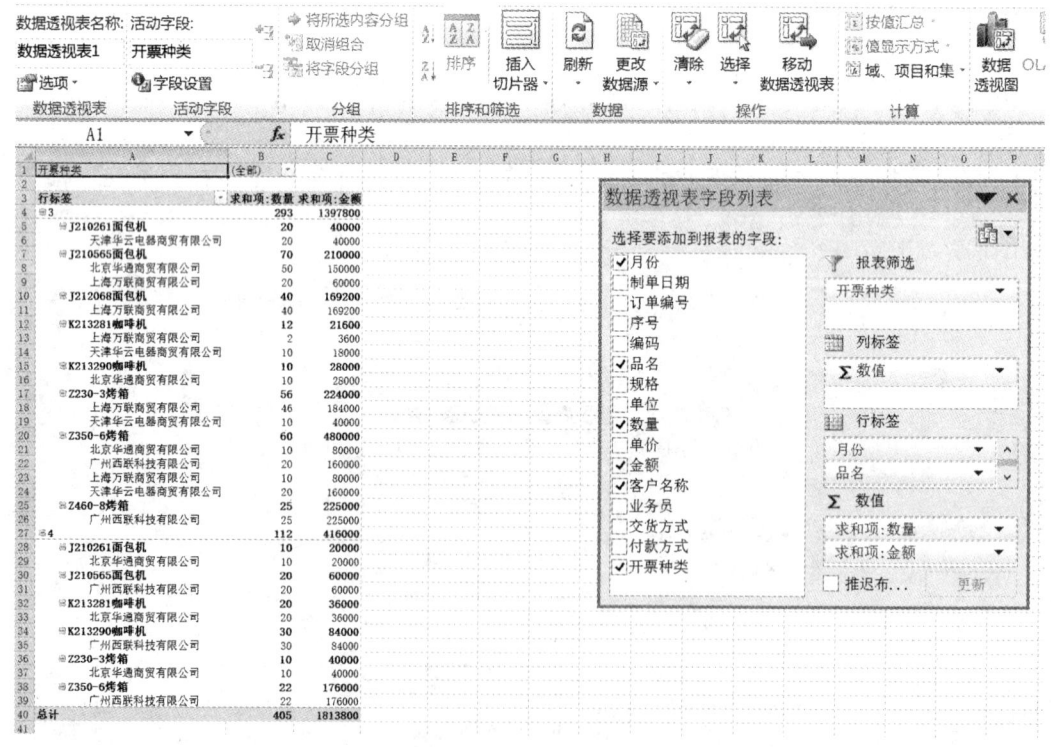

图 1.42 数据透视表

步骤4 如果数值默认不是"求和项",点击计数项:数量 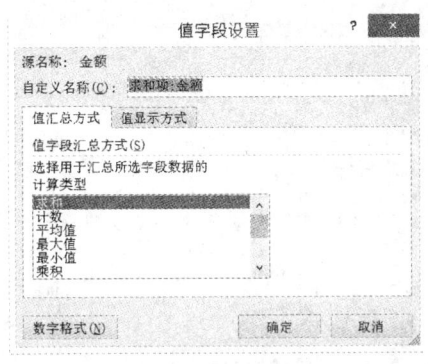 后的三角,选择"值字段设置",如图 1.43 所示。计算类型选择"求和",如图 1.44 所示。

步骤5 设置经典数据透视表布局,光标放在数据表内,点击鼠标右键,如图 1.45 选择"数据透视表选项",选择"显示"标签,选择"经典数据透视表布局",如图 1.46 所示。点击"确定"按钮,效果如图 1.47 所示。

图 1.43 值字段设置

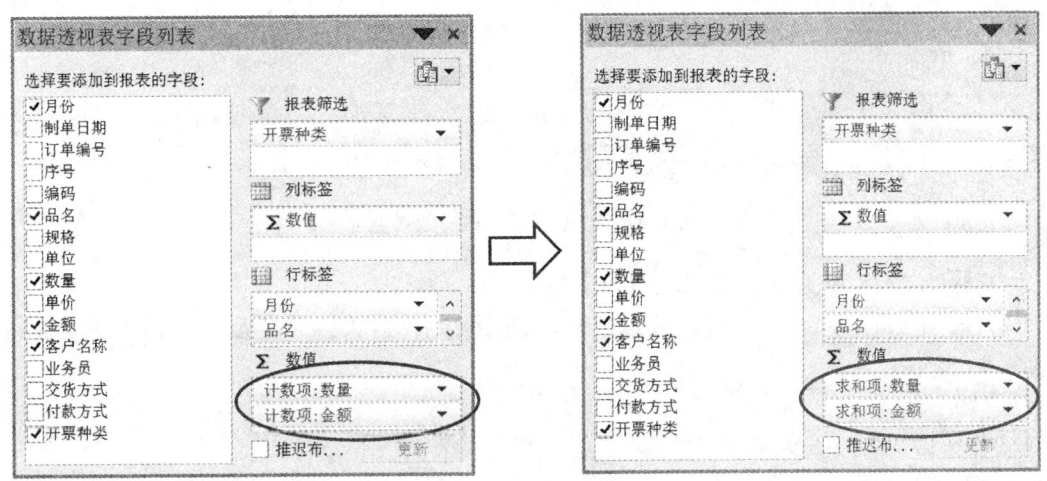

图 1.44 计数字段变化

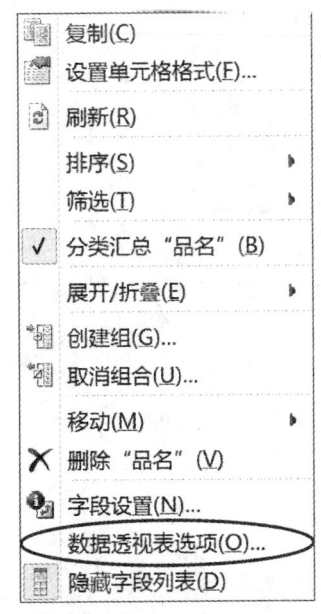

图 1.45 数据透视表选项的调用

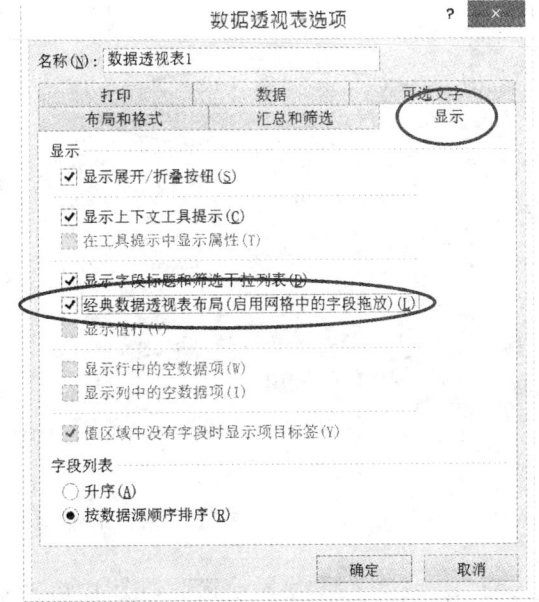

图 1.46 经典数据透视表布局设置

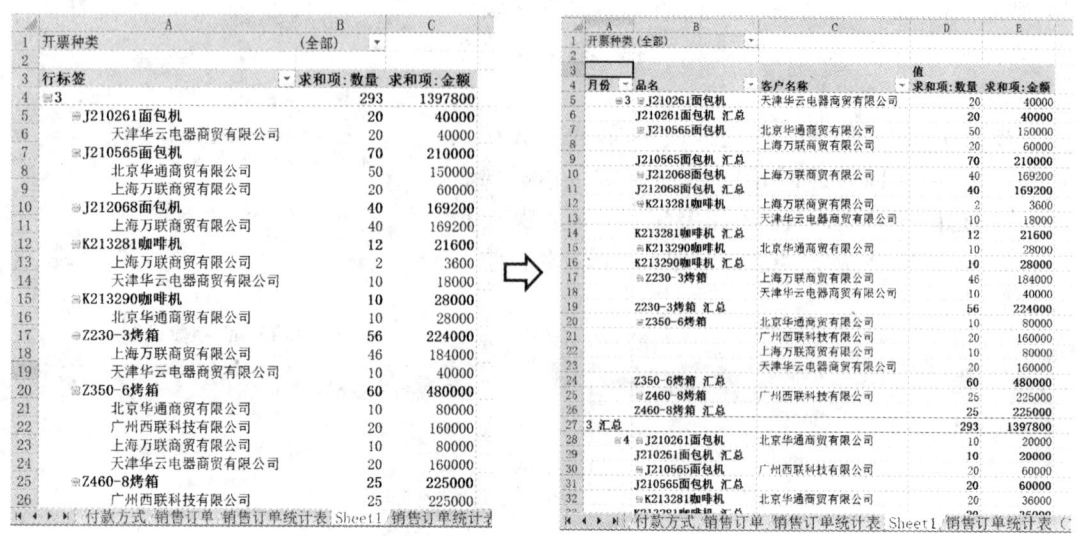

图 1.47　数据透视表布局效果变化

步骤 6　去掉经典数据透视表布局中品名汇总。

方法一　光标放在品名所在数据区域,点击鼠标右键,去掉分类汇总"品名"的勾选,如图 1.48 所示。

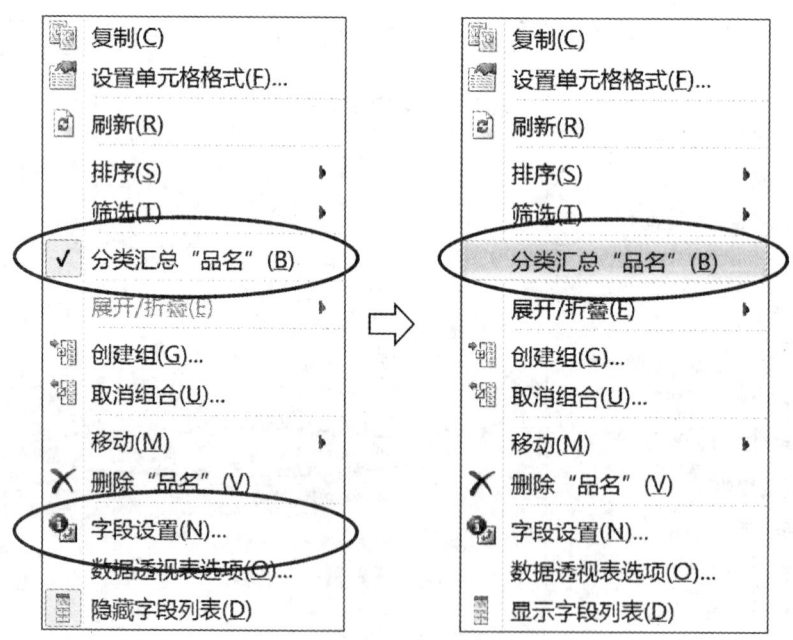

图 1.48　去掉"品名"分类汇总

方法二　或者选择"字段设置",如图 1.48 所示。分类汇总选择"无",如图 1.49 所示。效果如图 1.50 所示。

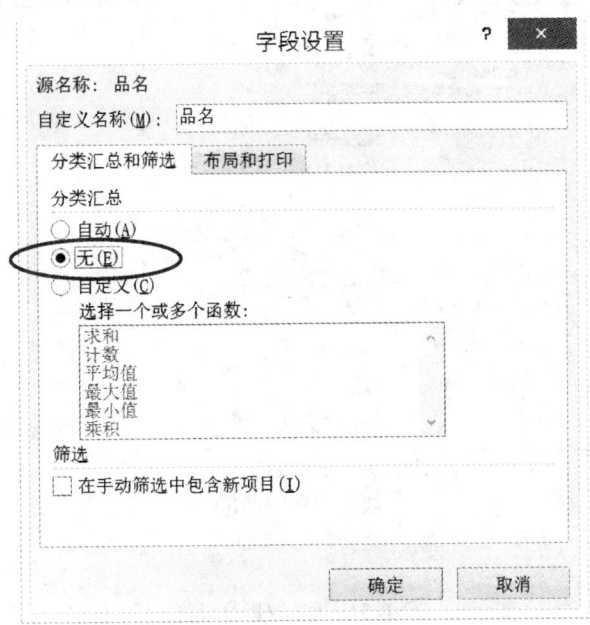

图 1.49　字段设置

月份	品名	客户名称	求和项:数量	求和项:金额
开票种类	(全部)			
			值	
3	J210261面包机	天津华云电器商贸有限公司	20	40000
	J210565面包机	北京华通商贸有限公司	50	150000
		上海万联商贸有限公司	20	60000
	J212068面包机	上海万联商贸有限公司	40	169200
	K213281咖啡机	上海万联商贸有限公司	2	3600
		天津华云电器商贸有限公司	10	18000
	K213290咖啡机	北京华通商贸有限公司	10	28000
	Z230-3烤箱	上海万联商贸有限公司	46	184000
		天津华云电器商贸有限公司	10	40000
	Z350-6烤箱	北京华通商贸有限公司	10	80000
		广州西联科技有限公司	20	160000
		上海万联商贸有限公司	10	80000
		天津华云电器商贸有限公司	20	160000
	Z460-8烤箱	广州西联科技有限公司	25	225000
3 汇总			293	1397800
4	J210261面包机	北京华通商贸有限公司	10	20000
	J210565面包机	广州西联科技有限公司	20	60000
	K213281咖啡机	北京华通商贸有限公司	20	36000
	K213290咖啡机	广州西联科技有限公司	30	84000
	Z230-3烤箱	北京华通商贸有限公司	10	40000
	Z350-6烤箱	广州西联科技有限公司	22	176000
4 汇总			112	416000
总计			405	1813800

图 1.50　各月份商品销售分析表

　　步骤 7　将光标指向行标签区域,点击鼠标右键,选择展开/折叠选项,如图 1.51
所示。

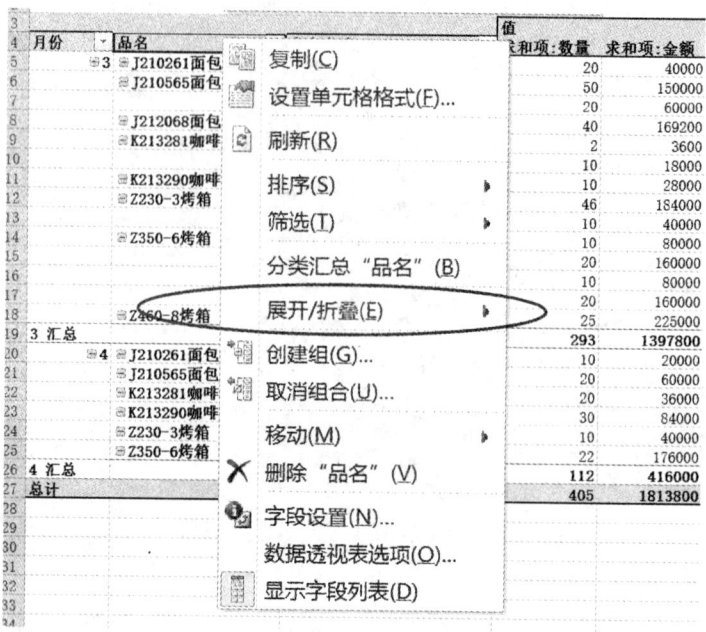

图 1.51　展开/折叠设置

步骤 8　选择"折叠到'品名'",如图 1.52 所示。效果如图 1.53 所示。

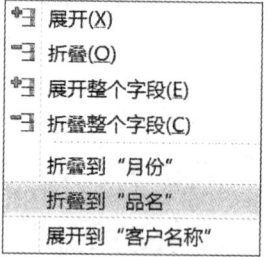

图 1.52　折叠到"品名"

月份	品名	客户名称	值	
			求和项:数量	求和项:金额
⊟3	J210261面包机		20	40000
	⊞J210565面包机		70	210000
	⊞J212068面包机		40	169200
	⊞K213281咖啡机		12	21600
	⊞K213290咖啡机		10	28000
	⊟Z230-3烤箱		56	224000
	⊟Z350-6烤箱		60	480000
	⊟Z460-8烤箱		25	225000
3 汇总			293	1397800
⊟4	J210261面包机		10	20000
	⊞J210565面包机		20	60000
	⊞K213281咖啡机		20	36000
	⊞K213290咖啡机		30	84000
	⊟Z230-3烤箱		10	40000
	⊟Z350-6烤箱		22	176000
4 汇总			112	416000
总计			405	1813800

图 1.53　销售统计折叠效果图

1.4.2.2 数据透视图

步骤 1 打开销售统计工作表,选中数据区域中任意单元格,单击"插入"选项卡"表格"组中"数据透视表" 按钮下方的下拉按钮,在弹出的下拉菜单中选择"数据透视图"选项。点击"确定"按钮。

步骤 2 将"月份"拖入"图例字段(系列)",将"品名"拖入"轴字段",将"金额"拖入"Σ 数值",如图 1.54 所示。效果如图 1.55 所示。

图 1.54 数据透视图字段列表

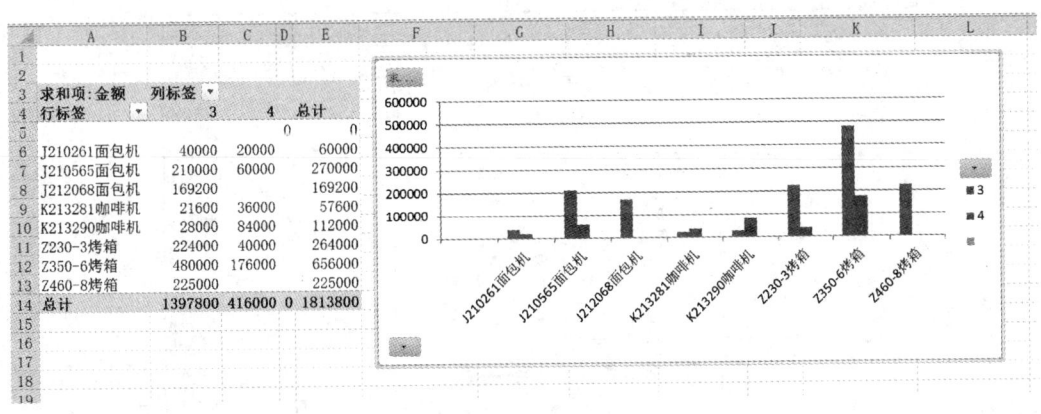

图 1.55 数据透视图

1.4.3 拓展任务

熟练使用数据透视表的功能,能给我们带来各种角度的分析数据。拓展任务如下:

(1) 根据销售统计表(如图 1.35),进行各月份业务员销售分析,各个客户的销售记录查询。更改销售统计表数据,刷新数据透视表。

(2) 调整数据透视表行标题的前后位置,进行不同形式的统计分析和分类汇总。

(3) 进行数据透视表的排序和筛选。

开票种类	(全部)			值	
				求和项:数量	求和项:金额
客户名称	月份		品名		
北京华通商贸有限公司		3	Z350-6烤箱	10	80 000
			K213290咖啡机	10	28 000
			J210565面包机	50	150 000
	3 汇总			70	258 000
		4	Z230-3烤箱	10	40 000
			K213281咖啡机	20	36 000
			J210261面包机	10	20 000
	4 汇总			40	96 000
北京华通商贸有限公司 汇总				110	354 000
广州西联科技有限公司		3	Z460-8烤箱	25	225 000
			Z350-6烤箱	20	160 000
	3 汇总			45	385 000
		4	Z350-6烤箱	22	176 000
			K213290咖啡机	30	84 000
			J210565面包机	20	60 000
	4 汇总			72	320 000
广州西联科技有限公司 汇总				117	705 000
上海万联商贸有限公司		3	Z350-6烤箱	10	80 000
			Z230-3烤箱	46	184 000
			K213281咖啡机	2	3 600
			J212068面包机	40	169 200
			J210565面包机	20	60 000
	3 汇总			118	496 800
上海万联商贸有限公司 汇总				118	496 800
天津华云电器商贸有限公司		3	Z350-6烤箱	20	160 000
			Z230-3烤箱	10	40 000
			K213281咖啡机	10	18 000
			J210261面包机	20	40 000
	3 汇总			60	258 000
天津华云电器商贸有限公司 汇总				60	258 000
总计				405	1 813 800

图 1.56　客户销售分析表

开票种:(全部)				值	
				求和项:数量	求和项:金额
月份	客户名称		品名		
3	北京华通商贸有限公司		Z350-6烤箱	10	80 000
			K213290咖啡机	10	28 000
			J210565面包机	50	150 000
	北京华通商贸有限公司 汇总			70	258 000
	广州西联科技有限公司		Z460-8烤箱	25	225 000
			Z350-6烤箱	20	160 000
	广州西联科技有限公司 汇总			45	385 000
	上海万联商贸有限公司		Z350-6烤箱	10	80 000
			Z230-3烤箱	46	184 000
			K213281咖啡机	2	3 600
			J212068面包机	40	169 200
			J210565面包机	20	60 000
	上海万联商贸有限公司 汇总			118	496 800
	天津华云电器商贸有限公司		Z350-6烤箱	20	160 000
			Z230-3烤箱	10	40 000
			K213281咖啡机	10	18 000
			J210261面包机	20	40 000
	天津华云电器商贸有限公司 汇总			60	258 000
3 汇总				293	1 397 800
4	北京华通商贸有限公司		Z230-3烤箱	10	40 000
			K213281咖啡机	20	36 000
			J210261面包机	10	20 000
	北京华通商贸有限公司 汇总			40	96 000
	广州西联科技有限公司		Z350-6烤箱	22	176 000
			K213290咖啡机	30	84 000
			J210565面包机	20	60 000
	广州西联科技有限公司 汇总			72	320 000
4 汇总				112	416 000
总计				405	1 813 800

图 1.57　各月客户销售分析表

☞ **知识链接**

透视数据表排序的顺序

(1) 升序排序的顺序：数字、文本、逻辑值、错误值、空白单元格。

(2) 降序排序的顺序：错误值、逻辑值、文本、数字、空白单元格。

空白单元格无论是升序还是降序都会排在最后。升序和降序的顺序刚好相反。

(3) 单独文本排序：符号、英文字母、中文排序顺序。

(4) 中文文本排序：按照拼音字母在英文字母顺序中的顺序进行排列。

数据透视表与普通数据有十分相似的排序功能和完全相同的排序规则。在普通数据表格中可以实现的排序效果大多可以应用于数据透视表。

实 战 训 练

根据图 1.58 表单样式，为本公司编制销售发货单，完成下列任务。

	E	F	G	H	I	J	K	L
1	序号	编码	品名	规格	单位	数量	单价	金额
2				销售发货单				
3	序号：	101	发货单编号：	F20150301101	订单编号：	D20150301101	制单日期：	2015/3/1
4	客户名称		上海万联商贸有限公司		联系人		刘芳	
5	联系电话		02167231234		传真		02167231234	
6	单位地址			上海市中山西路120号				
7	交货方式	自提	交货地点		交货日期		42064	
8	付款方式	现金	业务员	林卿	收款日期		42064	
9	仓库		成品库		开票种类		增值税专用发票	
10	序号	编码	品名	规格	单位	数量	单价	金额
11	1	Z230-3	Z230-3烤箱	Z230-3-2000W	台	46	4 000.00	184 000.00
12	2	J212068	J212068面包机	J212068-1500W	台	20	4 230.00	84 600.00
13	3	K213281	K213281咖啡机	K213281-800W	台	2	1 800.00	3 600.00
14	4							
15	5							
16	6							
17	7							
18	8							
19	9							
20	10							
21	合计			人民币：贰拾柒万贰仟贰佰元整（￥272200元）				
22	备注							
23	业务代表	签字：				日期：		
24	销售经理	签字：				日期：		

图 1.58　销售发货单

(1) 建立仓库名称表，01 原料库，02 成品库。

(2) 建立销售发货单与统计表.

注：如何根据订单编号生成发货单，并做到可以分次发货？

(3) 生成数据透视图表。

典型项目 2　应收账款分析与管理

➤ 项目目标

1. 应收账款账龄分析
2. 坏账准备的计算
3. 应收账款赊销策略分析模型建立

➤ 项目知识背景

财务角度:应收账款是指企业因销售商品、提供劳务等经营活动,应向购货单位或接受劳务单位收取的款项,主要包括企业销售商品或提供劳务等应向有关债务人收取的价款及代购货单位垫付的包装费、运杂费等。

按照现行会计准则和会计制度的规定,企业根据谨慎性原则的要求,应当在期末或年终对应收账款进行检查,合理地预计可能发生的损失,对可能发生的各项资产损失计提减值准备和坏账损失,以便减少企业风险成本。

Excel 技巧:利用单元格自动填充功能和运用 DAYS360,if、SUM、AND 函数。

➤ 项目任务

根据滨海电器商贸有限公司销售订单统计表(见图 1.35),进行应收账款账龄分析,编制账龄分析表,并计提坏账准备。表 2.1 为简化的销售订单统计表。

表 2.1　　　　　　　　　　　　销售订单统计表(简化表)

制单日期	金额	客户名称	业务员
2015/3/1	184 000	上海万联商贸有限公司	林卿
2015/3/1	84 600	上海万联商贸有限公司	林卿
2015/3/1	3 600	上海万联商贸有限公司	林卿
2015/3/2	150 000	北京华通商贸有限公司	魏华
2015/3/2	28 000	北京华通商贸有限公司	魏华
2015/3/2	80 000	北京华通商贸有限公司	魏华
2015/3/6	40 000	天津华云电器商贸有限公司	王颖
2015/3/6	18 000	天津华云电器商贸有限公司	王颖

（续表）

制单日期	金额	客户名称	业务员
2015/3/6	40 000	天津华云电器商贸有限公司	王颖
2015/3/6	160 000	天津华云电器商贸有限公司	王颖
2015/3/8	60 000	上海万联商贸有限公司	林卿
2015/3/8	84 600	上海万联商贸有限公司	林卿
2015/3/8	80 000	上海万联商贸有限公司	林卿
2015/3/20	225 000	广州西联科技有限公司	王颖
2015/3/20	160 000	广州西联科技有限公司	王颖
2015/4/1	20 000	北京华通商贸有限公司	魏华
2015/4/1	36 000	北京华通商贸有限公司	魏华
2015/4/1	40 000	北京华通商贸有限公司	魏华
2015/4/5	60 000	广州西联科技有限公司	王颖
2015/4/5	84 000	广州西联科技有限公司	王颖
2015/4/5	176 000	广州西联科技有限公司	王颖

表 2.2　　　　　　　　　　　账龄分析明细表

账龄截止日 2015 年 8 月 1 日

客户名称	业务员	信用期（天）	出货日期	应收账款	应收款日期	实收款日期	收款金额	欠款金额	超过时间（天）	未到期金额	0～30 天	30～60 天	60～90 天	90 天以上
上海万联商贸有限公司	林卿	60	2015/3/1	184 000	2015/3/1									
上海万联商贸有限公司	林卿	60	2015/3/1	84 600	2015/3/1									
上海万联商贸有限公司	林卿	60	2015/3/1	3 600	2015/3/1									
北京华通商贸有限公司	魏华	90	2015/3/2	150 000	2015/3/2	2015/3/2	150 000							
北京华通商贸有限公司	魏华	90	2015/3/2	28 000	2015/3/2	2015/3/2	28 000							
北京华通商贸有限公司	魏华	90	2015/3/2	80 000	2015/3/2									
天津华云电器商贸有限公司	王颖	60	2015/3/6	40 000	2015/3/6	2015/3/6	40 000							
天津华云电器商贸有限公司	王颖	60	2015/3/6	18 000	2015/3/6	2015/3/6	18 000							
天津华云电器商贸有限公司	王颖	60	2015/3/6	40 000	2015/3/6									

（续表）

客户名称	业务员	信用期（天）	出货日期	应收账款	应收款日期	实收款日期	收款金额	欠款金额	超过时间（天）	未到期金额	0～30天	30～60天	60～90天	90天以上
天津华云电器商贸有限公司	王颖	60	2015/3/6	160 000	2015/3/6									
上海万联商贸有限公司	林卿	60	2015/3/8	60 000	2015/3/8									
上海万联商贸有限公司	林卿	60	2015/3/8	84 600	2015/3/8									
上海万联商贸有限公司	林卿	60	2015/3/8	80 000	2015/3/8									
广州西联科技有限公司	王颖	60	2015/3/20	225 000	2015/3/20	2015/3/20	225 000							
广州西联科技有限公司	王颖	60	2015/3/20	160 000	2015/3/20									
北京华通商贸有限公司	魏华	90	2015/4/1	20 000	2015/4/1									
北京华通商贸有限公司	魏华	90	2015/4/1	36 000	2015/4/1									
北京华通商贸有限公司	魏华	90	2015/4/1	40 000	2015/4/1									
广州西联科技有限公司	王颖	120	2015/4/5	60 000	2015/4/5	2015/4/5	60 000							
广州西联科技有限公司	王颖	120	2015/4/5	84 000	2015/4/5	2015/4/5	84 000							
广州西联科技有限公司	王颖	120	2015/4/5	176 000	2015/4/5									

表 2.3　　　　　　　　　　　应收账款账龄分析汇总表

年　月　日

应收账款期限	金额	比重	计提坏账百分比	坏账准备金额
信用期内				
0～30 天				
30～60 天				
60～90 天				
90 天以上				
合计				

表 2.4 应收账款赊销策略分析数据资料 单位：元

原方案销售额	500 000		
销售利润率	20%		
应收账款的机会成本	10%		
项 目	原方案	方案 A	方案 B
销售额增量(元)	0	200 000	400 000
平均收账期(天)	35	60	30
销售变动额的平均坏账损失率	5%	11%	10%
取得现金折扣的销售额占总销售额的百分比	0	0	50%
现金折扣	0	0	2%

表 2.5 应收账款赊销策略数据分析表

项 目	序号	方案 A	方案 B
信用标准变化对利润的影响	1		
信用期间变化对应收账款机会成本的影响	2		
平均坏账损失率变化对坏账成本的影响	3		
现金折扣成本的变化情况	4		
信用政策变化带来的净收益	5		

➤ **任务分解**

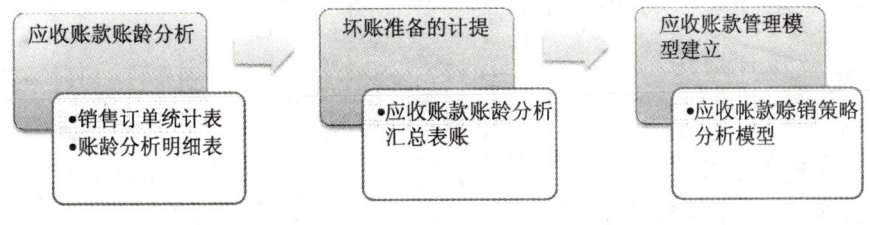

图 2.1 任务分解图

任务 2.1 应收账款账龄分析

2.1.1 任务分析

获取滨海电器商贸有限公司销售订单统计表(参见图 1.35)，编制销售回款的相关资料。如果前期资料不完善，可先建立表 2.1 简化的销售订单统计表，在此基础上继续编制。

2.1.2 任务实现步骤

步骤 1 建立"应收账款分析与管理"工作簿。

步骤 2 将"销售订单统计表"整理为"销售订单统计表(简化表)",或者录入"销售订单统计表(简化表)",见表 2.1。

步骤 3 将销售订单统计表(简化表)复制到新工作表"账龄分析表明细表",先将出货日期默认为制单日期,如实际工作中出货日期与制单日期不同,可修改。应收账款等于 B 列的金额,应收款的日期等于出货日期,根据表 2.2 录入实际收款日和收款金额,如图 2.2 所示。

	制单日期	金额	客户名称	业务员	信用期(天)	出货日期	应收账款	应收款日期	实收款日期	收款金额	欠款金额	超过时间(天)	未到期金额	0~30	30~60	60~90	90天以上
							截止日: 2015/7/31							0	30	60	90
3	2015/3/1	184,000	上海万联商贸有限公司	林薄	60	2015/3/1	184000	2015/3/1									
4	2015/3/1	84,600	上海万联商贸有限公司	林薄	60	2015/3/1	84600	2015/3/1									
5	2015/3/1	3,600	上海万联商贸有限公司	林薄	60	2015/3/1	3600	2015/3/1									
6	2015/3/2	150,000	北京华通商贸有限公司	魏华	90	2015/3/2	150000	2015/3/2	2015/3/2								
7	2015/3/2	28,000	北京华通商贸有限公司	魏华	90	2015/3/2	28000	2015/3/2	2015/3/2								
8	2015/3/2	80,000	北京华通商贸有限公司	魏华	90	2015/3/2	80000	2015/3/2									
9	2015/3/6	40,000	天津华云电器商贸有限公司	王颖	60	2015/3/6	40000	2015/3/6	2015/3/6								
10	2015/3/6	18,000	天津华云电器商贸有限公司	王颖	60	2015/3/6	18000	2015/3/6	2015/3/6								
11	2015/3/6	40,000	天津华云电器商贸有限公司	王颖	60	2015/3/6	40000	2015/3/6									
12	2015/3/8	60,000	上海万联商贸有限公司	林薄	60	2015/3/8	60000	2015/3/8									
13	2015/3/8	84,600	上海万联商贸有限公司	林薄	60	2015/3/8	84600	2015/3/8									
14	2015/3/8	80,000	上海万联商贸有限公司	林薄	60	2015/3/8	80000	2015/3/8									
16	2015/3/20	225,000	广州西欧科技有限公司	王颖	60	2015/3/20	225000	2015/3/20	2015/3/20								
17	2015/3/20	160,000	广州西联科技有限公司	王颖	60	2015/3/20	160000	2015/3/20									
18	2015/4/1	20,000	北京华通商贸有限公司	魏华	90	2015/4/1	20000	2015/4/1									
19	2015/4/1	36,000	北京华通商贸有限公司	魏华	90	2015/4/1	36000	2015/4/1									
20	2015/4/1	40,000	北京华通商贸有限公司	魏华	90	2015/4/1	40000	2015/4/1									
21	2015/4/5	60,000	广州西欧科技有限公司	王颖	120	2015/4/5	60000	2015/4/5	2015/4/5								
22	2015/4/5	84,000	广州西联科技有限公司	王颖	120	2015/4/5	84000	2015/4/5	2015/4/5								
23	2015/4/5	176,000	广州西联科技有限公司	王颖	120	2015/4/5	176000	2015/4/5									
24			合计				1813800										

图 2.2 账龄分析明细表

步骤 4 计算欠款金额,等于应收账款减去收款金额。

步骤 5 计算超过时间(天),等于应收款日期减去截止日期,参考公式如下:
在单元格 L3 中输入公式"=IF(K3=0,0,DAYS360(H3,$F$1,1)-E3)"。

☞ **知识链接**

> DAYS 360 按照 1 年 360 天的算法(每个月以 30 天计,1 年共计 12 个月),返回两日期间相差的天数,这在一些会计计算中将会用到。如果会计系统是基于 1 年 12 个月,每月 30 天,则可用此函数帮助计算支付款项。该函数的语法规则如下:
>
> DAYS360(start_date, end_date, [method])
>
> 具有以下参数:
> start_date:开始日期。
> end_date:结束日期。
> method:逻辑值,用来设置使用美国或欧洲的算法。false 或省略为美国算法,true 为欧洲算法。
> start_date 和 end_date 两个参数是必须写的,且两个参数的类型必须为日期型。如果 start_date 在 end_date 之后,则 DAYS360 将返回一个负数。

步骤 6 在单元格 M1、N1、O1 和 P1 分别录入:0, 30, 60 和 90。用来对应单元格 M2、N2、O2 和 P2 的"未到期金额""0~30""30~60"和"60~90"。

步骤 7　计算未到期金额，若超过时间（天）为正数，则说明欠款金额已经超出信用期，因此未到期金额为零，否则，说明欠款在信用期内，未到期金额等于欠款金额。参考公式如下：

在单元格 M3 中输入公式“＝IF(L3＜＝0，K3，0)”。

步骤 8　计算 0～30 天应收账款，通过判断超过时间来计算应收账款。参考公式如下：

在单元格 N3 中输入公式“＝IF(AND(L3＞M＄1，L3＜＝N＄1)，K3，0)”。

☞ 知识链接

> AND 函数一般用来检验一组数据是否都满足条件。AND 函数中所有参数的逻辑值为真时返回 true，只要一个参数的逻辑值为假即返回 false。简言之，就是当 AND 的参数全部满足某一条件时，返回结果为 true，否则为 false。该函数的语法规则如下：
>
> AND(LOGICALL1，LOGICALL2，…)
>
> 具有以下参数：
>
> LOGICALL 1，LOGICALL 2，…允许 1～30 个条件表达式，而这些条件表达式不是 False 就是 True。参数必须是逻辑值，或者包含逻辑值的数组或引用。

步骤 9　计算 30～60 天应收账款，通过判断超过时间来计算应收账款。参考公式如下：

在单元格 O3 中输入公式“＝IF(AND(L3＞N＄1，L3＜＝O＄1)，K3，0)”。

步骤 10　计算 60～90 天应收账款，通过判断超过时间来计算应收账款。参考公式如下：

在单元格 P3 中输入公式“＝IF(AND(L3＞O＄1，L3＜＝P＄1)，K3，0)”。

步骤 11　承步骤 9，计算 90 天以上应收账款，通过判断超过时间来计算应收账款。参考公式如下：

在单元格 Q3 中输入公式“＝IF(L3＞P＄1，K3，0)”。

步骤 12　继续输入所有公式，如图 2.3 所示，结果如图 2.4 所示。

	K	L	M	N	O	P	Q
1			0	30	60	90	
2	欠款金额	超过时间（天）	未到期金额	0～30	30～60	60～90	90天以上
3	=G3-J3	=IF(K3=0, 0, DAYS360(H3, $F$1, 1)-E3)	=IF(L3<=0, K3, 0)	=IF(AND(L3>M$1, L3<=N$1), K3, 0)	=IF(AND(L3>N$1, L3<=O$1), K3, 0)	=IF(AND(L3>O$1, L3<=P$1), K3, 0)	=IF(L3>P$1, K3, 0)
4	=G4-J4	=IF(K4=0, 0, DAYS360(H4, $F$1, 1)-E4)	=IF(L4<=0, K4, 0)	=IF(AND(L4>M$1, L4<=N$1), K4, 0)	=IF(AND(L4>N$1, L4<=O$1), K4, 0)	=IF(AND(L4>O$1, L4<=P$1), K4, 0)	=IF(L4>P$1, K4, 0)
5	=G5-J5	=IF(K5=0, 0, DAYS360(H5, $F$1, 1)-E5)	=IF(L5<=0, K5, 0)	=IF(AND(L5>M$1, L5<=N$1), K5, 0)	=IF(AND(L5>N$1, L5<=O$1), K5, 0)	=IF(AND(L5>O$1, L5<=P$1), K5, 0)	=IF(L5>P$1, K5, 0)
6	=G6-J6	=IF(K6=0, 0, DAYS360(H6, $F$1, 1)-E6)	=IF(L6<=0, K6, 0)	=IF(AND(L6>M$1, L6<=N$1), K6, 0)	=IF(AND(L6>N$1, L6<=O$1), K6, 0)	=IF(AND(L6>O$1, L6<=P$1), K6, 0)	=IF(L6>P$1, K6, 0)
7	=G7-J7	=IF(K7=0, 0, DAYS360(H7, $F$1, 1)-E7)	=IF(L7<=0, K7, 0)	=IF(AND(L7>M$1, L7<=N$1), K7, 0)	=IF(AND(L7>N$1, L7<=O$1), K7, 0)	=IF(AND(L7>O$1, L7<=P$1), K7, 0)	=IF(L7>P$1, K7, 0)
8	=G8-J8	=IF(K8=0, 0, DAYS360(H8, $F$1, 1)-E8)	=IF(L8<=0, K8, 0)	=IF(AND(L8>M$1, L8<=N$1), K8, 0)	=IF(AND(L8>N$1, L8<=O$1), K8, 0)	=IF(AND(L8>O$1, L8<=P$1), K8, 0)	=IF(L8>P$1, K8, 0)
9	=G9-J9	=IF(K9=0, 0, DAYS360(H9, $F$1, 1)-E9)	=IF(L9<=0, K9, 0)	=IF(AND(L9>M$1, L9<=N$1), K9, 0)	=IF(AND(L9>N$1, L9<=O$1), K9, 0)	=IF(AND(L9>O$1, L9<=P$1), K9, 0)	=IF(L9>P$1, K9, 0)
10	=G10-J10	=IF(K10=0, 0, DAYS360(H10, $F$1, 1)-E10)	=IF(L10<=0, K10, 0)	=IF(AND(L10>M$1, L10<=N$1), K10, 0)	=IF(AND(L10>N$1, L10<=O$1), K10, 0)	=IF(AND(L10>O$1, L10<=P$1), K10, 0)	=IF(L10>P$1, K10, 0)
11	=G11-J11	=IF(K11=0, 0, DAYS360(H11, $F$1, 1)-E11)	=IF(L11<=0, K11, 0)	=IF(AND(L11>M$1, L11<=N$1), K11, 0)	=IF(AND(L11>N$1, L11<=O$1), K11, 0)	=IF(AND(L11>O$1, L11<=P$1), K11, 0)	=IF(L11>P$1, K11, 0)
12	=G12-J12	=IF(K12=0, 0, DAYS360(H12, $F$1, 1)-E12)	=IF(L12<=0, K12, 0)	=IF(AND(L12>M$1, L12<=N$1), K12, 0)	=IF(AND(L12>N$1, L12<=O$1), K12, 0)	=IF(AND(L12>O$1, L12<=P$1), K12, 0)	=IF(L12>P$1, K12, 0)
13	=G13-J13	=IF(K13=0, 0, DAYS360(H13, $F$1, 1)-E13)	=IF(L13<=0, K13, 0)	=IF(AND(L13>M$1, L13<=N$1), K13, 0)	=IF(AND(L13>N$1, L13<=O$1), K13, 0)	=IF(AND(L13>O$1, L13<=P$1), K13, 0)	=IF(L13>P$1, K13, 0)
14	=G14-J14	=IF(K14=0, 0, DAYS360(H14, $F$1, 1)-E14)	=IF(L14<=0, K14, 0)	=IF(AND(L14>M$1, L14<=N$1), K14, 0)	=IF(AND(L14>N$1, L14<=O$1), K14, 0)	=IF(AND(L14>O$1, L14<=P$1), K14, 0)	=IF(L14>P$1, K14, 0)
15	=G15-J15	=IF(K15=0, 0, DAYS360(H15, $F$1, 1)-E15)	=IF(L15<=0, K15, 0)	=IF(AND(L15>M$1, L15<=N$1), K15, 0)	=IF(AND(L15>N$1, L15<=O$1), K15, 0)	=IF(AND(L15>O$1, L15<=P$1), K15, 0)	=IF(L15>P$1, K15, 0)
16	=G16-J16	=IF(K16=0, 0, DAYS360(H16, $F$1, 1)-E16)	=IF(L16<=0, K16, 0)	=IF(AND(L16>M$1, L16<=N$1), K16, 0)	=IF(AND(L16>N$1, L16<=O$1), K16, 0)	=IF(AND(L16>O$1, L16<=P$1), K16, 0)	=IF(L16>P$1, K16, 0)
17	=G17-J17	=IF(K17=0, 0, DAYS360(H17, $F$1, 1)-E17)	=IF(L17<=0, K17, 0)	=IF(AND(L17>M$1, L17<=N$1), K17, 0)	=IF(AND(L17>N$1, L17<=O$1), K17, 0)	=IF(AND(L17>O$1, L17<=P$1), K17, 0)	=IF(L17>P$1, K17, 0)
18	=G18-J18	=IF(K18=0, 0, DAYS360(H18, $F$1, 1)-E18)	=IF(L18<=0, K18, 0)	=IF(AND(L18>M$1, L18<=N$1), K18, 0)	=IF(AND(L18>N$1, L18<=O$1), K18, 0)	=IF(AND(L18>O$1, L18<=P$1), K18, 0)	=IF(L18>P$1, K18, 0)
19	=G19-J19	=IF(K19=0, 0, DAYS360(H19, $F$1, 1)-E19)	=IF(L19<=0, K19, 0)	=IF(AND(L19>M$1, L19<=N$1), K19, 0)	=IF(AND(L19>N$1, L19<=O$1), K19, 0)	=IF(AND(L19>O$1, L19<=P$1), K19, 0)	=IF(L19>P$1, K19, 0)
20	=G20-J20	=IF(K20=0, 0, DAYS360(H20, $F$1, 1)-E20)	=IF(L20<=0, K20, 0)	=IF(AND(L20>M$1, L20<=N$1), K20, 0)	=IF(AND(L20>N$1, L20<=O$1), K20, 0)	=IF(AND(L20>O$1, L20<=P$1), K20, 0)	=IF(L20>P$1, K20, 0)
21	=G21-J21	=IF(K21=0, 0, DAYS360(H21, $F$1, 1)-E21)	=IF(L21<=0, K21, 0)	=IF(AND(L21>M$1, L21<=N$1), K21, 0)	=IF(AND(L21>N$1, L21<=O$1), K21, 0)	=IF(AND(L21>O$1, L21<=P$1), K21, 0)	=IF(L21>P$1, K21, 0)
22	=G22-J22	=IF(K22=0, 0, DAYS360(H22, $F$1, 1)-E22)	=IF(L22<=0, K22, 0)	=IF(AND(L22>M$1, L22<=N$1), K22, 0)	=IF(AND(L22>N$1, L22<=O$1), K22, 0)	=IF(AND(L22>O$1, L22<=P$1), K22, 0)	=IF(L22>P$1, K22, 0)
23	=G23-J23	=IF(K23=0, 0, DAYS360(H23, $F$1, 1)-E23)	=IF(L23<=0, K23, 0)	=IF(AND(L23>M$1, L23<=N$1), K23, 0)	=IF(AND(L23>N$1, L23<=O$1), K23, 0)	=IF(AND(L23>O$1, L23<=P$1), K23, 0)	=IF(L23>P$1, K23, 0)
24	=G24-J24		=SUM(M3:M23)	=SUM(N3:N23)	=SUM(O3:O23)	=SUM(P3:P23)	=SUM(Q3:Q23)

图 2.3　账龄分析明细表(公式明细)

制单日期	金额	客户名称	业务员	信用期(天)	出库日期	应收账款	应收款日期	实收款日期	收款金额	欠款金额	超过时间(天)	未到期金额	0~30	30~60	60~90	90天以上
													0	30	60	90
2015/3/1	184,000	上海万联商贸有限公司	林蕾	60	2015/3/1	184 000	2015/3/1			184 000	89.00	0	0	0	184 000	0
2015/3/1	84,600	上海万联商贸有限公司	林蕾	60	2015/3/1	84 600	2015/3/1			84 600	89.00	0	0	0	84 600	0
2015/3/1	3,600	上海万联商贸有限公司	林蕾	60	2015/3/1	3 600	2015/3/1			3 600	89.00	0	0	0	3 600	0
2015/3/2	160,000	北京华通商贸有限公司	魏华	90	2015/3/2	130 000	2015/3/2	2015/3/2	150000	0.00	0	0	0	0	0
2015/3/2	28,000	北京华通商贸有限公司	魏华	90	2015/3/2	28 000	2015/3/2	2015/3/2	28000	0	0.00	0	0	0	0	0
2015/3/2	80,000	北京华通商贸有限公司	魏华	90	2015/3/2	80 000	2015/3/2			80 000	58.00	0	0	80 000	0	0
2015/3/6	40,000	天津华云电器商贸有限公司	王颖	60	2015/3/6	40 000	2015/3/6	2015/3/6	40000	0	0.00	0	0	0	0	0
2015/3/6	18,000	天津华云电器商贸有限公司	王颖	60	2015/3/6	18 000	2015/3/6	2015/3/6	18000	0	0.00	0	0	0	0	0
2015/3/6	40,000	天津华云电器商贸有限公司	王颖	60	2015/3/6	40 000	2015/3/6			40 000	84.00	0	0	0	40 000	0
2015/3/6	160,000	天津华云电器商贸有限公司	王颖	60	2015/3/6	160 000	2015/3/6			160 000	84.00	0	0	0	160 000	0
2015/3/8	60,000	上海万联商贸有限公司	林蕾	60	2015/3/8	60 000	2015/3/8			60 000	82.00	0	0	0	60 000	0
2015/3/8	84,600	上海万联商贸有限公司	林蕾	60	2015/3/8	84 600	2015/3/8			84 600	82.00	0	0	0	84 600	0
2015/3/8	80,000	上海万联商贸有限公司	林蕾	60	2015/3/8	80 000	2015/3/8			80 000	82.00	0	0	0	80 000	0
2015/3/20	225,000	广州西联科技有限公司	王颖	60	2015/3/20	225 000	2015/3/20	2015/3/20	225000	0	0.00	0	0	0	0	0
2015/3/20	160,000	广州西联科技有限公司	王颖	60	2015/3/20	160 000	2015/3/20			160 000	70.00	0	0	0	160 000	0
2015/4/1	20,000	北京华通商贸有限公司	魏华	90	2015/4/1	20 000	2015/4/1			20 000	29.00	0	20 000	0	0	0
2015/4/1	36,000	北京华通商贸有限公司	魏华	90	2015/4/1	36 000	2015/4/1			36 000	29.00	0	36 000	0	0	0
2015/4/1	40,000	北京华通商贸有限公司	魏华	90	2015/4/1	40 000	2015/4/1			40 000	29.00	0	40 000	0	0	0
2015/4/5	60,000	广州西联科技有限公司	王颖	120	2015/4/5	60 000	2015/4/5	2015/4/5	60000	0	0.00	0	0	0	0	0
2015/4/5	84,000	广州西联科技有限公司	王颖	120	2015/4/5	84 000	2015/4/5	2015/4/5	84000	0	0.00	0	0	0	0	0
2015/4/5	176,000	广州西联科技有限公司	王颖	120	2015/4/5	176 000	2015/4/5			176 000	(5.00)	176 000	0	0	0	0
		合计				1813 800			605000	1203 500		176 000	96 000	80 000	856 600	0

图 2.4　账龄分析明细表结果图

任务 2.2　坏账准备的计算

2.2.1　任务分析

坏账准备是按企业的应收款项(含应收账款、其他应收款等)计提的,是备抵账户。企业对坏账损失的核算,采用备抵法。在备抵法下,企业每期期末要估计坏账损失,设置"坏账准备"账户。备抵法是指采用一定的方法按期(至少每年年末)估计坏账损失,提取坏账准备并转作当期费用。实际发生坏账时,直接冲减已计提坏账准备,同时转销相应的应收账款余额的一种处理方法。

企业应设置"坏账准备"账户,用来核算企业提取的坏账准备。企业应当定期或者至少每年年度终了,对应收款项进行全面检查,预计各项应收款项可能发生的坏账,对于没有把握收回的应收款项,应当计提坏账准备。

坏账准备的计提方法有四种,即余额百分比法、账龄分析法、销货百分比法和个别认定法。

企业在确定坏账准备的计提比例时,应当根据企业以往的经验、债务单位的实际财务状况和现金流量的情况,以及其他相关信息合理地估计。除有确凿证据表明该项应收款项不能收回,或收回的可能性不大外(如债务单位撤销、破产、资不抵债、现金流量严重不足、发生严重的自然灾害等导致停产而在短时间内无法偿付债务等,以及应收款项逾期 3 年以上),一般不能全额计提坏账准备。

账龄分析法是根据应收账款账龄的长短来估计坏账损失的方法。通常而言,应收账款的账龄越长,发生坏账的可能性越大。为此,将企业的应收账款按账龄长短进行分组,分别确定不同的计提百分比估算坏账损失,使坏账损失的计算结果更符合客观情况。

采用账龄分析法计提坏账准备的计算公式如下所述。

1. 首次计提坏账准备的计算公式

当期应计提的坏账准备 $= \sum ($期末各账龄组应收账款余额 $\times$ 各账龄组坏账准备计提百分比$)$

2. 以后计提坏账准备的计算公式

$$\begin{array}{l}\text{当期应计提的}\\\text{坏账准备}\end{array}=\begin{array}{l}\text{当期按应收账款计算应}\\\text{计提的坏账准备金额}\end{array}+\begin{array}{l}\text{（或－）"坏账准备"账户}\\\text{借方余额（或贷方余额）}\end{array}$$

2.2.2　任务实现步骤

步骤1　新建"应收账款账龄分析汇总表"工作表，样式如图2.5所示，数据通过对"账龄分析明细表"数据的计算汇总得来。

应收账款期限	金额	比重	计提坏账百分比	坏账准备金额
信用期内	176 000.00	14.56%	0%	–
0～30天	96 000.00	7.94%	1%	960.00
30～60天	80 000.00	6.62%	2%	1 600.00
60～90天	856 800.00	70.88%	5%	42 840.00
90天以上	–	0	20%	–
合计	1 208 800.00	100%		45 400.00

表标题：应收账款账龄分析汇总表　年　月　日

图2.5　应收账款账龄分析汇总表

步骤2　计算应收账款的金额，参考公式如下：

在单元格B4中输入公式"＝账龄分析表明细表！M24"。

步骤3　计算比重，参考公式如下：

在单元格C4中输入公式"＝B4/$B$9"。

步骤4　录入计提坏账百分比，如图2.5所示。

步骤5　计算准备金额，参考公式如下：

在单元格E4中输入公式"＝B4＊D4"。

步骤6　继续录入其他公式，如图2.6所示。

应收账款期限	金额	比重%	计提坏账百分比	坏账准备金额
信用期内	=账龄分析表明细表!M24	=B4/$B$9	0	=B4*D4
0～30天	=账龄分析表明细表!N24	=B5/$B$9	0.01	=B5*D5
30～60天	=账龄分析表明细表!O24	=B6/$B$9	0.02	=B6*D6
60～90天	=账龄分析表明细表!P24	=B7/$B$9	0.05	=B7*D7
90天以上	=账龄分析表明细表!Q24	=B8/$B$9	0.2	=B8*D8
合计	=SUM(B4:B8)	=SUM(C4:C8)		=SUM(E4:E8)

表标题：应收账款账龄分析汇总表　年　月　日

图2.6　应收账款账龄分析汇总表公式

任务2.3　应收账款赊销策略分析模型

2.3.1　任务分析

企业面对竞争，为了稳定自己的销售渠道、扩大商品销路、开拓并占领市场，降低商品的仓储费用、管理费用，增加收入，不得不面向客户采用信用政策，提供信用业务，因此产生应收账款。然而,采用赊销策略,必然给企业带来各种风险,并增加各种成本。因此,建立赊销策略分析模型,为应收账款管理提供依据。

赊销策略中每一种因素发生变化都会影响企业的利益。赊销策略的信用政策宽松可以一定比例地扩大销售收入(赊销收入),同时导致应收账款的相关成本增加。因此,在制定赊销策略时,将各种信用政策的相关因素予以一定程度的放宽或收紧,然后考虑企业销售收入和成本的相应变化,这种方法称为增量分析。增量分析的结果为正数,则方案可行;否则,不可行。增量分析的基本公式如下:

(1)信用标准变化带来的利润增加=新方案销售额增减量×销售利润率

(2)收账期变化带来应收账款机会成本的增加=(平均收账期增量÷360×原方案销售额+平均收账期÷360×新方案销售额增量)×应收账款机会成本

(3)平均坏账损失率变化带来坏账成本的增加=销售额增量×增加销售额的坏账损失率

(4)现金折扣成本的增加=(原方案销售额+新方案销售额增量)×需付现金折扣的销售额占总销售额的百分比×现金折扣率

(5)赊销策略变化带来的净收益=(1)-(2)-(3)-(4)

2.3.2 任务实现步骤

步骤 1 建立数据资料区域,输入数据资料,如图 2.7 所示。

	A	B	C	D
1	应收账款赊销策略分析模型			
2	数据资料			
3	原方案销售额	500000		
4	销售利润率	20%		
5	应收账款的机会成本	10%		
6	项目	原方案	方案A	方案B
7	销售额增量(-减量)	0	200 000	400 000
8	平均收账期	35	60	25
9	销售变动额的平均坏账损失率	5%	11%	5%
10	取得现金折扣的销售额占总销售额的百分比	0	0	50%
11	现金折扣	0	0	2%

图 2.7 应收账款赊销策略数据资料

步骤 2 建立数据分析区域,输入数据分析的各个项目,如图 2.8 所示。

	A	B	C	D
12	数据分析			
13	项目	序号	方案A	方案B
14	信用标准变化带来的利润增加	1		
15	收账期变化带来应收账款机会成本的增加	2		
16	平均坏账损失率变化带来坏账成本的增加	3		
17	现金折扣成本的增加	4		
18	信用政策变化带来的净收益	5		

图 2.8 应收账款赊销策略数据分析图

步骤 3　计算各个项目在方案 A 中的数据(见图 2.9 和图 2.10),参考公式如下:

在单元格 C14 中输入公式"=C7 * $B$4"。

在单元格 C15 中输入公式"=((C8－$B$8)/360 * $B$3+C8/360 * C7) * $B$5"。

在单元格 C16 中输入公式"= C7 * C9"。

在单元格 C17 中输入公式"=($B$3+C7) * C10 * C11"。

在单元格 C18 中输入公式"=C14－C15－C16－C17"。

步骤 4　计算各个项目在方案 B 中的数据,参考公式如下:

在单元格 D14 中输入公式"=D7 * $B$4"。

在单元格 D15 中输入公式"=((D8－$B$8)/360 * $B$3+D8/360 * D7) * $B$5"。

在单元格 D16 中输入公式"= D7 * D9"。

在单元格 D17 中输入公式"=($B$3+D7) * D10 * D11"。

在单元格 C18 中输入公式"=D14－D15－D16－D17"。

	A	B	C	D
12	数据分析			
13	项目	序号	方案A	方案B
14	信用标准变化带来的利润增加	1	=C7*$B$4	=D7*$B$4
15	收账期变化带来应收账款机会成本的增加	2	=((C8-$B$8)/360*$B$3+C8/360*C7)*$B$5	=((D8-$B$8)/360*$B$3+D8/360*D7)*$B$5
16	平均坏账损失率变化带来坏账成本的增加	3	=C7*C9	=D7*D9
17	现金折扣成本的增加	4	=($B$3+C7)*C10*C11	=($B$3+D7)*D10*D11
18	信用政策变化带来的净收益	5	=C14-C15-C16-C17	=D14-D15-D16-D17

图 2.9　应收账款赊销策略数据分析公式

	A	B	C	D
1	应收账款赊销策略分析模型			
2	数据资料			
3	原方案销售额	500000		
4	销售利润率	20%		
5	应收账款的机会成本	10%		
6	项目	原方案	方案A	方案B
7	销售额增量(-减量)	0	200 000	400 000
8	平均收账期	35	60	25
9	销售变动额的平均坏账损失率	5%	11%	5%
10	取得现金折扣的销售额占总销售额的百分比	0	0	50%
11	现金折扣	0	0	2%
12	数据分析			
13	项目	序号	方案A	方案B
14	信用标准变化带来的利润增加	1	40 000.00	80 000.00
15	收账期变化带来应收账款机会成本的增加	2	6 805.56	1 388.89
16	平均坏账损失率变化带来坏账成本的增加	3	22 000.00	20 000.00
17	现金折扣成本的增加	4	-	9 000.00
18	信用政策变化带来的净收益	5	11 194.44	49 611.11

图 2.10　应收账款赊销策略数据分析效果图

步骤 5 根据分析数据表明,方案 B 可以带来更高的收益。

实 战 训 练

滨海旭日公司现在采用 30 天按发票金额(即无现金折扣)付款的信用政策,拟将信用期放宽至 60 天,仍按发票金额付款。假设风险投资的最低报酬率为 15%,其他有关数据,如表 2.6 所示。

要求:建立应收账款赊销策略分析模型,分析该公司应否将信用期改为 60 天。

表 2.6   滨海旭日公司信用政策

信用期	30 天	60 天
全年销售量(件)	100 000	120 000
全年销售额(元)(单价为 5 元)	500 000	600 000
全年销售成本(元)		
变动成本(每件 4 元)	400 000	480 000
固定成本(元)	50 000	50 000
毛利(元)	50 000	70 000
可能发生的收账费用(元)	3 000	4 000
可能发生的坏账损失(元)	5 000	9 000

典型项目3　进销存管理与利润分析

➤ 项目目标

1. 进货统计表编制
2. 销售统计表编制
3. 库存统计表编制
4. 销售毛利分析

➤ 知识背景

财务角度:进销存又称购销链。进是指询价、采购到入库与付款的过程;销是指报价、销售到出库与收款的过程;存是指出入库之外,包括领料、退货、盘点、报损报溢、借入、借出、调拨等影响库存数量的动作。

商品流通企业进销存是从商品的采购(进)到入库(存)到销售(销)的动态管理过程。工业企业进销存是从原材料的采购(进)到入库(存)、领料加工、产品入库(存)、销售(销)的动态管理过程。

随着信息技术的飞速发展,企业相应的进销存管理应用软件使这一动态的过程更加有条理。应用进销存管理软件,不仅使企业的进销存管理实现了即时性,结合互联网技术更使进销存管理实现了跨区域管理。

Excel技巧:条件格式、数据有效性、SUMIF、VLOOKUP等功能和函数。

➤ 项目任务

滨海电器商贸有限公司建立了进货明细表和销售明细表,进而编制进货统计表和销售统计表、库存统计表和毛利润分析表。资料和样本,如表3.1至表3.8所示。

表3.1　　　　　　　　仓库信息表

序号	仓库名称
1	甲仓库
2	乙仓库
3	丙仓库

表 3.2   进货明细表   金额单位:元

序号	进货日期	进货仓库	货品名称	单位	数量	单价	金额	采购员
1	2015/3/1	甲仓库	Z230-3 烤箱	台	50	2 000.00	100 000.00	林卿
2	2015/3/1	乙仓库	J210261 面包机	台	60	1 200.00	72 000.00	林卿
3	2015/3/1	丙仓库	K213281 咖啡机	台	100	900.00	90 000.00	林卿
4	2015/3/1	乙仓库	J210565 面包机	台	100	1 500.00	150 000.00	魏华
5	2015/3/1	丙仓库	K213290 咖啡机	台	20	1 400.00	28 000.00	魏华
6	2015/3/1	甲仓库	Z350-6 烤箱	台	45	4 000.00	180 000.00	魏华
7	2015/3/11	甲仓库	Z230-3 烤箱	台	50	1 900.00	95 000.00	王颖
8	2015/3/11	乙仓库	J212068 面包机	台	380	2 300.00	874 000.00	王颖
9	2015/3/11	丙仓库	K213281 咖啡机	台	55	1 000.00	55 000.00	王颖
10	2015/3/11	乙仓库	J210565 面包机	台	20	1 700.00	34 000.00	林卿
11	2015/3/11	丙仓库	K213290 咖啡机	台	40	1 500.00	60 000.00	林卿
12	2015/3/11	甲仓库	Z350-6 烤箱	台	10	3 900.00	39 000.00	林卿
13	2015/3/21	甲仓库	Z230-3 烤箱	台	24	1 850.00	44 400.00	魏华
14	2015/3/21	乙仓库	J212068 面包机	台	40	2 450.00	98 000.00	魏华
15	2015/3/21	丙仓库	K213281 咖啡机	台	28	1 200.00	33 600.00	魏华
16	2015/3/21	乙仓库	J210565 面包机	台	30	1 800.00	54 000.00	王颖
17	2015/3/21	丙仓库	K213290 咖啡机	台	40	1 550.00	62 000.00	王颖
18	2015/3/21	甲仓库	Z460-8 烤箱	台	30	4 600.00	138 000.00	王颖

表 3.3   进货统计表

货品名称	单位	进货总量	进货总成本	平均单价
J210261 面包机	台			
J210565 面包机	台			
J212068 面包机	台			
K213281 咖啡机	台			
K213290 咖啡机	台			
Z230-3 烤箱	台			
Z350-6 烤箱	台			
Z460-8 烤箱	台			

表 3.4   销售明细表   金额单位:元

制单日期	品名	单位	数量	单价	金额	客户名称	业务员
20150301	Z230-3 烤箱	台	46	4 000.00	184 000.00	上海万联商贸有限公司	林卿
20150301	J212068 面包机	台	20	4 230.00	84 600.00	上海万联商贸有限公司	林卿
20150301	K213281 咖啡机	台	2	1 800.00	3 600.00	上海万联商贸有限公司	林卿
20150301	J210565 面包机	台	50	3 000.00	150 000.00	北京华通商贸有限公司	魏华
20150301	K213290 咖啡机	台	10	2 800.00	28 000.00	北京华通商贸有限公司	魏华
20150301	Z350-6 烤箱	台	10	8 000.00	80 000.00	北京华通商贸有限公司	魏华

（续表）

制单日期	品名	单位	数量	单价	金额	客户名称	业务员
20150306	J210261 面包机	台	20	2 000.00	40 000.00	天津华云电器商贸有限公司	王颖
20150306	K213281 咖啡机	台	10	1 800.00	18 000.00	天津华云电器商贸有限公司	王颖
20150306	Z230-3 烤箱	台	10	4 000.00	40 000.00	天津华云电器商贸有限公司	王颖
20150306	Z350-6 烤箱	台	20	8 000.00	160 000.00	天津华云电器商贸有限公司	王颖
20150308	J210565 面包机	台	20	3 000.00	60 000.00	上海万联商贸有限公司	林卿
20150308	J212068 面包机	台	20	4 230.00	84 600.00	上海万联商贸有限公司	林卿
20150308	Z350-6 烤箱	台	10	8 000.00	80 000.00	上海万联商贸有限公司	林卿
20150320	Z460-8 烤箱	台	25	9 000.00	225 000.00	广州西联科技有限公司	王颖
20150320	Z350-6 烤箱	台	20	8 000.00	160 000.00	广州西联科技有限公司	王颖
20150401	J210261 面包机	台	10	2 000.00	20 000.00	北京华通商贸有限公司	魏华
20150401	K213281 咖啡机	台	20	1 800.00	36 000.00	北京华通商贸有限公司	魏华
20150401	Z230-3 烤箱	台	10	4 000.00	40 000.00	北京华通商贸有限公司	魏华
20150405	J210565 面包机	台	20	3 000.00	60 000.00	广州西联科技有限公司	王颖
20150405	K213290 咖啡机	台	30	2 800.00	84 000.00	广州西联科技有限公司	王颖
20150405	Z350-6 烤箱	台	22	8 000.00	176 000.00	广州西联科技有限公司	王颖

表 3.5 销 售 统 计 表

货品名称	单位	平均售价	销售总量	销售额
J210261 面包机	台			
J210565 面包机	台			
J212068 面包机	台			
K213281 咖啡机	台			
K213290 咖啡机	台			
Z230-3 烤箱	台			
Z350-6 烤箱	台			
Z460-8 烤箱	台			
合计				

表 3.6 期初库存数据 金额单位:元

序号	货品名称	期初库存		
		单价	数量(台)	总价
1	Z230-3 烤箱	750.00	1000	750 000.00
2	Z350-6 烤箱	800.00	800	640 000.00
3	K213281 咖啡机	1 220.00	600	732 000.00
4	K213290 咖啡机	1 000.00	450	450 000.00
5	J210565 面包机	900.00	500	450 000.00
6	J212068 面包机	1 050.00	300	315 000.00

表 3.7 　　　　　　　　　　　　库 存 统 计 表

序号	货品名称	期初库存			入库			出库			期末库存		
		单价	数量	总价	单价	数量	总价	单价	数量	总价	单价	数量	总价
1	Z230-3 烤箱												
2	Z350-6 烤箱												
3	K213281 咖啡机												
4	K213290 咖啡机												
5	J210565 面包机												
6	J212068 面包机												

表 3.8 　　　　　　　　　　　　销 售 毛 利 表

序号	货品名称	单位	销售数量	单位成本	销售总成本	销售单价	本期销售额	毛利润
1	Z230-3 烤箱	台						
2	Z350-6 烤箱	台						
3	K213281 咖啡机	台						
4	K213290 咖啡机	台						
5	J210565 面包机	台						
6	J212068 面包机	台						

➢ **任务分解**

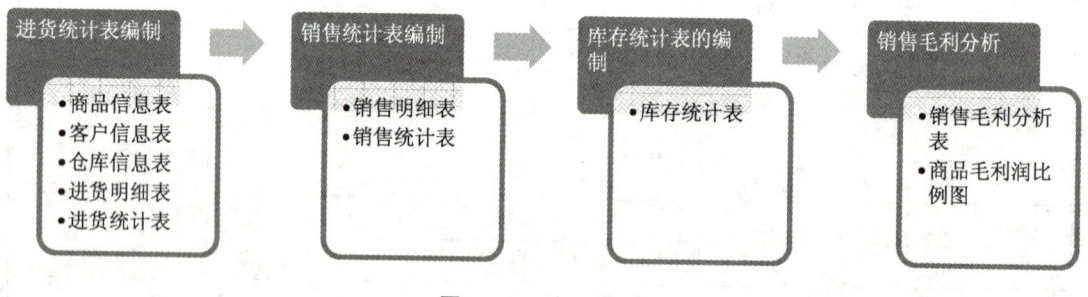

图 3.1　任务分解图

任务 3.1　进货统计表编制

3.1.1　任务分析

　　首先录入进货明细表,其次再通过进货明细表生成进货统计表。进货明细表依据采购计划完成,记录了原始进货信息,通过它可以了解商品的进货情况,对同一种商品、不同批次进货可能存在价格差,通过单个商品的总成本和总数量可以计算得到商品的平均单价,供销售时参考。

　　进货明细表的创建可以由进货单合成,效果类似典型项目 1 将销售订单合成销售统计表,在此为了方便实现本典型项目的内容,我们采用直接手工录入进货明细表的方法,以滨海电器商贸有限公司 2015 年 3 月份的进货情况为例。

操作注意要点：

(1) 序号列可以用数列填充的方法。

(2) 进货日期项，如存在相同的单元格内容一致的输入，可以用复制的方法，也可以先选中要输入的单元格区域，输入日期，如 2015-3-1，然后按 Ctrl+Enter 组合键实现统一输入。

(3) 进货仓库由于是确定的几个选项，为了简便输入，也为了防止出现错误，可以通过“数据有效性”来限制输入的内容，在“数据有效性”对话框中的“设置”选项卡里，在“允许”的下拉列表中选择“序列”，然后在“来源”编辑框输入“甲仓库，乙仓库，丙仓库”，单击“确定”按钮即可。在本例中，还可以参照典型项目 1 的设置，创建仓库信息表，那么在“来源”选项卡就可以选择对应的区域进行设置。同理，可对货品名称进行“数据有效性”的设置。

(4) 商品规格、单位、定价等信息可以用 VLOOKUP 函数从别的表进行引用，以保证和商品名称一一对应，并且简化输入。

(5) 数量可通过“数据有效性”保证输入必须是大于 0 的整数。

(6) 同一商品，每次的进货单价有可能不同，这里计算采购单位成本采用以下公式：

进货单位成本＝总进货成本÷总进货数量

3.1.2　任务实现步骤

步骤 1　新建“进销存管理”工作簿，建立工作表包括：“商品信息表”“客户信息表”和“仓库信息表”，从已完成的项目复制相关内容(部分数据有改动)，新建工作表命名为“进货明细表”，在该工作表中录入相关信息，效果如图 3.2 所示。

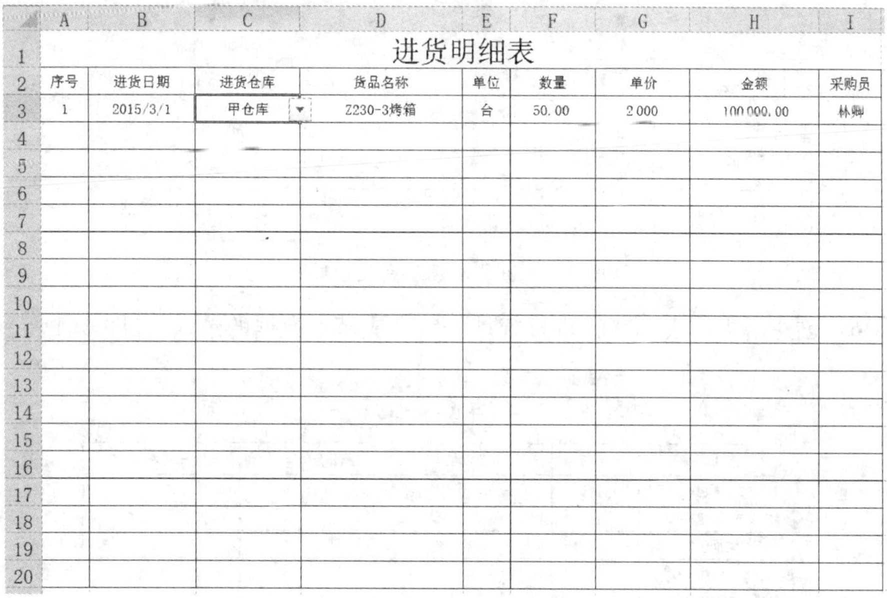

	A	B	C	D	E	F	G	H	I
1	进货明细表								
2	序号	进货日期	进货仓库	货品名称	单位	数量	单价	金额	采购员
3	1	2015/3/1	甲仓库	Z230-3烤箱	台	50.00	2 000	100 000.00	林卿
4									
5									
6									
7									
8									
9									
10									
11									
12									
13									
14									
15									
16									
17									
18									
19									
20									

图 3.2　进货明细表初始图

步骤 2　对“进货仓库”进行“数据有效性”设置。选中“进货仓库”列对应的数据项(C3：C20)，在“数据”选项卡，选择“数据工具”组中的“数据有效性”按钮，在“数据有效性”对话框中的"设置"选项卡里,在"允许"的下拉列表中选择"序列","来源"选择"仓库信息表"B3:B5 位置。同理,对"货品名称"做"数据有效性"设置,序列来源分别是"商品信息表"对应的位置。

步骤 3 对"数量"进行"数据有效性"设置。选中"数量"列对应的数据项,在"数据"选项卡,选择"数据工具"组中的"数据有效性"按钮,在"数据有效性"对话框中的"设置"选项卡里,在"允许"的下拉列表中选择"整数",在"数据"的下拉列表中选择"大于",在"最小值"的文本框中输入"0",即输入的数量列必须是大于 0 的整数,还可以继续设置"出错警告",在输入不允许的数值时提示。

步骤 4 计算"金额"列。"金额"的计算公式是 = 数量×单价,在 H3 单元格输入"=F3 * G3"。这里为了保证信息的完整和美观,对这个公式做一些改进,输入函数 = IF(AND(D3 <>"",F3<>"",G3<>""),G3 * F3,""),即只有"货品名称""数量""单价"都不为空值时,才计算"金额",否则"金额"列为空值。

步骤 5 完成进货明细表的录入工作,对 G3:H20 单元格区域设置保留两位小数。最终效果,如图 3.3 所示。

序号	进货日期	进货仓库	货品名称	单位	数量	单价	金额	采购员
			进货明细表					
1	2015/3/1	甲仓库	Z230-3烤箱	台	50	2 000.00	100 000.00	林卿
2	2015/3/1	乙仓库	J210261面包机	台	60	1 200.00	72 000.00	林卿
3	2015/3/1	丙仓库	K213281咖啡机	台	100	900.00	90 000.00	林卿
4	2015/3/1	乙仓库	J210565面包机	台	100	1 500.00	150 000.00	魏华
5	2015/3/1	丙仓库	K213290咖啡机	台	20	1 400.00	28 000.00	魏华
6	2015/3/1	甲仓库	Z350-6烤箱	台	45	4 000.00	180 000.00	魏华
7	2015/3/11	甲仓库	Z230-3烤箱	台	50	1 900.00	95 000.00	王颖
8	2015/3/11	乙仓库	J212068面包机	台	380	2 300.00	874 000.00	王颖
9	2015/3/11	丙仓库	K213281咖啡机	台	55	1 000.00	55 000.00	王颖
10	2015/3/11	乙仓库	J210565面包机	台	20	1 700.00	34 000.00	林卿
11	2015/3/11	丙仓库	K213290咖啡机	台	40	1 500.00	60 000.00	林卿
12	2015/3/11	甲仓库	Z350-6烤箱	台	10	3 900.00	39 000.00	林卿
13	2015/3/21	甲仓库	Z230-3烤箱	台	24	1 850.00	44 400.00	魏华
14	2015/3/21	乙仓库	J212068面包机	台	40	2 450.00	98 000.00	魏华
15	2015/3/21	丙仓库	K213281咖啡机	台	28	1 200.00	33 600.00	魏华
16	2015/3/21	乙仓库	J210565面包机	台	30	1 800.00	54 000.00	王颖
17	2015/3/21	丙仓库	K213290咖啡机	台	40	1 550.00	62 000.00	王颖
18	2015/3/21	甲仓库	Z460-8烤箱	台	30	4 600.00	138 000.00	王颖

图 3.3　进货明细表完成效果图

步骤 6 创建新工作表,命名"进货统计表",完成基本数据的录入,如图 3.4 所示。

货品名称	单位	进货总量	进货总成本	平均单价
		进货统计表		
J210261面包机	台			
J210565面包机	台			
J212068面包机	台			
K213281咖啡机	台			
K213290咖啡机	台			
Z230-3烤箱	台			
Z350-6烤箱	台			
Z460-8烤箱	台			

图 3.4　进货统计表初始图

步骤7 通过 SUMIF 函数实现不同商品的进货数量和成本总和。在 C4 单元格输入"=SUMIF(进货明细表！＄D＄3：＄D＄20,A3,进货明细表！＄F＄3：＄F＄20)",向下填充;在 D4 单元格输入"=SUMIF(进货明细表！＄D＄3：＄D＄20,A3,进货明细表！＄H＄3：＄H＄20)",向下填充。

步骤8 计算平均单价。计算公式为 = 进货总成本/本月进货总量,在 E4 单元格输入"IFERROR(D3/C3)",向下填充。

步骤9 对 D3：E8 单元格区域设置保留 2 位小数。最终效果,如图 3.5 所示。

图 3.5 进货统计表完成效果图

任务3.2 销售统计表编制

3.2.1 任务分析

销售是企业获取利润的手段,通过把日常销售的数据记录下来,对销售情况进行分析、总结,更好地实现企业利润最大化。

本次任务首先要对销售情况进行记录,即完成销售明细表的制作,其次通过销售明细表生成销售统计表。

3.2.2 任务实现步骤

步骤1 创建商品销售明细表,输入基础数据,如图 3.6 所示。

仿照任务1对"品名""客户名称"做"数据有效性"设置,序列来源分别是"商品信息表"和"客户信息表",对"数量"做"数据有效性"设置,保证输入的数据是正整数。

步骤2 通过 VLOOKUP 函数实现自动添加销售明细表中的"单价"。选中 E3 单元格,输入函数"=VLOOKUP(B3,商品信息表！＄C＄3：＄F＄10,4,0)",即根据品名,查找商品信息表中对应的"定价",向下填充。

步骤3 计算"金额"。"金额"列公式为 = 单价 * 数量,这里在 F3 单元格输入"=IF(AND(B3<>"",D3<>"",E3<>""),D3 * E3,"")",向下填充。

步骤4 计算合计项。分别在 D24 和 F24 单元格计算数量合计和金额合计。

	制单日期	品名	单位	数量	单价	金额	客户名称	业务员
						销售明细表		
3	20150301	Z230-3烤箱		46.00			上海万联商贸有限公司	林卿
4	20150301	J212068面包机		20.00			上海万联商贸有限公司	林卿
5	20150301	K213281咖啡机		2.00			上海万联商贸有限公司	林卿
6	20150301	J210565面包机		50.00			北京华通商贸有限公司	魏华
7	20150301	K213290咖啡机		10.00			北京华通商贸有限公司	魏华
8	20150301	Z350-6烤箱		10.00			北京华通商贸有限公司	魏华
9	20150306	J210261面包机		20.00			天津华云电器商贸有限公司	王颖
10	20150306	K213281咖啡机		10.00			天津华云电器商贸有限公司	王颖
11	20150306	Z230-3烤箱		10.00			天津华云电器商贸有限公司	王颖
12	20150306	Z350-6烤箱		20.00			天津华云电器商贸有限公司	王颖
13	20150308	J210565面包机		20.00			上海万联商贸有限公司	林卿
14	20150308	J212068面包机		20.00			上海万联商贸有限公司	林卿
15	20150308	Z350-6烤箱		10.00			上海万联商贸有限公司	林卿
16	20150320	Z460-8烤箱		25.00			广州西联科技有限公司	王颖
17	20150320	Z350-6烤箱		20.00			广州西联科技有限公司	王颖
18	20150401	J210261面包机		10.00			北京华通商贸有限公司	魏华
19	20150401	K213281咖啡机		20.00			北京华通商贸有限公司	魏华
20	20150401	Z230-3烤箱		10.00			北京华通商贸有限公司	魏华
21	20150405	J210565面包机		20.00			广州西联科技有限公司	王颖
22	20150405	K213290咖啡机		30.00			广州西联科技有限公司	王颖
23	20150405	Z350-6烤箱		22.00			广州西联科技有限公司	王颖
24		合计		405.00		—		

图 3.6　商品销售明细表初始图

步骤 5　为 E3:F24 区域的单元格设置保留 2 位小数,最终效果,如图 3.7 所示。

	制单日期	品名	单位	数量	单价	金额	客户名称	业务员
						销售明细表		
3	20150301	Z230-3烤箱	台	46	4 000.00	184 000.00	上海万联商贸有限公司	林卿
4	20150301	J212068面包机	台	20	4 230.00	84 600.00	上海万联商贸有限公司	林卿
5	20150301	K213281咖啡机	台	2	1 800.00	3 600.00	上海万联商贸有限公司	林卿
6	20150301	J210565面包机	台	50	3 000.00	150 000.00	北京华通商贸有限公司	魏华
7	20150301	K213290咖啡机	台	10	2 800.00	28 000.00	北京华通商贸有限公司	魏华
8	20150301	Z350-6烤箱	台	10	8 000.00	80 000.00	北京华通商贸有限公司	魏华
9	20150306	J210261面包机	台	20	2 000.00	40 000.00	天津华云电器商贸有限公司	王颖
10	20150306	K213281咖啡机	台	10	1 800.00	18 000.00	天津华云电器商贸有限公司	王颖
11	20150306	Z230-3烤箱	台	10	4 000.00	40 000.00	天津华云电器商贸有限公司	王颖
12	20150306	Z350-6烤箱	台	20	8 000.00	160 000.00	天津华云电器商贸有限公司	王颖
13	20150308	J210565面包机	台	20	3 000.00	60 000.00	上海万联商贸有限公司	林卿
14	20150308	J212068面包机	台	20	4 230.00	84 600.00	上海万联商贸有限公司	林卿
15	20150308	Z350-6烤箱	台	10	8 000.00	80 000.00	上海万联商贸有限公司	林卿
16	20150320	Z460-8烤箱	台	25	9 000.00	225 000.00	广州西联科技有限公司	王颖
17	20150320	Z350-6烤箱	台	20	8 000.00	160 000.00	广州西联科技有限公司	王颖
18	20150401	J210261面包机	台	10	2 000.00	20 000.00	北京华通商贸有限公司	魏华
19	20150401	K213281咖啡机	台	20	1 800.00	36 000.00	北京华通商贸有限公司	魏华
20	20150401	Z230-3烤箱	台	10	4 000.00	40 000.00	北京华通商贸有限公司	魏华
21	20150405	J210565面包机	台	20	3 000.00	60 000.00	广州西联科技有限公司	王颖
22	20150405	K213290咖啡机	台	30	2 800.00	84 000.00	广州西联科技有限公司	王颖
23	20150405	Z350-6烤箱	台	22	8 000.00	176 000.00	广州西联科技有限公司	王颖
24		合计		405		1 813 800.00		

图 3.7　商品销售明细表完成效果图

步骤 6　创建"销售统计表",并输入基本信息,如图 3.8 所示。

步骤 7　利用 SUMIF 函数计算销售总量和销售额。

在 D3 单元格输入"=SUMIF(销售明细表! \$B\$3:\$F\$23,A3,销售明细表! \$D\$3:\$D\$23)",向下填充;

在 E3 单元格输入"=SUMIF(销售明细表! \$B\$3:\$F\$23,A3,销售明细表! \$F\$3:\$F\$23)",向下填充。

步骤 8　计算平均售价。在 C3 单元格输入"=E3/D3",向下填充。

	A	B	C	D	E
1			销售统计表		
2	货品名称	单位	平均售价	销售总量	销售额
3	J210261面包机	台			
4	J210565面包机	台			
5	J212068面包机	台			
6	K213281咖啡机	台			
7	K213290咖啡机	台			
8	Z230-3烤箱	台			
9	Z350-6烤箱	台			
10	Z460-8烤箱	台			
11	合计				

图 3.8　商品销售统计表初始图

步骤 9　计算销售总量和销售额的合计项,存放在 D11 和 E11 中。

步骤 10　为 D3:E11 单元格区域设置保留 2 位小数。最终效果,如图 3.9 所示。

	A	B	C	D	E
1			销售统计表		
2	货品名称	单位	平均售价	销售总量	销售额
3	J210261面包机	台	2 000.00	30	60 000.00
4	J210565面包机	台	3 000.00	90	270 000.00
5	J212068面包机	台	4 230.00	40	169 200.00
6	K213281咖啡机	台	1 800.00	32	57 600.00
7	K213290咖啡机	台	2 800.00	40	112 000.00
8	Z230-3烤箱	台	4 000.00	66	264 000.00
9	Z350-6烤箱	台	8 000.00	82	656 000.00
10	Z460-8烤箱	台	9 000.00	25	225 000.00
11	合计			405	1 813 800.00

图 3.9　商品销售统计表完成效果图

任务 3.3　库存统计表的编制

3.3.1　任务分析

库存统计表主要是记录上月库存余额、本期入库情况和出库情况,最后合成期末库存。如果是完整的月报表统计,期初库存应取自上月的期末库存,这里为了便于操作,采用手工录入的方法,首先创建期初库存表。库存统计表的数据分别来自期初库存表、进货统计表和销售统计表,通过计算每个环节的单价和数量,进而计算期末库存情况。

重要计算公式:

出库的单价是本月与上月库存商品的加权单位价格,公式为:

出库单价＝(期初库存总价 ＋ 入库总价)÷(期初库存数量 ＋ 入库数量)

出库的总价是出库商品的成本总价,公式为:

出库总价 ＝ 出库单价 × 出库数量

期末库存单价＝ 期末库存总价÷期末库存数量(数值应与出库单价相同)

期末库存数量＝ 期初库存数量 ＋ 入库数量 － 出库数量

期末总价＝ 期初库存总价 ＋ 入库总价 － 出库总价

另外,在库存统计表中还需要了解在库库存是否合理,通常情况下,如果有过量的库存,意味着占用较大的资金,仓储管理的成本也较高,但是如果库存过小,买家订了货,又不能及时补货,就影响了销售,所以保持合理的库存量是需要关注的一个问题。这里通过 Excel 的条件格式功能,把期末库存数量显示为三种颜色,设定一个库存范围,假定某类商品库存低于 100 用红色显示,高于 500 用黄色显示,处于 100~500 之间用绿色显示,通过颜色直观地告诉管理者目前的在库量情况,方便判断,以制定下一步的采购和销售计划。

3.3.2 任务实现步骤

步骤 1 创建"库存统计表",录入基本信息,并将表 3.6 期初库存数据一并录入,效果如图 3.10 所示。

序号	货品名称	期初库存			入库			出库			期末库存		
		单价	数量	总价	单价	数量	总价	单价	数量	总价	单价	数量	总价
1	J210261面包机	1 000	20	20 000.00									
2	J210565面包机	1 500	10	15 000.00									
3	J212068面包机	2 115	600	1 269 000.00									
4	K213281咖啡机	900	450	405 000.00									
5	K213290咖啡机	1 400	500	700 000.00									
6	Z230-3烤箱	2 000	300	600 000.00									
7	Z350-6烤箱	4 000	150	600 000.00									
8	Z460-8烤箱	4 500	200	900 000.00									

图 3.10　库存统计表初始图

步骤 2 利用 VLOOKUP 函数实现"入库"的"单价"和"数量"的填入,计算入库总价。在 F4 单元格输入＝VLOOKUP(B4,进货统计表! ＄A＄3:＄E＄10,5,0),向下填充;在 G4 单元格输入＝VLOOKUP(B4,进货统计表! ＄A＄3:＄E＄10,3,0),向下填充;在 H4 单元格输入＝VLOOKUP(B4,进货统计表! ＄A＄3:＄E＄10,4,0),向下填充。(其中,H4 也可以用 ＝F4＊G4 实现)

步骤 3 计算出库的"单价"。由任务分析中,出库单价的计算公式,在 I4 单元格输入＝(H4＋E4)/(D4＋G4),向下填充。

步骤 4 利用 VLOOKUP 函数实现本月"出库"的"数量"填入,在 J4 单元格输入＝VLOOKUP(B4,销售统计表! ＄A＄3:＄E＄10,4,0),向下填充。

步骤5　计算出库总价。由任务分析中的公式,在 K4 单元格输入＝I4＊J4,向下填充。

步骤6　计算期末库存的各列数据。

在 L4 单元格输入＝N4/M4,向下填充;

在 M4 单元格输入＝D4＋G4－J4,向下填充;

在 N4 单元格输入＝E4＋H4－K4,向下填充。

步骤7　对 C4:N11 单元格设置保留 2 位小数,将数量所在区域的小数位保留为"0",效果如图 3.11 所示。

序号	货品名称	期初库存			入库			出库			期末库存		
		单价	数量	总价	单价	数量	总价	单价	数量	总价	单价	数量	总价
1	J210261面包机	1000.00	20	20000.00	1200.00	60	72000.00	1150.00	30	34500.00	1150.00	50	57500.00
2	J210565面包机	1500.00	10	15000.00	1586.67	150	238000.00	1581.25	90	142312.50	1581.25	70	110687.50
3	J212068面包机	2115.00	600	1269000.00	2314.29	420	972000.00	2197.06	40	87882.35	2197.06	980	2153117.65
4	K213281咖啡机	900.00	450	405000.00	975.96	183	178600.00	921.96	32	29502.69	921.96	601	554097.31
5	K213290咖啡机	1400.00	500	700000.00	1500.00	100	150000.00	1416.67	40	56666.67	1416.67	560	793333.33
6	Z230-3烤箱	2000.00	300	600000.00	1930.65	124	239400.00	1979.72	66	130661.32	1979.72	358	708738.68
7	Z350-6烤箱	4000.00	150	600000.00	3981.82	55	219000.00	3995.12	82	327600.00	3995.12	123	491400.00
8	Z460-8烤箱	4500.00	200	900000.00	4600.00	30	138000.00	4513.04	25	112826.09	4513.04	205	925173.91

图 3.11　库存统计表数据图

步骤8　对期末库存的数量应用条件格式。

在"期末库存"的"数量"列(M4:M11),通过"开始"选项卡"样式"组中的"条件格式"选项,选择下拉菜单中的"新建规则",在"选择规则类型"中选择"只为包含以下内容的单元格设置格式",在"编辑规则说明"里选择"单元格值""小于""100"点"格式"按钮,在"填充"选项卡中选择红色,这样如有商品的"实际库存"小于 100,该单元格就会是红色的背景,提醒我们及时补货。

通过"条件格式"下拉菜单中的"管理规则",点击"新建规则",完成当单元格值大于 500时,用橙色显示,当单元格值介于 100～500,用绿色显示,操作效果,如图 3.12 所示。

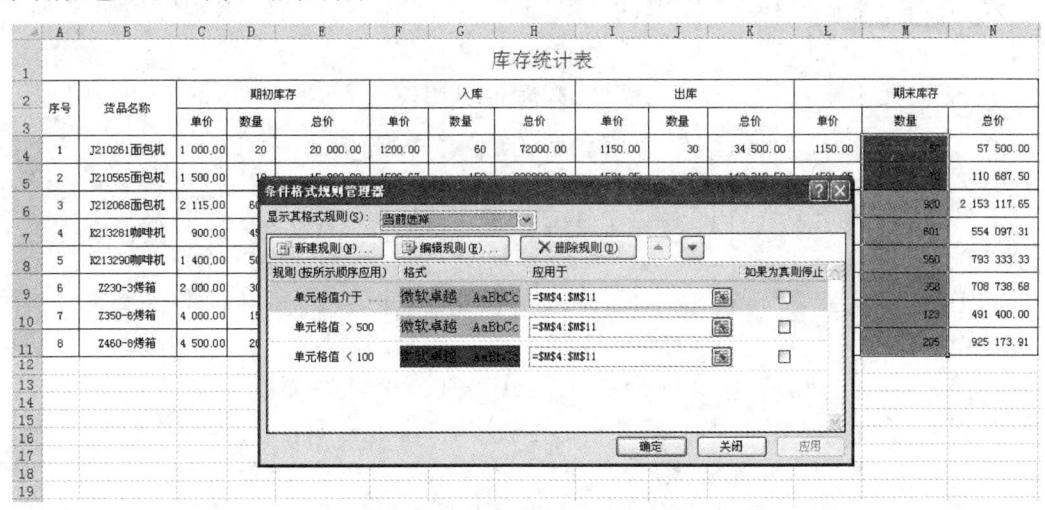

图 3.12　条件格式设置效果图

任务 3.4 销售毛利分析

3.4.1 任务分析

通过库存统计表，我们可以了解本月的成本价格和出库的成本总价，通过销售统计表我们可以知道各类商品的销售额，而某类商品的销售额减去出库总价，就是该商品的毛利，通过计算毛利，我们可以了解该商品的具体盈利情况，也可以进行一些对比，如毛利润比例关系等，对收益进行进一步分析。

3.4.2 任务实现步骤

步骤 1 创建"销售毛利表"，效果如图 3.13 所示。

	A	B	C	D	E	F	G	H	I
1	销售毛利表								
2	序号	货品名称	单位	销售数量	单位成本	销售总成本	销售单价	本期销售额	毛利润
3	1	J210261面包机							
4	2	J210565面包机							
5	3	J212068面包机							
6	4	K213281咖啡机							
7	5	K213290咖啡机							
8	6	Z230-3烤箱							
9	7	Z350-6烤箱							
10	8	Z460-8烤箱							
11		合计							

图 3.13 销售毛利表初始图

步骤 2 利用 VLOOKUP 函数实现相关数据的填入。

在 D3 单元格输入"=VLOOKUP(B3,库存统计表！$B$4:$K$11,9,0)"，向下填充；

在 E3 单元格输入"=VLOOKUP(B3,库存统计表！$B$4:$K$11,8,0)"，向下填充；

在 F3 单元格输入"=E3*D3"，向下填充；

在 G3 单元格输入"=VLOOKUP(B3,销售统计表！$A$3:$E$10,3,0)"，向下填充；

在 H3 单元格输入"=VLOOKUP(B3,销售统计表！$A$3:$E$10,5,0)"，向下填充。

步骤 3 计算毛利润。在 I3 单元格输入=H3−F3，向下填充。

步骤 4 分别计算销售总成本、本期销售额和毛利润的合计值，放在对应的 F11、H11 和 I11 当中。对 E3:I11 单元格设置 2 位小数。最终效果，如图 3.14 所示。

步骤 5 通过货品和毛利润两列创建饼图，可直观查看各类商品毛利润在总收益中的比

序号	货品名称	单位	销售数量	单位成本	销售总成本	销售单价	本期销售额	毛利润
					销售毛利表			
1	J210261面包机	台	30	1 150.00	34 500.00	2 000.00	60 000.00	25 500.00
2	J210565面包机	台	90	1 581.25	142 312.50	3 000.00	270 000.00	127 687.50
3	J212068面包机	台	40	2 197.06	87 882.35	4 230.00	169 200.00	81 317.65
4	K213281咖啡机	台	32	921.96	29 502.69	1 800.00	57 600.00	28 097.31
5	K213290咖啡机	台	40	1 416.67	56 666.67	2 800.00	112 000.00	55 333.33
6	Z230-3烤箱	台	66	1 979.72	130 661.32	4 000.00	264 000.00	133 338.68
7	Z350-6烤箱	台	82	3 995.12	327 600.00	8 000.00	656 000.00	328 400.00
8	Z460-8烤箱	台	25	4 513.04	112 826.09	9 000.00	225 000.00	112 173.91
	合计				921 951.61		1 813 800.00	891 848.39

图 3.14　销售毛利表完成效果图

例关系,效果如图 3.15 所示。

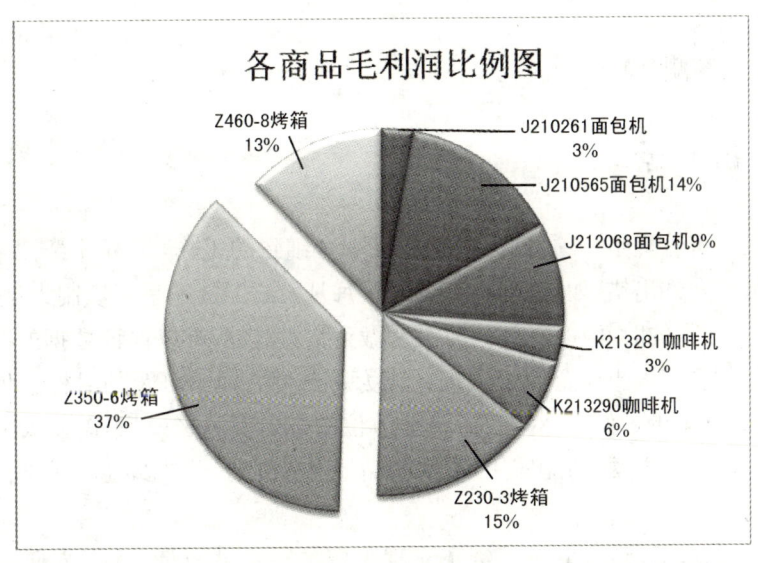

图 3.15　商品毛利润比例图

实 战 训 练

　　将上述模型的不同月份资料分开编制报表,分别建立 3 月、4 月进销存统计表,并做到 4 月进销存统计表的期初库存数据取自 3 月进销存统计表的期末库存数据。

典型项目 4　薪 资 管 理

➤ 项目目标

1. 员工档案表的制作
2. 工资表的制作
3. 工资条的制作
4. 工资数据的查询
5. 应付职工薪酬分配

➤ 项目知识背景

财务角度:工资管理是一项琐碎、复杂而又十分细致的工作,工资计算、发放、核算的工作量很大,一般不允许出错,如果实行手工操作,每月发放工资须手工填制大量的表格,这就会耗费工作人员大量的时间和精力,同时无法做到实时监控,难以保证数据的准确性和及时性。因此,先进的管理思想在企业中实现就成为一个可望而不可及的目标。目前市面上流行的工资发放软件不少。但是,对于企、事业单位的工资发放来说,不需要太大型的数据库系统,只需要一个操作方便、功能实用,能同时满足财务部门、单位其他相关部门对数据的管理及需求的软件。

通过 Excel 制作工资表,生成工资条实现工资数据自动查询,从而方便企业的工资管理,提高企业的工资管理水平。

Excel 技巧:利用数据有效性,IF、VLOOKUP、INDEX、LOOKUP 等功能和函数。

➤ 项目任务

泰德股份有限公司是一家小型工业企业,主要有办公室、财务部、生产部、采购部和销售部五个部门;有管理人员、销售人员、采购人员、生产人员四个类别。每个员工的工资项目有基本工资、岗位工资、工龄工资、奖金、交补、养老保险、医疗保险、事假扣款和病假扣款。除基本工资因人而异外,其他的工资项目根据员工的人员类别和所属部门决定,而且随着时间的变化而变化(假设企业有 20 名员工)。

2015 年 1 月,该公司员工基本工资情况与出勤情况,如表 4.1 所示。

表 4.1　　　　　　　　　　　　　　　　员 工 档 案 表

员工编号	员工姓名	性别	部门	人员类别	入职时间	基本工资	事假天数	病假天数	工资卡号
1001	张晓丽	女	综合部	管理人员	1985/1/1	5 800			628288008000101
1002	刘 畅	女	综合部	管理人员	1988/1/2	4 500	1		628288008000102
1003	马国涛	男	综合部	管理人员	2008/1/3	3 000			628288008000103
1004	宋培海	男	综合部	管理人员	2012/1/4	2 800			628288008000104
2001	王 辉	男	财务部	管理人员	1990/1/5	4 800			628288008000201
2002	陈丽娜	女	财务部	管理人员	2000/1/6	3 200		2	628288008000202
2003	何 云	女	财务部	管理人员	2002/1/7	3 000			628288008000203
3001	陈明亮	男	销售部	销售人员	2002/1/9	3 500	1		628288008000301
3002	喻开明	男	销售部	销售人员	2005/1/10	3 200			628288008000302
3003	丁 然	女	销售部	销售人员	2008/1/11	2 800			628288008000303
3004	杨 露	女	销售部	销售人员	2012/1/12	2 500			628288008000304
4001	王明远	男	生产部	生产人员	1986/1/13	3 200			628288008000401
4002	潘新梅	女	生产部	生产人员	2008/1/14	3 000			628288008000402
4003	齐 芳	女	生产部	生产人员	2012/1/15	2 900			628288008000403
4004	陆 军	男	生产部	生产人员	2013/1/16	2 600			628288008000404
4005	雷 娟	女	生产部	生产人员	2008/1/20	2 400			628288008000405
4006	许 亮	男	生产部	生产人员	2010/1/8	2 700			628288008000406
5001	孙 平	男	采购部	采购人员	1999/1/17	3 450			628288008000501
5002	曹开志	男	采购部	采购人员	2002/1/18	3 180			628288008000502
5003	魏媛媛	女	采购部	采购人员	2005/1/19	2 600			628288008000503

其他工资项目的发放及有关情况如下：

岗位工资：根据员工类别不同进行发放，管理人员为 1 500 元，生产人员为 1 200 元，其他人员为 1 000 元。

工龄工资：工龄年数×50。

福利补贴：根据员工类别不同发放职工的有关福利(住房补助、交通、通信等)，生产人员为 600 元，销售人员为 500 元，其他人员为 400 元。

奖金：根据部门的绩效考核确定。本月财务部人员奖金为 1 500 元，生产部奖金为 700 元，其他部门为 500 元。

事假扣款规定：如果事假天数小于 10 天，将应发工资平均到每天，按天扣钱；如果事假天数大于 10 天，则扣除"应发工资"的 60%。

病假扣款规定：病假 1 天扣款 30 元，依次类推。

个人负担的养老保险金：按应发合计(基本工资＋岗位工资＋奖金＋工龄工资＋福利补贴)8% 扣除。

个人负担的医疗保险金：按应发合计(基本工资＋岗位工资＋奖金＋工龄工资＋福利补贴)2% 扣除。

个人负担的住房公积金：按应发合计(基本工资＋岗位工资＋奖金＋工龄工资＋福利补

贴)12%扣除。

个人所得税：依据个人所得税税率表，如表 4.2 所示。

表 4.2 个人所得税税率(工资、薪金所得适用)

级数	全月应纳税所得额	税率	扣除数
	小于 0	0	0
1	不超过 1 500 元的	3%	0
2	超过 1 500～4 500 元的部分	10%	105
3	超过 4 500～9 000 元的部分	20%	555
4	超过 9 000～35 000 元的部分	25%	1 005
5	超过 35 000～55 000 元的部分	30%	2 755
6	超过 55 000～80 000 元的部分	35%	5 505
7	超过 80 000 元的部分	45%	13 505

➤ **任务分解**

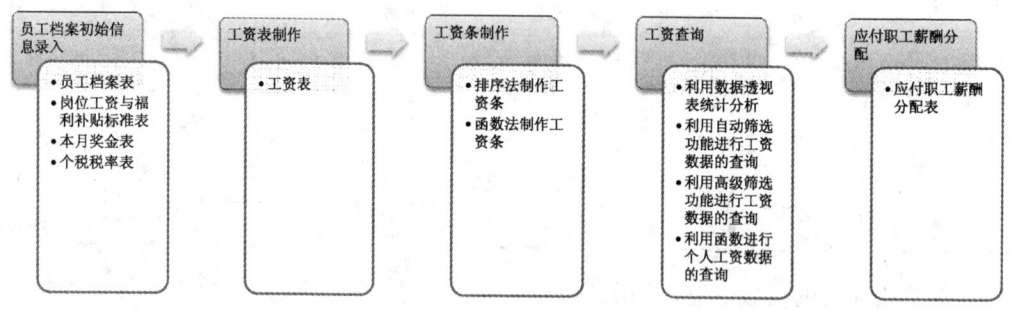

图 4.1 任务分解图

任务 4.1 员工档案表制作

4.1.1 任务分析

员工档案是企业重要的资料，也是企业发放工资的基础数据。建立如表 4.1 所示的员工档案表，在单元格 B2 中输入月份数，在单元格 I2 中输入出勤天数。根据考勤表输入事假天数、病假天数。为防止输入数据引起银行卡号误差，可以将"银行卡号"这一列隐藏。

4.1.2 任务实现步骤

步骤 1 新建工作簿，命名为"工资管理"，增加工作表，名称为"员工档案表"。

步骤 2 录入表 4.1 员工档案，如图 4.2 所示。

步骤 3 为了输入方便并防止出错，可对某些数据列添加有效性控制。例如，对"性别"

	A	B	C	D	E	F	G	H	I	J
1					员工档案表					
2	员工编号	员工姓名	性别	部门	人员类别	入职时间	基本工资	事假天数	病假天数	工资卡号
3	1001	张晓丽	女	综合部	管理人员	1985/1/1	5 800			628288008000101
4	1002	刘 畅	女	综合部	管理人员	1988/1/2	4 500	1		628288008000102
5	1003	马国涛	男	综合部	管理人员	2008/1/3	3 000			628288008000103
6	1004	宋培海	男	综合部	管理人员	2012/1/4	2 800			628288008000104
7	2001	王 辉	男	财务部	管理人员	1990/1/5	4 800			628288008000201
8	2002	陈丽娜	女	财务部	管理人员	2000/1/6	3 200		2	628288008000202
9	2003	何 云	女	财务部	管理人员	2002/1/7	3 000			628288008000203
10	3001	陈明亮	男	销售部	销售人员	2002/1/9	3 500	1		628288008000301
11	3002	喻开明	男	销售部	销售人员	2005/1/10	3 200			628288008000302
12	3003	丁 然	女	销售部	销售人员	2008/1/11	2 800			628288008000303
13	3004	杨 露	女	销售部	销售人员	2012/1/12	2 500			628288008000304
14	4001	王明远	男	生产部	生产人员	1986/1/13	3 200			628288008000401
15	4002	潘新梅	女	生产部	生产人员	2008/1/14	3 000			628288008000402
16	4003	齐 芳	女	生产部	生产人员	2012/1/15	2 900			628288008000403
17	4004	陆 军	男	生产部	生产人员	2013/1/16	2 600			628288008000404
18	4005	雷 娟	女	生产部	生产人员	2008/1/20	2 400			628288008000405
19	4006	许 亮	男	生产部	生产人员	2010/1/8	2 700			628288008000406
20	5001	孙 平	男	采购部	采购人员	1999/1/17	3 450			628288008000501
21	5002	曹开志	男	采购部	采购人员	2002/1/18	3 180			628288008000502
22	5003	魏媛媛	女	采购部	采购人员	2005/1/19	2 600			628288008000503

图 4.2　员工档案表

列添加有效性控制,选择 C2 单元格,单击"数据"选项卡上"数据工具"组中的"数据有效性"
按钮。打开"数据有效性"窗口,在"设置"选项卡下,选择"允许"下面的"序列",在"来源"文
本框中输入"男,女",如图 4.3 所示,然后单击"确定"按钮。可利用填充功能将 C2 单元格的
有效性控制复制到其他单元格中。

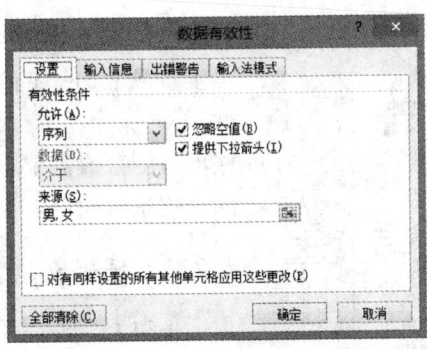

图 4.3　添加有效性控制

　　步骤 4　采用同样的方法对其他需要设置数据有效性的数据列(如"部门""人员类别")
进行设置。

　　步骤 5　设置工资卡号列的单元格格式为文本格式,以便银行卡号能正常显示。

　　步骤 6　在员工信息表的右边 M2、M9、M17 单元格开始,分别建立岗位工资与福利补
贴标准表、本月奖金表和个税税率表,如图 4.4 所示。

图 4.4　补充信息

级数	全月应纳税所得额	税率（%）	扣除数

（上表为图中"个税税率表"，内容如下：）

岗位工资与福利补贴标准

人员类别	岗位工资	福利补贴
管理人员	1500	400
生产人员	1200	600
销售人员	1000	500
采购人员	1000	400

本月奖金数据

部门	奖金
综合部	500
财务部	1500
生产部	700
销售部	500
采购部	500

个税税率表

级数	全月应纳税所得额	税率（%）	扣除数
	小于0	0	0
1	不超过1500元的	3	0
2	超过1500元至4500元的部分	10	105
3	超过4500元至9000元的部分	20	555
4	超过9000元至35000元的部分	25	1005
5	超过35000元至55000元的部分	30	2755
6	超过55000元至80000元的部分	35	5505
7	超过80000元的部分	45	13505

任务4.2　工资表制作

4.2.1　任务分析

图 4.5　员工信息的复制

	A	B	C	D	E
1	员工编号	员工姓名	性别	部门	人员类别
2	1001	张晓丽	女	综合部	管理人员
3	1002	刘畅	女	综合部	管理人员
4	1003	马国涛	男	综合部	管理人员
5	1004	宋培海	男	综合部	管理人员
6	2001	王辉	男	财务部	管理人员
7	2002	陈丽娜	女	财务部	管理人员
8	2003	何云	女	财务部	管理人员
9	3001	陈明亮	男	销售部	销售人员
10	3002	喻开明	男	销售部	销售人员
11	3003	丁然	女	销售部	销售人员
12	3004	杨露	女	销售部	销售人员
13	4001	王明远	男	生产部	生产人员
14	4002	潘新梅	女	生产部	生产人员
15	4003	齐芳	女	生产部	生产人员
16	4004	陆军	男	生产部	生产人员
17	4005	雷娟	女	生产部	生产人员
18	4006	许亮	男	生产部	生产人员
19	5001	孙平	男	采购部	采购人员
20	5002	曹开志	男	采购部	采购人员
21	5003	魏媛媛	女	采购部	采购人员

　　工资表比员工档案表信息更加丰富，除了基本工资项目外，还包括岗位工资、奖金、福利补贴、养老保险、医疗保险、事假扣款、病假扣款，这些项目的数值需要根据员工的部门或者相互之间的关系来确定。

4.2.2　任务实现步骤

　　步骤1　将 sheet1 重命名为"工资表"。复制"员工档案表"中 A2：A22 单元格区域，粘贴在"工资表"中，如图 4.5 所示。

　　步骤2　输入工资表各项项目名称。从 F1 单元格依次输入这些工资项目：基本工资、岗位工资、工龄工资、奖金、福利补贴、应发合计、养老保险、医疗保险、住房公积金、事假天数、病假天数，事假扣款、病假扣款、扣款合计和实发合计，如图 4.6 所示。

	F	G	H	I	J	K	L	M	N	O	P	Q	R	S	T	U
1	基本工资	岗位工资	工龄工资	奖金	福利补贴	应发合计	养老保险	医疗保险	住房公积金	事假扣款	病假扣款	事假天数	病假天数	计税工资	个人所得税	实发合计

图4.6 工资项目信息

步骤3 输入基本工资、事假天数、病假天数计算公式。选择员工档案信息表中A2:J22区域,在名称框里输入"员工档案",按回车键;在"基本工资"列的F2单元格中输入"＝Vlookup(A2,员工档案,7,0)",在Q2单元格中输入Vlookup(A2,员工档案,8,0),在R2单元格中输入"＝Vlookup(A2,员工档案,9,0)"。

步骤4 定义L3:N7区域的名称为"人员类别标准",输入岗位工资、福利补贴计算公式。在G2单元格中输入"＝VLOOKUP(E2,人员类别标准,2,0)",在J2单元格中输入"＝VLOOKUP(E2,人员类别标准,3,0)"。

步骤5 输入工龄工资计算公式。在H2单元格中,输入"＝(YEAR(NOW())－YEAR(员工档案表! F3))＊50"。(注:修改系统时间为2015年的任意一天。)

步骤6 输入奖金计算公式。在I2单元格中输入"＝IF(D2＝"财务部",1 500,IF(D2＝"生产部",700,500))。

步骤7 输入应发合计计算公式。在K2单元格中输入"＝SUM(F2:J2)"。

步骤8 输入养老保险、医疗保险、住房公积金项目的计算公式。在L2、M2、N2单元格中分别输入"＝K2＊8％""＝K2＊2％""＝K2＊12％"。

步骤9 输入病假扣款、事假扣款项目计算公式。在O2、P2单元格中分别输入"＝IF(Q2＜10,K2/30＊Q2,K2＊0.4)""＝R2＊30"。

步骤10 输入计税工资的计算公式。在S2单元格中,输入"＝K2－SUM(L2:P2)"。

步骤11 输入个人所得税的计算公式,首先定义N19:N26区域的名称为"税率",定义O19:O26区域的名称为"扣除数"。设置U2单元格的,计算公式为"＝MAX((S2－3 500)＊税率－扣除数)",然后同时按下Ctrl＋Shift＋Enter组合键,即使用税率表中税率预扣除数的对应的两列数据,分别计算税前工资需要缴纳的个人所得税。注意,数组的计算最后需要同时按Ctrl＋Shift＋Enter组合键方式结束公式的输入。

步骤12 输入实发工资的计算公式。在单元格U2中输入"＝S2－T2"。

步骤13 拖动F2:U2单元格区域,向下填充到工资表的最后一行数据,最后的效果,如图4.7所示。

	人员类别	基本工资	岗位工资	工龄工资	奖金	福利补贴	应发合计	养老保险	医疗保险	住房公积金	事假扣款	病假扣款	事假天数	病假天数	计税工资	个人所得税	实发合计
2	管理人员	5800	1500	1500	500	400	9700	776	194	1164	0		0	0	7566	301.6	7264.4
3	管理人员	4500	1500	1350	500	400	8250	660	165	990	275		0	1	6160	161	5999
4	管理人员	3000	1500	350	500	400	5750	460	115	690	0		0	0	4485	29.55	4455.45
5	管理人员	2800	1500	150	500	400	5350	428	107	642	0		0	0	4173	20.19	4152.81
6	管理人员	4800	1500	1250	1500	400	9450	756	189	1134	0		0	0	7371	282.1	7088.9
7	管理人员	3200	1500	750	1500	400	7350	588	147	882	0	60	0	2	5673	112.3	5560.7
8	管理人员	3000	1500	650	1500	400	7050	564	141	846	0		0	0	5499	94.9	5404.1
9	销售人员	3500	1000	650	500	500	6150	492	123	738	205		0	1	4592	32.76	4559.24
10	销售人员	3200	1000	500	500	500	5700	456	114	684	0		0	0	4446	28.38	4417.62
11	销售人员	2800	1000	350	500	500	5150	412	103	618	0		0	0	4017	15.51	4001.49
12	销售人员	2500	1000	150	500	500	4650	372	93	558	0		0	0	3627	3.81	3623.19
13	生产人员	3200	1200	1450	700	600	7150	572	143	858	0		0	0	5577	102.7	5474.3
14	生产人员	3000	1200	350	700	600	5850	468	117	702	0		0	0	4563	31.89	4531.11
15	生产人员	2900	1200	150	700	600	5550	444	111	666	0		0	0	4056	16.68	4039.32
16	生产人员	2600	1200	100	700	600	5200	416	104	624	0		0	0	4095	17.85	4077.15
17	生产人员	2400	1200	350	700	600	5250	420	105	630	0		0	0	4251	22.53	4228.47
18	生产人员	2700	1200	250	700	600	5450	436	109	654	0		0	0	4251	22.53	4228.47
19	采购人员	3450	1000	800	500	400	6150	492	123	738	0		0	0	4797	38.91	4758.09
20	采购人员	3180	1000	650	500	400	5730	458.4	114.6	687.6	0		0	0	4469.4	29.082	4440.318
21	采购人员	2600	1000	500	500	400	5000	400	100	600	0		0	0	3900	12	3888
22																	

员工档案表 工资表 Sheet2 Sheet3

图4.7 工资表效果图

任务 4.3　工资条制作

4.3.1　任务分析

制作工资条的方法有多种，这里介绍两种相对较简单的方式。

4.3.2　任务实现步骤

4.3.2.1　排序法

步骤 1　新建工作表，名称为"工资条 1-排序法"，复制"工资表"区域 A1：U21 到"工资条 1-排序法"工作表的 A1 单元格，采用选择性粘贴方式为"123"，即粘贴单元格的值，然后添加表格线，居中对齐，如图 4.8 所示。

图 4.8　工资表复制数据

步骤 2　在"工资条 1-排序法"工作表中，V1 单元格中输入"辅助列"，并把该列设置为数值类型，小数位保留 2 位。

步骤 3　在 V2，V3 单元格中分别输入 1.00 和 2.00，选择 V2、V3 单元格，向下拖拉填充到 V21 单元格，如图 4.9 所示。

	Q	R	S	T	U	V
1	事假天数	病假天数	计税工资	个人所得税	实发合计	辅助列
2	0	0	7566	301.6	7264.4	1.00
3	1	0	6160	161	5999	2.00
4	0	0	4485	29.55	4455.45	3.00
5	0	0	4173	20.19	4152.81	4.00
6	0	0	7371	282.1	7088.9	5.00
7	0	2	5673	112.3	5560.7	6.00
8	0	0	5499	94.9	5404.1	7.00
9	1	0	4592	32.76	4559.24	8.00
10	0	0	4446	28.38	4417.62	9.00
11	0	0	4017	15.51	4001.49	10.00
12	0	0	3627	3.81	3623.19	11.00
13	0	0	5577	102.7	5474.3	12.00
14	0	0	4563	31.89	4531.11	13.00
15	0	0	4329	24.87	4304.13	14.00
16	0	0	4056	16.68	4039.32	15.00
17	0	0	4095	17.85	4077.15	16.00
18	0	0	4251	22.53	4228.47	17.00
19	0	0	4797	38.91	4758.09	18.00
20	0	0	4469.4	29.082	4440.318	19.00
21	0	0	3900	12	3888	20.00

图 4.9　添加辅助列

步骤4 在刚输入的数字下面的单元格 V22 开始再输入 1.10，2.10，…，19.10，比上面的数据少一行，如图 4.10 所示。

员工编号	员工姓名	性别	部门	人员类别	基本工资	岗位工资	工龄工资	奖金	福利补贴	应发合计	养老保险	医疗保险	住房公积金	事假扣款	病假扣款	事假天数	病假天数	计税工资	个人所得税	实发合计	辅助列
1001	张晓丽	女	综合部	管理人员	5800	1500	1500	500	400	9700	776	194	1164	0	0	0	0	7366	301.6	7264.4	1.00
1002	刘畅	女	综合部	管理人员	4500	1500	1350	500	400	8250	660	165	990	275	0	0	0	6160	161	5999	2.00
1003	马国涛	男	综合部	管理人员	3000	1500	350	500	400	5750	460	115	690	0	0	0	0	4485	29.55	4455.45	3.00
1004	宋培寿	男	综合部	管理人员	2800	1600	150	500	400	5350	428	107	642	0	0	0	0	4173	20.19	4152.81	4.00
2001	王辉	男	财务部	管理人员	4800	1500	1250	1500	400	9450	756	189	1134	0	0	0	0	7371	282.1	7088.9	5.00
2002	陈丽娜	女	财务部	管理人员	3200	1500	750	1500	400	7350	588	147	882	0	60	0	2	5673	112.3	5560.7	6.00
2003	何云	女	财务部	管理人员	3000	1500	650	1500	400	7050	564	141	846	0	0	0	0	5499	94.9	5404.1	7.00
3001	陈明亮	男	销售部	销售人员	3500	1000	650	500	500	6150	492	123	738	205	0	1	0	4592	32.76	4559.24	8.00
3002	喻开明	男	销售部	销售人员	3200	1000	500	500	500	5700	456	114	684	0	0	0	0	4446	28.38	4417.62	9.00
3003	丁然	女	销售部	销售人员	2800	1000	350	500	500	5150	412	103	618	0	0	0	0	4017	15.51	4001.49	10.00
3004	杨慧	女	销售部	销售人员	2600	1000	150	500	500	4650	372	93	558	0	0	0	0	3627	3.81	3623.19	11.00
4001	王明远	男	生产部	生产人员	3200	1200	1450	700	600	7150	572	143	858	0	0	0	0	5577	102.7	5474.3	12.00
4002	潘新楠	女	生产部	生产人员	3000	1200	350	700	600	5850	468	117	702	0	0	0	0	4563	31.89	4531.11	13.00
4003	齐芳	女	生产部	生产人员	2900	1200	150	700	600	5550	444	111	666	0	0	0	0	4329	24.87	4304.13	14.00
4004	陆军	男	生产部	生产人员	2600	1200	100	700	600	5200	416	104	624	0	0	0	0	4056	16.68	4039.32	15.00
4005	雷娟	女	生产部	生产人员	2400	1200	350	700	600	5250	420	105	630	0	0	0	0	4095	17.85	4077.15	16.00
4006	许亮	男	生产部	生产人员	2700	1200	250	700	600	5450	436	109	654	0	0	0	0	4251	22.53	4228.47	17.00
5001	孙平	男	采购部	采购人员	3450	1000	800	500	400	6150	492	123	738	0	0	0	0	4797	38.91	4758.09	18.00
5002	曹开志	男	采购部	采购人员	3180	1000	650	500	400	5730	458.4	114.6	687.6	0	0	0	0	4469.4	29.082	4440.318	19.00
5003	魏娟娟	女	采购部	采购人员	2600	1000	0	500	400	5000	400	0	600	0	0	0	0	3900	12	3888	20.00

辅助列后续（V22 起）：1.1，2.1，3.1，4.1，5.1，6.1，7.1，8.1，9.1，10.1，11.1，12.1，13.1，14.1，15.1，16.1，17.1，18.1，19.1

图 4.10 继续添加辅助数字

步骤5 在 V 列任意一个单元格中，选择"数据"选项卡里按升序排列按钮，如图 4.11 所示。

图 4.11 升序排列

步骤6 点击"数据"选项卡里自动筛选按钮，然后单击 A1 单元格旁的下拉箭头，选择"空值"，如图 4.12 所示，再点击"确定"按钮。

步骤7 选中 A1:U1 单元格区域，向下填充到 A39:U39 单元格区域，如图 4.13 所示。

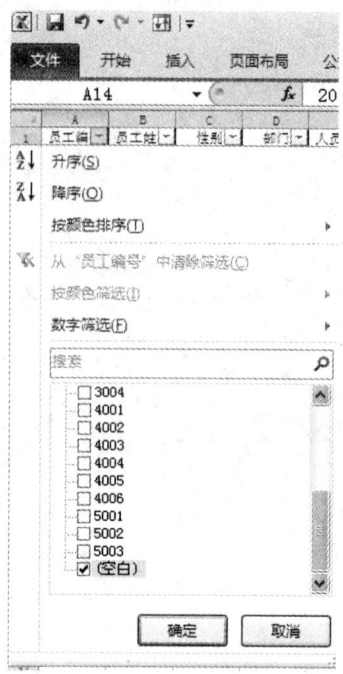

图 4.12　自动筛选

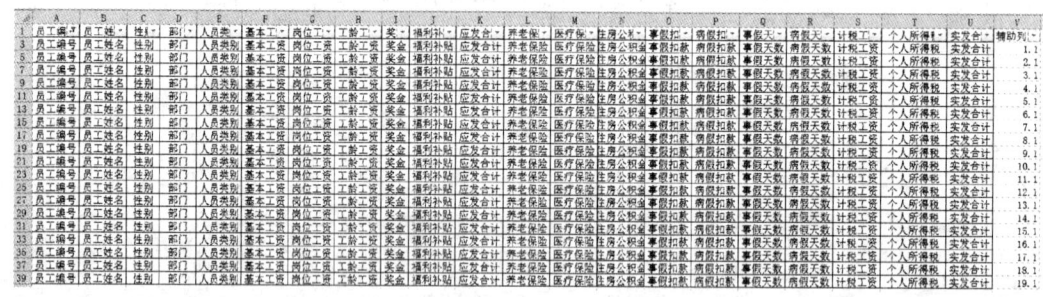

图 4.13　工资项目向下填充

步骤 8　取消自动筛选。在单元格 V39 下方输入 1.01，2.01，…，19.01，如图 4.14 所示。

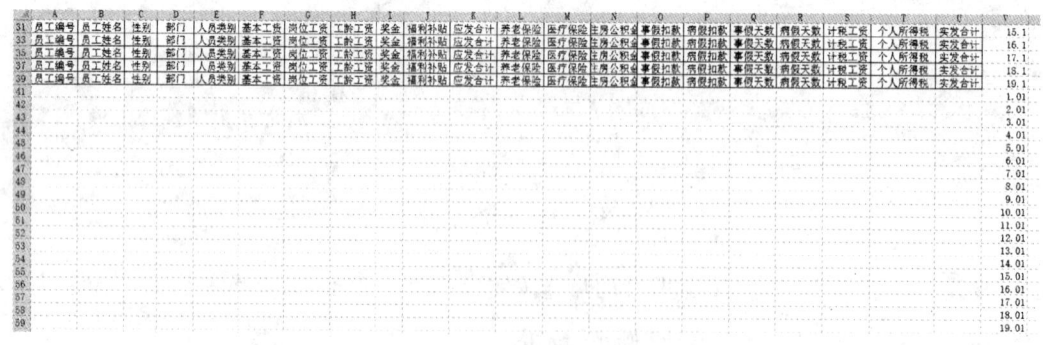

图 4.14　添加辅助数字

步骤9 选择 V 列某个含数值的单元格,单击"数据"选项卡里升序排列按钮,如图 4.15 所示。

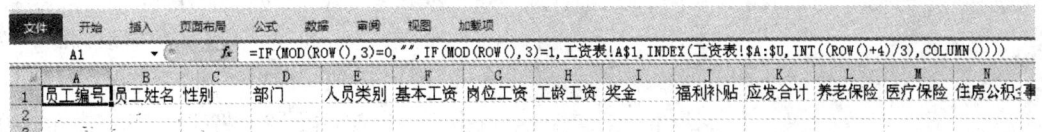

图 4.15 排序法生成工资条项目名称

步骤10 删除 V 列,把表格区域中包含数值区域没有添加表格边框的,添加表格边框线,制作成的工资条,如图 4.16 所示。

图 4.16 排序法生成的工资条

4.3.3.2 函数法

步骤1 新建工作表,名称为"工资条 2-函数法"。

步骤2 在该工作表的 A1 单元格中输入"=IF(MOD(ROW(),3)=0,"",IF(MOD(ROW(),3)=1,工资表!A$1,INDEX(工资表!\$A:\$U,INT((ROW()+4)/3),COLUMN()))))",向后拖到 U1 单元格(注:拖的长度应与原表长度相同),如图 4.17 所示。

图 4.17 函数法生成工资条项目

步骤 3 选择 A1:V1 单元格区域向下拖,拖到第 59 行即可(注:拖的时候可能拖多或拖少,这时要看一下原表),给表格包含数值区域添加边框线,即制作成工资条,如图 4.18 所示。

文件	开始	插入	页面布局	公式	数据	审阅	视图	加载项					
A1			f_x	=IF(MOD(ROW(),3)=0,"",IF(MOD(ROW(),3)=1,工资表!A$1,INDEX(工资表!$A:$U, INT((ROW()+4)/3),COLUMN())))									

	A	B	C	D	E	F	G	H	I	J	K	L	M	N
1	员工编号	员工姓名	性别	部门	人员类别	基本工资	岗位工资	工龄工资	奖金	福利补贴	应发合计	养老保险	医疗保险	住房公积
2	1001	张晓丽	女	综合部	管理人员	5800	1500	1500	500	400	9700	776	194	1164
3														
4	员工编号	员工姓名	性别	部门	人员类别	基本工资	岗位工资	工龄工资	奖金	福利补贴	应发合计	养老保险	医疗保险	住房公积
5	1002	刘畅	女	综合部	管理人员	4500	1500	1350	500	400	8250	660	165	990
6														

图 4.18 函数法生成的工资条

任务 4.4 工资数据的查询

运用 Excel 对员工工资的基本数据进行处理的好处,不仅仅是利用计算机计算的简便和快捷,更重要的是对这些数据所进行的分析,这可以给管理者提供很大的帮助,本节介绍如何运用高级筛选、lookup 函数等方法来进行简单的数据处理和分析。

4.4.1 任务分析

在日常工资管理中,经常需要查询某员工工资、某个部门工资、部门平均工资,或者单个部门工资增长情况等,可以利用 Excel 常见操作技能来完成。

4.4.2 任务实现步骤

4.4.2.1 依据部门和职工类别的统计分析

1. 计算每一部门"应发合计"的汇总数

步骤 1 打开"工资管理"工作簿,进入"工资表"工作表。

步骤 2 选中要进行数据分析的区域 A2:U21,单击选择"插入"选项卡中的"表格"组中的"数据透视表"右边的小三角箭头,选择"数据透视图"命令,弹出"创建数据透视表"对话框,在"选择放置数据透视表的位置"中选择"新工作表"选项,如图 4.19 所示。

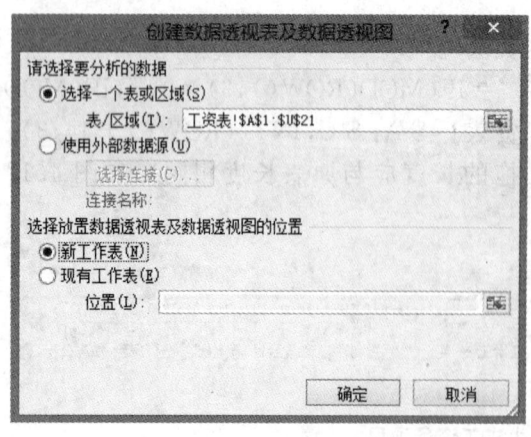

图 4.19 数据透视表对话框

步骤 3 单击"确定"按钮,进入数据透视表界面。命名新工作表的名称为"工资统计分析",并将该工作表拖动到"工资表"后面。

步骤 4 在"工资统计分析"工作表界面的右边"数据透视表字段列表"区域,将"应发合计"项目拖到"Σ数值"处区域;将"部门"项目拖到"图例字段"处,将工作表左边生成的数据透视图移动到生成数据透视表的下方。透视表生成结果,如图 4.20 所示。

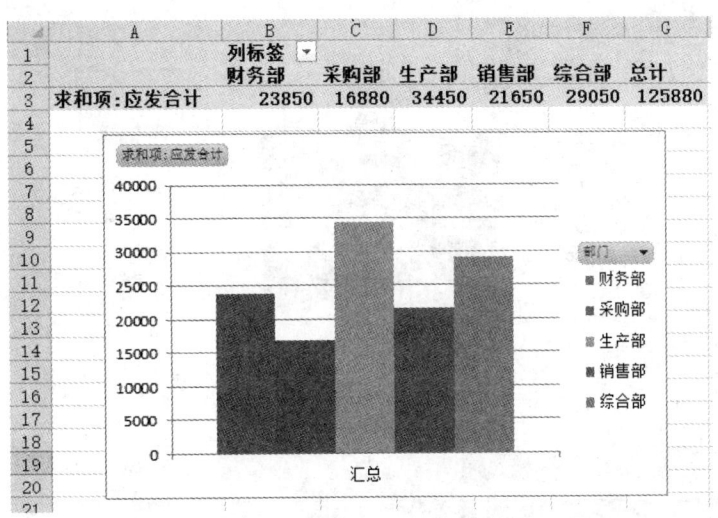

图 4.20　数据透视表的设置结果

步骤 5　单击上方的"数据透视表工具"选项中"设计"功能按钮,选择"更改图表类型"图标,弹出"更改图表类型"对话框,选择柱形图中的三维簇状柱形图,如图 4.21 所示。

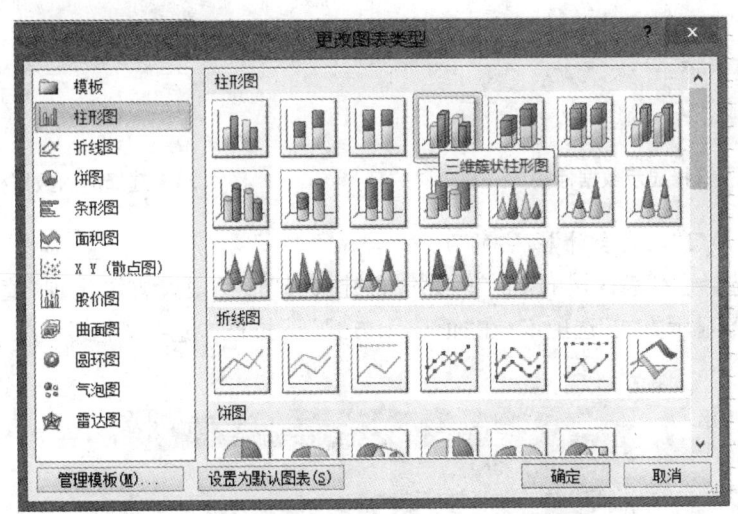

图 4.21　选择柱形图中的三维簇状柱形图

步骤 6　单击"确定"按钮,结果如图 4.22 所示。

步骤 7　数据透视图设置。

要想在数据透视图上显示数字,单击数据图区域,选择上方的"数据透视图工具"选项中的"布局"菜单,单击"标签"选项中的"数据标签"旁的下拉小三角,选择"显示"命令,如图 4.23 所示,即可在透视图的数据条上显示具体的数据,如图 4.24 所示。

注:也可以通过"数据透视表工具"中的"设计""布局""格式"和"分析"菜单中的各功能组进行图表标题、格式等相关设置。

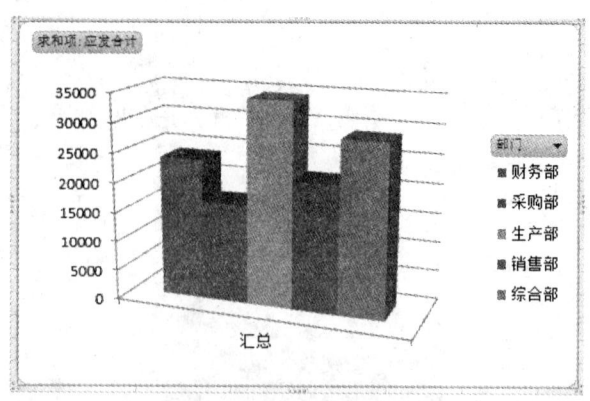

图 4.22　数据透视图的生成

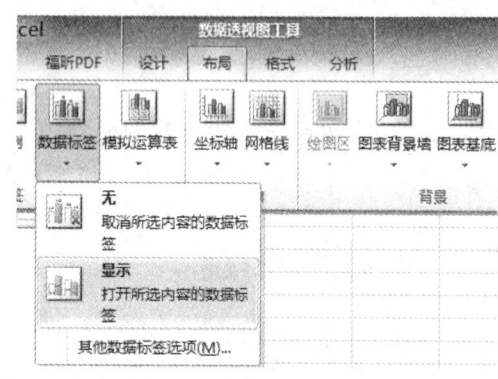

图 4.23　选择显示数据标签

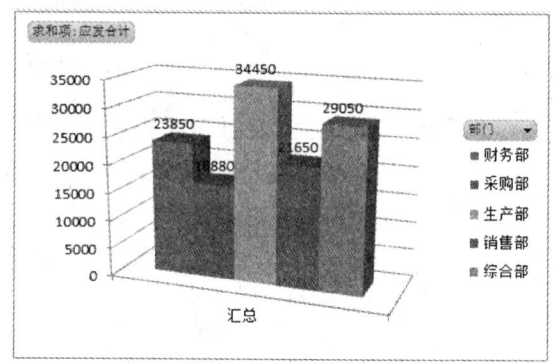

图 4.24　选择添加数据标签

2. 计算各部门"应发合计"所占的百分比

步骤 1　选择透视表区域的 B3 单元格,右键选择"值字段设置",出现"值字段设置"对话框,并选择"值显示方式"选项卡,在"值显示方式"下拉框中选择"全部汇总百分比",如图 4.25 所示。

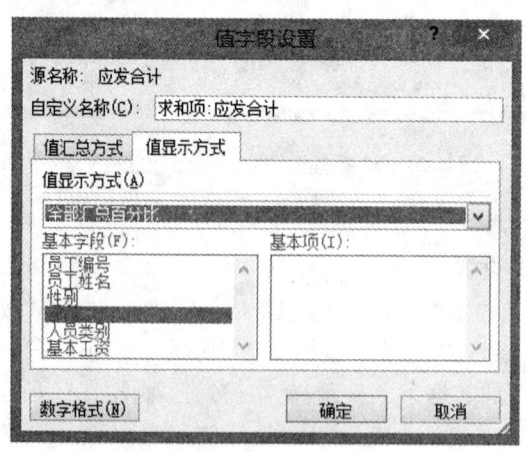

图 4.25　占全部汇总百分比的汇总方式

70

步骤2　单击"确定"按钮,产生的数据透视表和透视图结果,如图4.26所示。

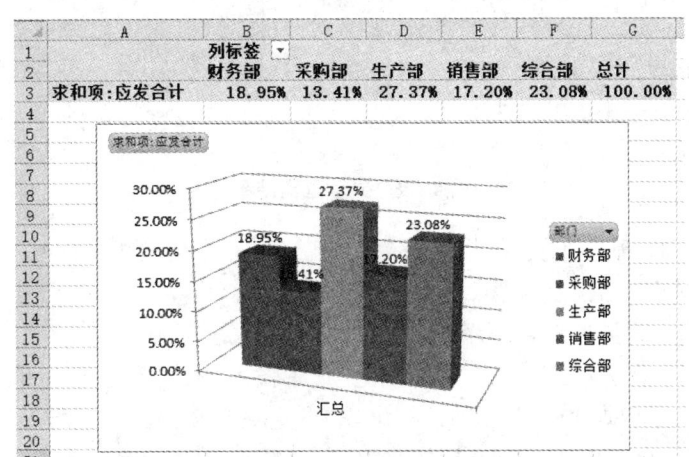

图4.26　各部门的应发合计所占的比例

4.4.2.2　利用自动筛选功能进行工资数据的查询

选择"工资表"工作表,如果要利用筛选功能进行工资数据查询,先要进入筛选状态。选择"数据"选项卡,单击"排序和筛选"中的"筛选"图标，进入自动筛选状态,如图4.27所示。

员工编号	员工姓名	性别	部门	人员类别	基本工资	岗位工资	工龄工资	奖金	福利补贴	应发合计	养老保险	医疗保险	住房公积金
1001	张晓丽	女	综合部	管理人员	5800	1500	1500	500	400	9700	776	194	1164
1002	刘畅	女	综合部	管理人员	4500	1500	1350	500	400	8250	660	165	990
1003	马国涛	男	综合部	管理人员	3000	1500	350	500	400	5750	460	115	690
1004	宋培海	男	综合部	管理人员	2800	1500	150	500	400	5350	428	107	642
2001	王辉	男	财务部	管理人员	4800	1500	1250	1500	400	9450	756	189	1134
2002	陈丽娜	女	财务部	管理人员	3200	1500	750	1500	400	7350	588	147	882
2003	何云	女	财务部	管理人员	3000	1500	650	1500	400	7050	564	141	846
3001	陈明亮	男	销售部	销售人员	3500	1000	650	500	500	6150	492	123	738
3002	喻开明	男	销售部	销售人员	3200	1000	500	500	500	5700	456	114	684
3003	丁然	女	销售部	销售人员	2800	1000	350	500	500	5150	412	103	618
3004	杨露	女	销售部	销售人员	2500	1000	150	500	500	4650	372	93	558
4001	王明远	男	生产部	生产人员	3200	1200	1450	700	600	7150	572	143	858

图4.27　进入自动筛选状态

(1) 以"员工姓名"为依据进行查询。例如,查询职工姓名为"刘畅"的职工的工资情况。

步骤1　单击"职工姓名"列按钮,并在"文本筛选"项中输入"刘畅",如图4.28所示。

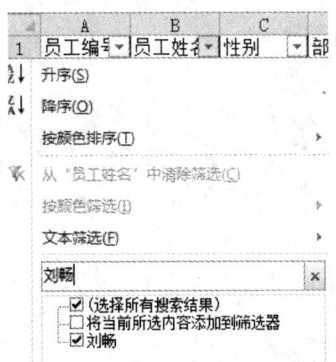

图4.28　选择"员工姓名"的自定义自动筛选方式,并输入筛选条件

步骤 2 单击"确定"按钮,查询结果如图 4.29 所示。

	A	B	C	D	E	F	G	H	I	J	K	L	M
1	员工编号	员工姓名	性别	部门	人员类别	基本工资	岗位工资	工龄工资	奖金	福利补贴	应发合计	养老保险	医疗保险
11	3003	丁然	女	销售部	销售人员	2800	1000	350	500	500	5150	412	103
12	3004	杨露	女	销售部	销售人员	2500	1000	150	500	500	4650	372	93
22													

图 4.29 显示查询结果

(2) 以"部门"和"基本工资"为依据进行查询。例如,查询销售部中基本工资小于 3 000 元的职工的工资情况。

步骤 1 单击 B2"员工姓名"旁漏斗图标,选择显示"全部"。

步骤 2 单击"部门"列按钮,在"文本筛选"项中输入"销售部"。然后单击"基本工资"列按钮,选择"数字筛选"项中的"小于"命令,出现"自定义自动筛选方式"对话框,显示行中设置"基本工资小于 3 000"。单击"确定"按钮,查询结果如图 4.30 所示。

	A	B	C	D	E	F	G	H	I	J	K	L	M
1	员工编号	员工姓名	性别	部门	人员类别	基本工资	岗位工资	工龄工资	奖金	福利补贴	应发合计	养老保险	医疗保险
11	3003	丁然	女	销售部	销售人员	2800	1000	350	500	500	5150	412	103
12	3004	杨露	女	销售部	销售人员	2500	1000	150	500	500	4650	372	93
22													

图 4.30 定义"基本工资"的筛选条件

注:选择"数据"选项卡中"排序和筛选"选项中"筛选"图标就可以退出筛选状态。由于自动筛选时,按钮与标题在同一行,显示得不太美观,可以采用在标题与数据行中间加入一行空白行的形式来解决,请读者自己尝试。

4.4.2.3 利用高级筛选功能进行工资数据的查询

(1) 以"部门"和"应发合计"为依据进行查询。例如,查询生产部中应发合计小于 5 500 元的职工的工资情况。

利用高级筛选功能的基本步骤如下:

步骤 1 设置筛选条件区域。筛选条件为部门等于生产部,并且应发合计小于 5 500 元,在"工资表"的适当区域设置该筛选条件,如图 4.31 所示。

步骤 2 单击选择"数据"选项卡中"排序和筛选"选项中的"高级筛选"命令,设置条件区域,如图 4.32 所示。

	A	B	C	D	E
19	5001	孙平	男	采购部	采购人员
20	5002	曹开志	男	采购部	采购人员
21	5003	魏媛媛	女	采购部	采购人员
22					
23		条件区域			
24		部门	应发合计		
25		生产部	<5500		

图 4.31 条件区域设置

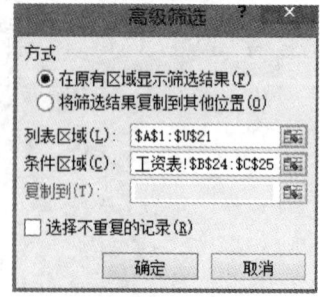

图 4.32 设置条件区域

步骤 3 单击"确定"按钮,结果如图 4.33 所示。

	A	B	C	D	E	F	G	H	I	J	K	L	M
1	员工编号	员工姓名	性别	部门	人员类别	基本工资	岗位工资	工龄工资	奖金	福利补贴	应发合计	养老保险	医疗保险
16	4004	陆军	男	生产部	生产人员	2600	1200	100	700	600	5200	416	104
17	4005	雷娟	女	生产部	生产人员	2400	1200	350	700	600	5250	420	105
18	4006	许亮	男	生产部	生产人员	2700	1200	250	700	600	5450	436	109
22													
23		条件区域											
24		部门	应发合计										
25		生产部	<5500										

图 4.33　筛选结果

注:设置条件区域时,字段名在上,条件在下,同行的条件为"并且"的意思,一个字段名下各行的条件为"或"的意思。

(2) 以"部门"和"基本工资"为依据进行查询。例如,查询财务部基本工资小于 3 500 或综合部大于 3 500 的职工的工资情况。

步骤 1　条件区域的设置,如表 4.3 所示。

表 4.3　　　　　　　　　　　　条件区域

部门	基本工资
财务部	<3 500
综合部	>3 500

步骤 2　进行高级筛选,运行结果如图 4.34 所示。

	A	B	C	D	E	F	G	H	I	J	K	L
1	员工编号	员工姓名	性别	部门	人员类别	基本工资	岗位工资	工龄工资	奖金	福利补贴	应发合计	养老保险
2	1001	张晓丽	女	综合部	管理人员	5800	1500	1500	500	400	9700	776
3	1002	刘畅	女	综合部	管理人员	4500	1500	1350	500	400	8250	660
7	2002	陈丽娜	女	财务部	管理人员	3200	1500	750	1500	400	7350	588
8	2003	何云	女	财务部	管理人员	3000	1500	650	1500	400	7050	564
22												
23		条件区域										
24		部门	基本工资									
25		财务部	<3500									
26		综合部	>3500									

图 4.34　复合条件区域设置查询结果

4.4.2.4　利用函数进行工资数据的查询

利用 LOOKUP、VLOOKUP 等函数进行工资数据的查询。

步骤 1　插入工作表,并命名为"工资查询表"。

步骤 2　设计包含查询项的工资数据查询表格(以查询员工所在的部门、应发工资、实发工资为例),如图 4.35 所示。

	A	B	C	D	E	F
1						
2	方法一	vlookup			方法二	Lookup
3	请选择员工姓名				请选择员工编号	
4	部门				部门	
5	应发工资				应发工资	
6	实发工资				实发工资	
7						

工资表 ╱ 工资查询表 ╱ 工资统计分析 ╱ 工资条1-扫

图 4.35　工资数据查询表格

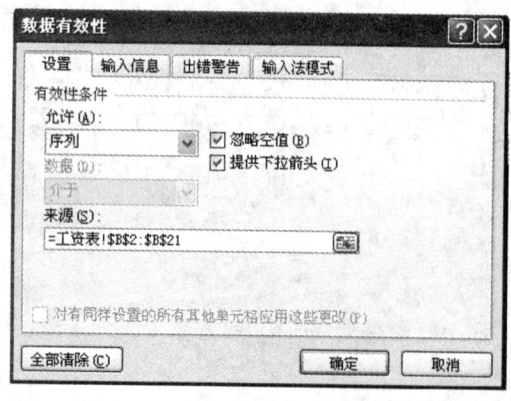

图 4.36　员工的数据有效性设置

步骤 3　在 B3 单元格，单击"数据"选项卡下"数据有效性"图标，弹出"数据有效性"对话框，在"允许"对话框中选择"序列"，单击"来源"下方空格右边的图标，选择"工资表"工作表的 B2：B21 单元格区域，如图 4.36 所示。同理，在 F3 单元格设置数据有效性为"工资表"工作表的 A2：A21 单元格区域。

步骤 4　在 B4 单元格中输入"＝VLOOKUP(B3,工资表！B1：U21,3,0)"，在 B5 单元格中输入"＝VLOOKUP(B3,工资表！B1：U21,10,0)"，在 B6 单元格中输入"＝

VLOOKUP(B3,工资表！B1：U21,20,0)"，单击 B3 单元格右边的小三角按钮，选择任意员工姓名，即可查出该员工的部门、应发合计和实发合计，如图 4.37 所示。

步骤 5　在 F4 单元格中输入"＝LOOKUP(F3,工资表！A2：A21,工资表！D2：D21)"，在 F5 单元格中输入"＝LOOKUP(F3,工资表！A2：A21,工资表！K2：K21)"，在 F6 单元格中输入"＝LOOKUP(F3,工资表！A2：A21,工资表！U2：U21)"。

	A	B	C
1			
2	方法一	vlookup	
3	请选择员工姓名	刘畅	
4	部门	综合部	
5	应发工资	8250	
6	实发工资	5999	

图 4.37　利用 VLOOKUP 函数查询员工工资

☞ **知识链接**

LOOKUP 函数可从单行或单列区域或者从一个数组返回值。LOOKUP 函数具有两种语法形式：向量形式和数组形式。

（1）向量形式。向量是只含一行或一列的区域。LOOKUP 的向量形式在单行区域或单列区域（称为"向量"）中查找值，然后返回第二个单行区域或单列区域中相同位置的值。当要指定包含要匹配的值的区域时，请使用 LOOKUP 函数的这种形式。LOOKUP 函数的另一种形式自动在第一行或第一列中查找。该函数的语法规则如下：

$$LOOKUP(lookup\_value, lookup\_vector, [result\_vector])$$

具有以下参数：

lookup_value，必需的。LOOKUP 在第一个向量中搜索的值。Lookup_value 可以是数字、文本、逻辑值、名称或对值的引用。

lookup_vector，必需的。只包含一行或一列的区域。lookup_vector 中的值可以是文本、数字或逻辑值。

提示：lookup_vector 中的值必须以升序排列：…，－2，－1，0，1，2，…，A－Z，FALSE，TRUE。否则，LOOKUP 可能无法返回正确的值。大写文本和小写文本是等同的。result_vector 可选。只包含一行或一列的区域。result_vector 参数必须与 lookup_vector 大小相同。

（续上）

> 说明：如果 LOOKUP 函数找不到 lookup_value，则它与 lookup_vector 中小于或等于 lookup_value 的最大值匹配。如果 lookup_value 小于 lookup_vector 中的最小值，则 LOOKUP 会返回 #N/A 错误值。
>
> （2）数组形式。LOOKUP 的数组形式在数组（数组：用于建立可生成多个结果或可对在行和列中排列的一组参数进行运算的单个公式。数组区域共用一个公式；数组常量是用作参数的一组常量。）的第一行或第一列中查找指定的值，并返回数组最后一行或最后一列内同一位置的值。当要匹配的值位于数组的第一行或第一列中时，请使用 LOOKUP 的这种形式。当要指定列或行的位置时，请使用 LOOKUP 的另一种形式。
>
> 提示：一般而言，最好使用 HLOOKUP 或 VLOOKUP 函数而不是 LOOKUP 的数组形式。LOOKUP 的这种形式是为了与其他电子表格程序兼容而提供的。

步骤 6　单击 F3 单元格右边的小三角按钮，选择任意员工编号，即可查出该员工的部门、应发合计和实发合计，如图 4.38 所示。

图 4.38　利用 LOOKUP 函数查询员工工资

任务 4.5　应付职工薪酬分配

4.5.1　任务分析

人员的工资是企业的一项日常费用，应当及时进行会计核算，生成工资分摊凭证。已知销售部人工工资记入"销售费用"账户，生产部人员工资按 90% 的比例记入"生产成本"账户，剩余比例为生产管理人员工资，记入"制造费用"账户，其他部门人员工资记入"管理费用"账户。

4.5.2　任务实现步骤

步骤 1　新建工作表，命名为"应付职工薪酬分配计算表"，建立表格中相关内容，如图 4.39 所示。

步骤 2　设置表体内容格式。合并单元格区域 A1：A4，把标题字体加粗，把表体内容居中对齐显示，选中单元格区域 A2：D8，设置 D 列为数字两位小数形式，添加表格线。

图 4.39　建立应付职工薪酬分配计算表中项目内容

步骤 3 在 D3 单元格中，输入“=SUMIF(工资表！D:D,应付职工薪酬分配计算表！B3,工资表！K:K)*C3”。

步骤 4 选中 D3 单元格，然后向下拖拉填充至 D8 单元格，如图 4.40 所示。

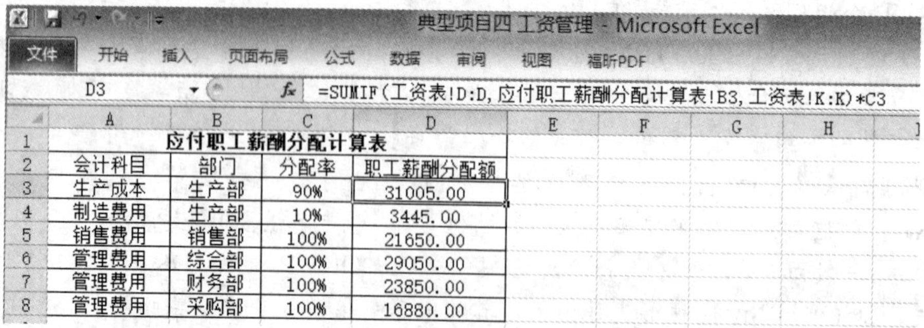

	A	B	C	D
1	应付职工薪酬分配计算表			
2	会计科目	部门	分配率	职工薪酬分配额
3	生产成本	生产部	90%	31005.00
4	制造费用	生产部	10%	3445.00
5	销售费用	销售部	100%	21650.00
6	管理费用	综合部	100%	29050.00
7	管理费用	财务部	100%	23850.00
8	管理费用	采购部	100%	16880.00

图 4.40 生成职工薪酬分配额数据

步骤 5 在 D9 单元格中，输入“=SUM(D3:D8)”，得到本月的应付职工薪酬分配情况。需要说明的是，此部分应付职工薪酬未包含企业中扣除的“五险一金”等金额。

实 战 训 练

演绎公司本月工资数据，如表 4.4 所示。

表 4.4　　演绎公司工资数据表

职工代码	职工姓名	部门	性别	职工类别	年龄	基本工资	事假天数	病假天数
001	张国立	厂部	男	管理人员	30	3 500	2	
002	宋小宝	厂部	女	管理人员	40	3 800		2
003	刘小华	厂部	男	管理人员	24	2 500		
004	杨　斌	财务部	女	管理人员	38	3 400		
005	何　露	财务部	女	管理人员	30	2 800		
006	王菲菲	生产车间	女	工人	35	300		
007	李大冉	生产车间	男	工人	26	2 800	16	
008	范丽丽	生产车间	女	辅助管理	29	2 900		6
009	赵　华	供应部	女	工人	40	2 500		
0010	何明远	供应部	男	工人	50	2 700		17
011	陈　峰	供应部	男	工人	36	3 000		
012	魏　伟	供应部	男	辅助管理	21	2 200	5	

其他工资项目的发放情况及有关规定如下：

(1) 岗位工资：根据职工类别不同进行发放，工人为 1 000 元，辅助管理工人为 1 200 元，管理人员为 1 500 元。

(2) 福利费：厂部职工和财务部的福利费为基本工资的 50%；生产车间和供应部的工人福利费为基本工资的 20%，生产车间和供应部的非工人福利费为基本工资的 30%。

(3) 副食补贴：基本工资大于 3 000 元的职工没有副食补贴，基本工资小于 3 000 元的职工副食补贴为基本工资的 10%。

(4) 奖金：奖金根据部门的效益决定，本月厂部的奖金为 500 元，财务部的奖金为 300 元，生产车间和供应部的奖金为 800 元。

(5) 事假扣款规定：如果事假小于 15 天，将应发工资平均分到每天（每月按 22 天计算），按天扣钱；如果事假大于 15 天，工人应发工资全部扣除，非工人扣除应发工资的 80%。

(6) 病假扣款规定：每天扣款 40 元。

(7) 个人所得税：按最新个人所得税准则修改。

实训要求：为了满足企业的管理要求，请利用 Excel 对工资情况进行如下汇总分析：

(1) 计算每个部门每一职工类别应发工资汇总数。

(2) 计算每个部门每一职工类别应发工资平均数。

(3) 计算每个部门应发工资数占总工资数的百分比。

(4) 计算每个职工类别应发工资数占总工资数的百分比。

(5) 计算每个部门每一职工类别应发工资数占总工资数的百分比。

(6) 按性别统计人数。

(7) 按年龄段统计人数。

(8) 按基本工资段统计人数。

提示

使用嵌套的 IF 语句计算岗位工资、福利费等。

应发工资＝基本工资＋岗位工资＋福利费＋副食补贴＋奖金－事假扣款－病假扣款

实发工资＝应发工资－个人所得税

典型项目 5 固定资产管理与折旧计算

➤ 项目目标

1. 建立固定资产信息库
2. 录入固定资产清单
3. 使用折旧函数计算固定资产折旧
4. 根据固定资产清单生成各类固定资产卡片
5. 固定资产数据管理与分析

➤ 项目知识背景

财务角度：固定资产是指企业为生产商品、提供劳务、出租或者经营管理而持有的、使用寿命超过一个会计年度的有形资产，包括房屋、建筑物、机器、机械、运输工具以及其他与生产经营活动有关的设备、器具、工具等。

通过建立固定资产信息库、固定资产卡片，完成固定资产的取得、日常管理、折旧的计提、折旧费用的分配等工作。

Excel技巧：利用折旧计算函数、查找与引用函数、统计函数、日期函数等功能完成固定资产的管理工作。

➤ 项目任务

琼源食品有限公司固定资产数量虽然不多，但固定资产的管理对于整个企业来说相当重要，因为固定资产是企业实现劳动所依靠的工具，也是企业赖以生产经营的主要资产。所以，公司决定采用Excel管理企业固定资产，建立固定资产管理系统。利用Excel进行固定资产的核算和管理，可以避免财会人员因繁琐的手工劳动而出现错误，也减轻了财会人员的工作负担。

公司对固定资产管理大致流程如下：

（1）公司取得固定资产后，先由公司设备管理部门和固定资产使用部门依据有关单据对新增固定资产共同进行验收。

（2）财务部门按照资产的类别、名称、编号、购入时间、使用/保管部门等信息创建固定资产清单和制作固定资产卡片。

（3）财务部门按照固定资产分类、使用年限按期计提折旧并分配折旧费用。

（4）对于转让、盘亏、毁损等原因减少的固定资产,由固定资产使用部门和设备管理部门共同进行实物残值估价,办理资产清理工作。

琼源食品有限公司对企业固定资产相关信息实行统一管理制度,其中资产类别、部门信息、资产增加方式、使用状况和折旧方法等信息,如表5.1至表5.5所示。

表5.1 资产类别表

类别编号	类别名称	净残值率	使用年限	折旧方法
011	房屋建筑物	5%	50年	年限平均法
021	办公设备	3%	5年	双倍余额递减法
031	运输设备	4%	30万千米	工作量法
041	生产设备	4%	15年	年数总和法

表5.2 部门信息表

部门编号	部门名称	部门分类	折旧科目
1	办公室	管理部门	管理费用
2	财务部		
3	供应部		
4	销售部	销售部门	销售费用
5	生产部	生产部门	制造费用

表5.3 资产增加方式表

编号	增加方式	编号	增加方式
01	直接购入	05	接受捐赠
02	在建工程转入	06	调拨
03	投资者投入	07	其他
04	盘盈		

表5.4 资产使用状况表

编号	使用状况	编号	使用状况
01	未使用	03	已提足折旧
02	在用	04	报废

表5.5 折旧方法表

编号	使用状况	编号	使用状况
01	年限平均法	03	双倍余额递减法
02	工作量法	04	年数总和法

表 5.6 固定资产清单

资产编号	资产名称	类别编号	类别名称	部门名称	增加方式	存放地点	使用状况	使用年限（工作量）	开始使用日期	原值	净残值率	净残值	折旧方法	已提折旧月数（工作量）	本期实际工作量	月折旧额	对应折旧科目
011001	办公楼	011	房屋建筑物	办公室	在建工程转入	办公室	在用	50	2010年1月1日	1 250 000	5%						
011002	厂房	011	房屋建筑物	生产部	在建工程转入	生产部	在用	50	2011年9月12日	1 000 000	5%						
011003	仓库	011	房屋建筑物	供应部	在建工程转入	供应部	在用	50	2011年12月10日	560 000	5%						
021004	电脑	021	办公设备	办公室	直接购入	办公室	在用	5	2014年1月1日	4 800	3%						
021005	电脑	021	办公设备	财务部	直接购入	财务部	在用	5	2014年1月1日	4 800	3%						
021006	电脑	021	办公设备	供应部	直接购入	供应部	在用	5	2014年1月1日	4 800	3%						
021007	电脑	021	办公设备	销售部	直接购入	销售部	在用	5	2014年3月1日	5 200	3%						
021008	电脑	021	办公设备	生产部	直接购入	生产部	在用	5	2014年3月1日	5 200	3%						
031009	轿车	031	运输设备	办公室	直接购入	办公室	在用	500 000	2014年5月1日	210 000	4%						
031010	货车	031	运输设备	销售部	直接购入	销售部	在用	300 000	2013年10月1日	150 000	4%						
041011	生产线	041	生产设备	生产部	直接购入	生产部	在用	15	2012年12月1日	800 000	4%						
041012	生产设备	041	生产设备	生产部	投资者投入	生产部	在用	15	2015年5月6日	305 000	4%						

公司按照统一管理要求，创建固定资产清单、制作固定资产卡片，定期进行折旧计算与分类汇总，以便对企业的固定资产进行详细、全面的管理。

➤ **任务分解**

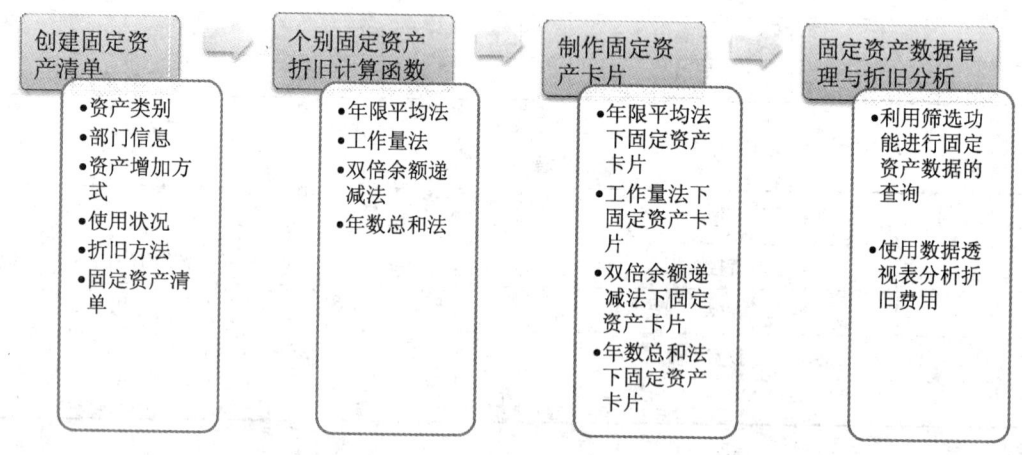

图 5.1　任务分解图

任务 5.1　创建固定资产清单

5.1.1　任务分析

固定资产清单可以用来存放与该固定资产相关的所有数据，琼源食品有限公司的固定资产清单详细记录了资产编号、资产名称、类别编号、类别名称、部门名称、增加方式、存放地点、使用状况、使用年限、开始使用日期、原值、净残值率、净残值、折旧方法、已提折旧月数、本期实际工作量、月折旧额和对应折旧账户等信息，如图 5.2 所示。

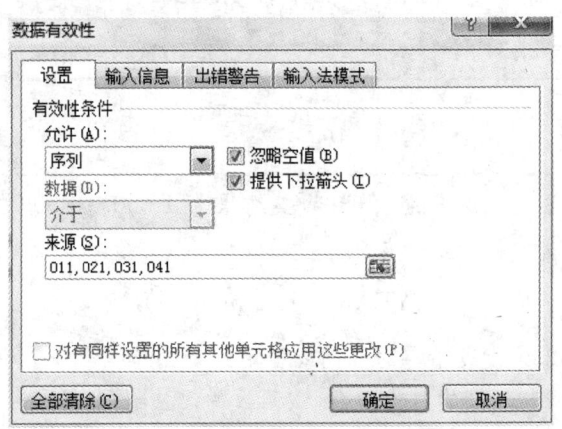

固定资产清单

2015年9月30日

资产编号	资产名称	类别编号	类别名称	部门名称	增加方式	存放地点	使用状况	使用年限（工作量）	开始使用日期	原值	净残值率	净残值	折旧方法	已提折旧月数（工作量）	本期实际工作量	月折旧额	对应折旧科目
011001	办公楼	011	房屋建筑物	办公室	在建工程转入	办公室	在用	50	2010年1月1日	1 250 000	5%	62 500	年限平均法	67		¥1 979.17	管理费用
011002	厂房	011	房屋建筑物	生产部	在建工程转入	生产部	在用	50	2011年9月12日	1 000 000	5%	50 000	年限平均法	47		¥1 583.33	管理费用
011003	仓库	011	房屋建筑物	供应部	在建工程转入	供应部	在用	50	2011年12月10日	560 000	5%	28 000	年限平均法	44		¥886.67	管理费用
021004	电脑	021	办公设备	办公室	直接购入	办公室	在用	5	2014年1月1日	4 800	3%	144	双倍余额递减法	19		¥96.00	管理费用
021005	电脑	021	办公设备	财务部	直接购入	财务部	在用	5	2014年1月1日	4 800	3%	144	双倍余额递减法	19		¥96.00	管理费用
021006	电脑	021	办公设备	供应部	直接购入	供应部	在用	5	2014年1月1日	4 800	3%	144	双倍余额递减法	19		¥96.00	管理费用
021007	电脑	021	办公设备	销售部	直接购入	销售部	在用	5	2014年3月1日	5 200	3%	156	双倍余额递减法	17		¥104.00	销售费用
021008	电脑	021	办公设备	生产部	直接购入	生产部	在用	5	2014年3月1日	5 200	3%	156	双倍余额递减法	17		¥104.00	制造费用
031009	轿车	031	运输设备	办公室	直接购入	办公室	在用	500 000	2014年5月1日	210 000	4%	8 400	工作量法	30 000	2 800	¥1 176.00	管理费用
031010	货车	031	运输设备	销售部	直接购入	销售部	在用	300 000	2013年10月1日	150 000	4%	6 000	工作量法	80 000	3 500	¥1 750.00	销售费用
041011	生产线	041	生产设备	生产部	直接购入	生产部	在用	15	2012年12月1日	800 000	4%	32 000	年数总和法	32		¥6 933.33	制造费用
041012	生产设备	041	生产设备	生产部	投资者投入	生产部	在用	15	2015年6月1日	305 000	4%	12 200	年数总和法	3		¥3 050.00	制造费用

图 5.2　固定资产清单

为了规范固定资产清单内容，在录入固定资产清单信息时，参照表 5.1 至表 5.6 的相关数据。

5.1.2　任务实现步骤

步骤 1　新建一个 Excel 工作簿，命名为"固定资产管理"，打开工作簿，将 Sheet1 工作表重命名为"固定资产清单"，在工作表第一行 A1 单元格中输入"固定资产清单"；在第二行 B1 单元格中输入制表日期；在第三行 A 列，开始依次输入：资产编号、资产名称、类别编号、类别名称、部门名称、增加方式、存放地点、使用状况、使用年限、开始使用日期、原值、净残值率、净残值、折旧方法、已提折旧月数、月折旧额和实际工作量等项目。

步骤 2　适当调整表格的行高和列宽，设置美化表格格式，如图 5.2 所示。

步骤 3　选定类别编号所在列的 C4 单元格，选择"数据"菜单栏中的"数据有效性"，打开"数据有效性"对话框，设置有效性允许条件为"序列"，在来源文本框中参照表 5.1 资产类别表，录入资产类别编号"011，021，031，041"等内容，如图 5.3 所示。向下拖动填充柄，将其设置内容复制到该列的其他单元格中。

图 5.3　"类别编号"数据有效性设置

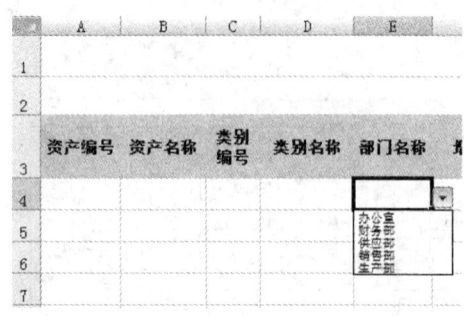

图 5.4 "部门名称"下拉列表

步骤 4 同样的方法,按公司信息的分类要求参照表 5.1 至表 5.5 的内容,设置部门名称、增加方式、存放地点、使用状况等项目的数据有效性。"部门名称"数据有效性的下拉列表,如图 5.4 所示。

步骤 5 在"类别名称"栏 D4 单元格中输入公式"=IF(C4="011","房屋建筑物",IF(C4="021","办公设备",IF(C4="031","运输设备","生产设备")))",向下拖动填充柄,将公式复制到该列的其他单元格中。

步骤 6 在"净残值率"栏 L4 单元格中输入公式"=IF(D4="房屋建筑物",5%,IF(D4="办公设备",3%,IF(D4="运输设备",4%,4%)))",向下拖动填充柄,将公式复制到该列的其他单元格中。

步骤 7 在"净残值"栏 M4 单元格中输入公式"=K4*L4",表示净残值=原值*净残值率,向下拖动填充柄,将公式复制到该列的其他单元格中。

步骤 8 在"折旧方法"栏 N4 单元格中输入公式"=IF(D4="房屋建筑物","年限平均法",IF(D4="办公设备","双倍余额递减法",IF(D4="运输设备","工作量法","年数总和法")))",向下拖动填充柄,将公式复制到该列的其他单元格中。

步骤 9 在"已提折旧月数"栏的 O4 单元格中输入公式"=IF(AND(YEAR($A$2)=YEAR(J4),MONTH($A$2)=MONTH(J4)),0,(YEAR($A$2)−YEAR(J4))*12+MONTH($A$2)−MONTH(J4)−1)",然后拖动填充柄向下复制公式到该列的其他单元格。

☞ **知识链接**

> Excel 中 AND 函数,可以用来对多个条件进行判断,当所有的条件都满足时返回"TURE",只要有条件不满足时就返回"FALSE"。该函数的语法规则如下:
>
> AND(logical1,logical2,…)
>
> 最多可以有 30 个条件。

☞ **知识链接**

> YEAR 函数,可以返回某日期的年份,其结果为 1 900～9 999 的一个整数。该函数的语法规则如下:
>
> YEAR(serial_number)
>
> 其中 serial_number 代表指定的日期或引用的单元格。
>
> MONTH 是返回某日期的月份函数,该函数的语法规则如下:
>
> MONTH(serial_number)。

☞ **知识链接**

在设计"已计提折旧月数"取数公式时注意遵循"当月增加的固定资产当月不提折旧"之原则。

步骤 10　参照图 5.1 的内容,完成琼源食品有限公司固定资产清单其他数据的录入。

5.1.3　拓展任务

为辉煌电脑公司创建 2015 年 12 月 31 日的固定资产清单,如图 5.5 所示。

资产编号	使用部门	资产类别	固定资产名称	增加方式	使用状态	使用年限(工作量)	启用日期	原值	残值率	净残值	已使用期数	本期实际工作量	当月折旧额	折旧方法	对应折旧科目
0001	财务科	办公设备	电脑	自制产品领用	在用	8	2012年10月1日	5 000.00						双倍余额递减法	
0002	财务科	办公设备	打印机	直接购入	在用	8	2013年10月2日	5 300.00						双倍余额递减法	
0003	厂办	办公设备	电脑	自制产品领用	在用	8	2013年2月3日	8 400.00						双倍余额递减法	
0004	厂办	办公设备	复印机	直接购入	在用	8	2010年8月15日	13 000.00						双倍余额递减法	
0005	厂办	房屋建筑物	办公楼	在建工程转入	在用	30	2007年1月1日	570 000.00						直线法	
0006	供应科	办公设备	电脑	直接购入	在用	8	2011年2月1日	6 800.00						双倍余额递减法	
0007	供应科	运输设备	汽车	直接购入	在用	200000	2003年12月1日	140 000.00				4 500		工作量法	
0008	机修车间	房屋建筑物	厂房	在建工程转入	在用	30	2000年1月1日	150 000.00						直线法	
0009	机修车间	生产设备	热压机	直接购入	在用	18	2000年1月1日	10 000.00						年数总和法	
0010	机修车间	生产设备	磨帮机	直接购入	在用	18	2000年1月1日	23 000.00						年数总和法	
0011	加工车间	房屋建筑物	厂房	在建工程转入	在用	30	2000年1月1日	230 000.00						直线法	
0012	加工车间	生产设备	主板生产流水线	直接购入	在用	18	2000年1月1日	350 000.00						年数总和法	
0013	加工车间	生产设备	硬件生产流水线	直接购入	在用	18	2000年1月1日	420 000.00						年数总和法	
0014	销售科	办公设备	电脑	直接购入	在用	8	2008年2月1日	6 800.00						双倍余额递减法	
0015	销售科	办公设备	打印机	直接购入	在用	8	2009年10月12日	4 580.00						双倍余额递减法	
0016	销售科	房屋建筑物	办公楼	在建工程转入	在用	30	2002年6月1日	600 000.00						直线法	
0017	销售科	运输设备	汽车	直接购入	在用	200000	2006年5月6日	230 000.00				3 600		工作量法	

图 5.5　辉煌电脑公司固定资产清单

要求:参照琼源食品有限公司不同资产类别的残值率,利用公式计算辉煌电脑公司固定资产的"残值率""净残值"和"已使用期数"。

任务 5.2　个别固定资产折旧计算函数

5.2.1　任务分析

固定资产折旧是指固定资产由于使用而逐渐磨损所减少的那部分价值。折旧方法是指将应提折旧总额在固定资产各使用期间进行分配时所采用的具体计算方法。

5.2.1.1　固定资产折旧方法

1. 年限平均法

年限平均法又称直线法、平均年限法,是最简单并且常用的一种方法。此法是以固定资产的原价减去预计净残值除以预计使用年限,求得每年的折旧费用。

计算公式:

年折旧率＝(1－预计净残值率)÷预计使用寿命(年)×100%

月折旧额＝固定资产原价×年折旧率÷12

2. 工作量法

工作量法又称变动费用法,是根据实际工作量计提折旧额的一种方法。这种方法弥补了平均年限法只重使用时间,不考虑使用强度的特点。

计算公式:

$$单位工作量折旧额 = 固定资产原价 \times (1-预计净残值率) \div 预计总工作量$$
$$某项固定资产月折旧额 = 该项固定资产当月工作量 \times 单位工作量折旧额$$

3. 双倍余额递减法

双倍余额递减法是指在不考虑固定资产预计净残值的情况下,根据每期期初固定资产原价减去累计折旧后的金额(即固定资产净值)和双倍的直线法折旧率计算固定资产折旧的一种方法。

计算公式:

$$年折旧率 = 2 \div 预计使用寿命(年) \times 100\%$$
$$月折旧额 = 固定资产净值 \times 年折旧率 \div 12$$

由于每年年初固定资产净值没有扣除预计净残值。因此,在双倍余额递减法下,必须注意不能使固定资产的净值低于其预计净残值。通常,在其折旧年限到期前 2 年内,将固定资产净值扣除预计净残值后的余额平均摊销。

4. 年数总和法

年数总和法又称年限合计法,是指将固定资产的原价减去预计净残值的余额乘以一个固定资产尚可使用寿命为分子,以预计使用寿命逐年数字之和为分母的逐年递减的分数计算每年的折旧额。

计算公式:

$$年折旧率 = 尚可使用寿命 \div 预计使用寿命的年数总和 \times 100\%$$
$$月折旧额 = (固定资产原价 - 预计净残值) \times 年折旧率 \div 12$$

5.2.1.2 Excel 折旧函数

1. 直线折旧函数:SLN( )

函数用途:用来返回某项资产在一个期间中的线性折旧值。

函数语法:SLN(cost,salvage,life)。

参数说明:cost 为资产原值;salvage 为资产在折旧期末的价值(也称为资产残值);life 为折旧期限(也称作资产的使用寿命)。

例如,SLN(80 000, 80 000 * 5%, 5),表示平均法下原值 80 000 元、残值 4 000 元、使用期限为 5 年的固定资产各年的折旧额。

2. 双倍余额递减法函数:DDB( )

函数用途:基于双倍余额递减法或其他的指定方法返回一笔资产在给定期间内的折旧值。

函数语法:DDB(cost, salvage, life, period, factor)。

参数说明:cost 为资产原值;salvage 为资产在折旧期末的价值(也称为资产残值),可以是 0; Life 为折旧期限(也称作资产的使用寿命);period 为需要计算折旧值的期间,period

必须使用与 life 相同的单位；factor 为余额递减速率，如果 Factor 被省略，则假设为 2（双倍余额递减法）。

例如，DDB（80 000，80 000 * 5%，5，1）表示原值 80 000 元，净残值率 5%，折旧期限 5 年，双倍余额递减法下第一年的折旧额。根据现行会计制度的规定，采用双倍余额递减法时，最后 2 年应采用年限平均法计算折旧，所以前期折旧的计提使用 DDB 函数的使用，最后 2 年应改用 SLN 函数。

3. 年数总和法函数：SYD（　）

函数用途：基于年限总和法返回某项资产在指定期间的折旧值。

函数语法：SYD（cost，salvage，life，period）。

参数说明：cost 为资产原值；salvage 为资产在折旧期末的价值（也称为资产残值）；life 为折旧期限（也称作资产的使用寿命）；period 为期间，其单位与 life 相同。

例如：SYD（50 000，2 000，5，3）表示原值是 50 000 元，净残值 2 000 元，折旧期限 5 年，年数总和法下第三年的折旧额。

5.2.2　任务实现步骤

琼源食品有限公司的固定资产折旧计提方法有年限平均法、工作量法、双倍余额递减法和年数总和法等，在采用 Excel 计算固定资产折旧时，要根据固定资产清单中的固定资产原值、净残值、使用年限和已提折旧月数等信息，计算每期固定资产折旧金额。

步骤 1　在 Q4 单元格中输入公式"＝SLN（K4,M4,I4）/12"，将 Q4 单元格的公式复制到该列其他折旧方法为"年限平均法"的单元格中，计算结果如图 5.6 所示。

	I	J	K	L	M	N	O	P	Q	R
Q4				fx	=SLN(K4,M4,I4)/12					
1	**固定资产清单**									
2		2015年9月30日								
3	使用年限（工作量）	开始使用日期	原值	净残值率	净残值	折旧方法	已提折旧月数（工作量）	本期实际工作量	月折旧额	对应折旧科目
4	50	2010年1月1日	1 250 000	5%	62 500	年限平均法	67		¥1 979.17	
5	50	2011年9月12日	1 000 000	5%	50 000	年限平均法	47		¥1 583.33	
6	50	2011年12月10日	560 000	5%	28 000	年限平均法	44		¥886.67	
7	5	2014年1月1日	4 800	3%	144	双倍余额递减法	19			
8	5	2014年1月1日	4 800	3%	144	双倍余额递减法	19			
9	5	2014年1月1日	4 800	3%	144	双倍余额递减法	19			
10	5	2014年3月1日	5 200	3%	156	双倍余额递减法	17			
11	5	2014年3月1日	5 200	3%	156	双倍余额递减法	17			
12	500 000	2014年5月1日	210 000	4%	8 400	工作量法	30 000	2 800		
13	300 000	2013年10月1日	150 000	4%	6 000	工作量法	80 000	3 500		
14	15	2012年12月1日	800 000	4%	32 000	年数总和法	32			
15	15	2015年5月6日	305 000	4%	12 200	年数总和法	3			

图 5.6　年限平均法的折旧计算公式

步骤 2　在 Q7 单元格中输入公式"＝DDB（K7,M7,I7,INT（O7/12＋1））/12"，同时将 Q7 单元格复制到该列其他折旧方法为"双倍余额递减法"的单元格中，计算结果如图 5.7 所示。

Q7　　　　　fx =DDB(K7,M7,I7,INT(O7/12+1))/12

固定资产清单

2015年9月30日

使用年限 （工作量）	开始使用日期	原值	净残值率	净残值	折旧方法	已提折旧月数 （工作量）	本期实际 工作量	月折旧额	对应折旧科目
50	2010年1月1日	1 250 000	5%	62 500	年限平均法	67		¥1 979.17	
50	2011年9月12日	1 000 000	5%	50 000	年限平均法	47		¥1 583.33	
50	2011年12月10日	560 000	5%	28 000	年限平均法	44		¥886.67	
5	2014年1月1日	4 800	3%	144	双倍余额递减法	19		¥96.00	
5	2014年1月1日	4 800	3%	144	双倍余额递减法	19		¥96.00	
5	2014年1月1日	4 800	3%	144	双倍余额递减法	19		¥96.00	
5	2014年3月1日	5 200	3%	156	双倍余额递减法	17		¥104.00	
5	2014年3月1日	5 200	3%	156	双倍余额递减法	17		¥104.00	
500 000	2014年5月1日	210 000	4%	8 400	工作量法	30 000	2 800		
300 000	2013年10月1日	150 000	4%	6 000	工作量法	80 000	3 500		
15	2012年12月1日	800 000	4%	32 000	年数总和法	32			
15	2015年5月6日	305 000	4%	12 200	年数总和法	3			

图 5.7　双倍余额递减法的折旧计算公式

注意：采用双倍余额递减法计算折旧额时，最后 2 年应采用年限平均法计算折旧，所以前期折旧的计提使用 DDB 函数的使用，最后 2 年折旧额＝（倒数第三年年末折余价值－净残值）÷12。

步骤 3　在 Q12 单元格中输入公式"＝(K12-M12)/I12 * P12"，同时将 Q12 单元格复制到该列其他折旧方法为"工作量法"的单元格中。

步骤 4　在 Q14 单元格中输入公式"＝SYD(K14,M14,I14,INT(O14/12＋1))/12"，同时将 Q14 单元格复制到该列其他折旧方法为"年数总和法"的单元格中，计算结果如图 5.8 所示。

Q14　　　　　fx =SYD(K14,M14,I14,INT(O14/12+1))/12

固定资产清单

2015年9月30日

使用年限 （工作量）	开始使用日期	原值	净残值率	净残值	折旧方法	已提折旧月数 （工作量）	本期实际 工作量	月折旧额	对应折旧科目
50	2010年1月1日	1 250 000	5%	62 500	年限平均法	67		¥1 979.17	
50	2011年9月12日	1 000 000	5%	50 000	年限平均法	47		¥1 583.33	
50	2011年12月10日	560 000	5%	28 000	年限平均法	44		¥886.67	
5	2014年1月1日	4 800	3%	144	双倍余额递减法	19		¥96.00	
5	2014年1月1日	4 800	3%	144	双倍余额递减法	19		¥96.00	
5	2014年1月1日	4 800	3%	144	双倍余额递减法	19		¥96.00	
5	2014年3月1日	5 200	3%	156	双倍余额递减法	17		¥104.00	
5	2014年3月1日	5 200	3%	156	双倍余额递减法	17		¥104.00	
500 000	2014年5月1日	210 000	4%	8 400	工作量法	30 000	2 800	¥1 128.96	
300 000	2013年10月1日	150 000	4%	6 000	工作量法	80 000	3 500	¥1 680.00	
15	2012年12月1日	800 000	4%	32 000	年数总和法	32		¥6 933.33	
15	2015年5月6日	305 000	4%	12 200	年数总和法	3		¥3 050.00	

图 5.8　年数总和法的折旧计算公式

步骤 5　在 R4 单元格中输入公式"= IF(E15＝"生产部","制造费用",IF(E15＝"销售部","销售费用","管理费用"))",同时向下拖动填充柄,向下复制各部门对应折旧科目的公式。

5.2.3　拓展任务

根据如图 5.5 的样式内容,在完成拓展任务 5.1.3 的基础上,在辉煌电脑公司固定资产清单表格中建立"当月折旧额""对应折旧科目"计算公式。

任务 5.3　制作固定资产卡片

5.3.1　任务分析

琼源食品有限公司的"固定资产清单"虽然包含了所有的固定资产信息,但当只需要查看某一项固定资产信息时就显得不够直观。为此,公司除了在固定资产清单中反映出固定资产的所有信息外,还为每项固定资产建立一张固定资产卡片。

固定资产卡片是固定资产管理的基础数据,它按照每一独立的固定资产项目设置,是每一项固定资产的全部档案记录,即固定资产从进入企业开始到退出企业的整个生命周期所发生的全部情况,都要在卡片上予以记载。固定资产卡片一般一式三份,分别由设备管理部门、使用部门和财会部门保管。

固定资产卡片上的栏目有:编号、类别、资产名称、规格型号、使用部门、增加方式、使用状况、开始使用日期、原始价值、预计使用年限(工作量)、折旧方法、净残值率、折旧金额等内容,如图 5.9 所示。

图 5.9　固定资产卡片

☞ **知识链接**

固定资产卡片一般由使用部门登记保管,有的单位一式两份,一份由使用部门登记保管,另一份由财会部门保管。为便于对固定资产进行详细、全面的管理,还应设立"固定资产清单列表",俗称"固定资产台账",逐一登记卡片的开设和注销情况。如果单位规模太小,固定资产很少,也有的将固定资产卡片与台账交由财会部门统一管理。

由于琼源公司"固定资产卡片"中的大部分信息与"固定资产清单"重复,该公司在定义固定资产卡片时,运用计算公式完成数据自动取数的功能,大大提高了固定资产卡片的录入效率。

5.3.2 任务实现步骤

步骤 1 打开"固定资产管理"工作簿,插入一个空工作表,重命名为"固定资产卡片",并输入表格项目,如图 5.10 所示。

	A	B	C	D	E	F	G
1	固定资产卡片						
2	卡片编号					日期	
3	资产编号		资产名称				
4	类别编号		类别名称				
5	增加方式		部门名称				
6	使用状况		存放地点				
7	使用年限 (工作量)		开始使用日期		折旧方法		
8	已提折旧月数(工作量)		尚可使用月数(工作量)		本期工作量		
9	原值		净残值率		净残值		
10	折旧额计算						
11	年份	年折旧额	年折旧率	月折旧额	月折旧率	累计折旧额	折余价值
12							
13							

固定资产清单 | 固定资产卡片

图 5.10 "固定资产卡片"表格项目

步骤 2 调整表格的行高和列宽,设置单元格格式,参照图 5.9 进行格式美化。

步骤 3 选定"资产编号"所对应的 B3 单元格,选择"数据"菜单栏中的"数据有效性",打开"数据有效性"对话框,在"输入信息"选项卡中输入信息"输入要制作卡片的资产编号",如图 5.11 所示,显示效果,如图 5.12 所示。

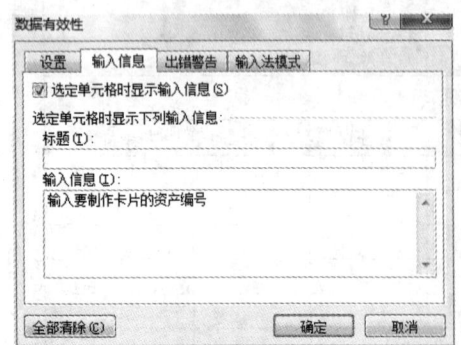

图 5.11 设置提示信息

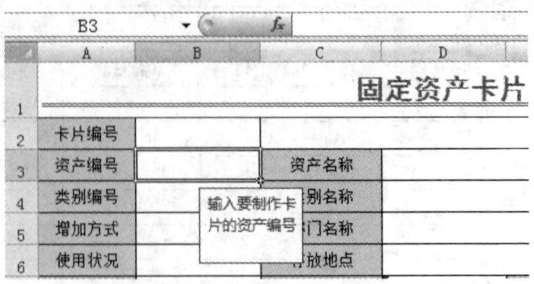

图 5.12 显示提示信息

步骤 4　在 B2 单元格中输入第一张卡片编号 0001,在 G2 单元格中输入当前日期公式"=固定资产清单! A2"。

步骤 5　在 D3 单元格中输入公式"=INDEX(固定资产清单! B4:B200,MATCH(B3,固定资产清单! A4:A200,0))",在 B3 单元格中输入要查询的资产编号 011001,即可在 D3 单元格中得到对应的固定资产名称,如图 5.13 所示。

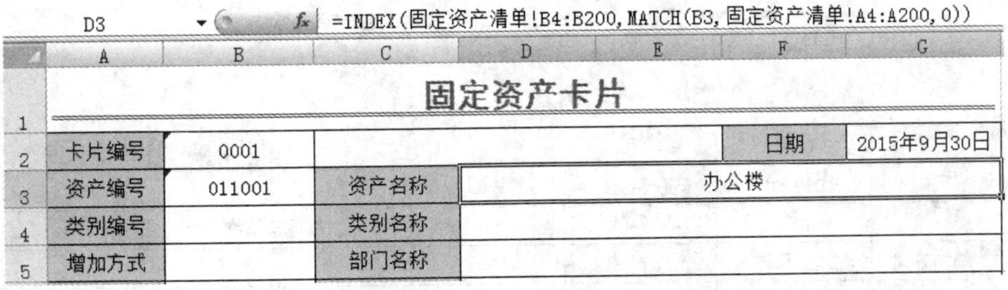

图 5.13　引用资产名称

步骤 6　参照步骤 5 的公式,分别在其他单元格中输入如下取数公式:

类别编号:B4 =INDEX(固定资产清单! C4:C200,MATCH(B3,固定资产清单! A4:A200,0))。

类别名称:D4= INDEX(固定资产清单! D4:D200,MATCH(B3,固定资产清单! A4:A200,0))。

增加方式:B5= INDEX(固定资产清单! F4:F200,MATCH(B3,固定资产清单! A4:A200,0))。

部门名称:D5= INDEX(固定资产清单! E4:E200,MATCH(B3,固定资产清单! A4:A200,0))。

使用状况:B6= INDEX(固定资产清单! H4:H200,MATCH(B3,固定资产清单! A4:A200,0))。

存放地点:D6= INDEX(固定资产清单! G4:G200,MATCH(B3,固定资产清单! A4:A200,0))。

使用年限:B7= INDEX(固定资产清单! I4:I200,MATCH(B3,固定资产清单! A4:A200,0))。

开始使用日期:D7= INDEX(固定资产清单! J4:J200,MATCH(B3,固定资产清单! A4:A200,0))。

折旧方法:F7= INDEX(固定资产清单! N4:N200,MATCH(B3,固定资产清单! A4:A200,0))。

已提折旧月数:B8= INDEX(固定资产清单! O4:O200,MATCH(B3,固定资产清单! A4:A200,0))。

尚可使用月数:D8=B7*12-B8。

本期工作量:F8=INDEX(固定资产清单! P4:P200,MATCH(B3,固定资产清单! A4:A200,0))。

原值:B9= INDEX(固定资产清单! K4:K200,MATCH(B3,固定资产清单! A4:

A200,0))。

净残值率:D9＝ INDEX(固定资产清单！L4:L200,MATCH(B3,固定资产清单！A4:A200,0))。

净残值:F9＝ B9 ＊ D9。

如果在 B3 输入资产编号 011001,则以上公式运算结果,如图 5.14 所示。

D9			fx	=INDEX(固定资产清单!L4:L200,MATCH(B3,固定资产清单!A4:A200,0))		
	A	B	C	D	E	F	G
1	固定资产卡片						
2	卡片编号	0001			日期	2015年9月30日	
3	资产编号	011001	资产名称		办公楼		
4	类别编号	011	类别名称		房屋建筑物		
5	增加方式	在建工程转入	部门名称		办公室		
6	使用状况	在用	存放地点		办公室		
7	使用年限(工作量)	50	开始使用日期	2010年1月1日	折旧方法	年限平均法	
8	已提折旧月数(工作	67	尚可使用月数(工作量)	533	本期工作量	0	
9	原值	1 250 000.00	净残值率	5.00%	净残值	62 500.00	

图 5.14　其他公式计算结果

☞ **知识链接**

INDEX 函数(查找与引用函数)表示返回数组中指定的单元格或单元格数组的数值。该函数的语法规则如下:

INDEX(array, row_num, column_num)

具有以下参数:

array 为单元格区域或数组常量。

row_num 用于选择要从中返回值的数组中的行。如果省略 row_num,则需要使用 column_num。column_num 用于选择要从中返回值的数组中的列。如果省略 column_num,则需要使用 row_num。

☞ **知识链接**

MATCH 函数(查找与引用函数)返回指定数值在指定数组区域中的位置。该函数的语法规则如下:

MATCH(lookup_value, lookup_array, match_type)

具有以下参数:

lookup_value:需要在数据表(lookup_array)中查找的值,可以为数值(数字、文本或逻辑值)或对数字、文本或逻辑值的单元格引用,可以包含通配符、星号（＊）和问号（?）。星号可以匹配任何字符序列;问号可以匹配单个字符。

（续上）

lookup_array：可能包含有所要查找数值的连续的单元格区域，区域必须是某一行或某一列，即必须为一维数据，引用的查找区域是一维数组。

match_type：表示查询的指定方式，用数字－1、0或者1表示。为1时，查找小于或等于lookup_value的最大数值在lookup_array中的位置，lookup_array必须按升序排列；为0时，查找等于lookup_value的第一个数值，lookup_array按任意顺序排列；为－1时，查找大于或等于lookup_value的最小数值在lookup_array中的位置，lookup_array必须按降序排列。

步骤7 在A11单元格中输入公式“＝IF(F7＝"","",IF(F7＝"工作量法","期间","年份"))”。

公式说明：当折旧方法为“工作量法”时，每期折旧额是按照固定资产实际工作量情况计算的，此时A11单元格内容改为“期间”，其他折旧方法下对应内容为“年份”。

步骤8 在A12单元格中输入数字0，表示第0年。

步骤9 在G12单元格中输入公式“＝B9”。因为折余价值等于固定资产原值减去固定资产折旧后的价值，即固定资产在第0年的折余价值等于固定资产原值。

步骤10 输入“年份或期间”公式。在A13单元格中输入公式“＝IF($F$7＝"","",IF($F$7＝"工作量法",YEAR($G$2)&"年"&MONTH($G$2)&"月",IF(ROW()－ROW($A$12)<＝$B$7,ROW()－ROW($A$12),"")))”。

公式说明：先判断该项固定资产的折旧方法，如果折旧方法为“工作量法”，则返回值为当前制表年月；如果折旧方法为其他方法，返回值为不同的年份，直至已提折旧的年份等于使用年限。

☞ 知识链接

ROW函数(查找与引用函数)返回一个引用的行号。该函数的语法规则如下：

ROW(reference)

具有以下参数：

reference表示需要得到其行号的单元格或单元格区域。

如果省略reference，则假定是对函数ROW所在单元格的引用。

步骤11 计算“年折旧额”。在B13单元格中输入公式“＝IF(A13＝"","",IF($F$7＝"年限平均法",SLN($B$9,$F$9,$B$7),IF($F$7＝"双倍余额递减法",IF(A13<＝$B$7－2,DDB($B$9,$F$9,$B$7,A13),(INDEX($G$13:$G$200,MATCH($B$7－2,$A$13:$A$200,0))－$F$9)/2),IF($F$7＝"年数总和法",SYD($B$9,$F$9,$B$7,A13),"")))))”。

公式说明：判断该项固定资产的折旧方法，并运用不同的折旧函数计算年折旧额。

步骤12 计算“年折旧率”。在C13单元格中输入公式“＝IF(A13＝"","",IF($F$7＝"年限平均法",(1－$D$9)/$B$7,IF($F$7＝"双倍余额递减法",2/$B$7,IF($F$7＝"年数总和法",($B$7－A13)/($B$7*($B$7＋1)/2),"")))))”。

步骤13 输入“月折旧额”公式。在D13单元格中输入公式“＝IF(A13＝"","",IF($F$7＝"工作量法",($B$9－$F$9)/$B$7*$F$8,ROUND(B13/12,2)))”。

☞ **知识链接**

> ROUND 函数,按指定的位数对数值进行四舍五入。该函数的语法规则如下:
>
> ROUND（number，num_digits）
>
> 具有以下参数:
>
> number 表示需要四舍五入的数字。
>
> num_digits 表示按此位数对 number 参数进行四舍五入。

步骤 14 计算"月折旧率"。在 E13 单元格中输入公式"＝IF(A13＝"","",IF(C13＝"","",ROUND(C13/12,4)))"。

步骤 15 计算"累计折旧额"。在 F13 单元格中输入公式"＝IF(A13＝"","",IF(E13＝"","",F12＋B13))"。

步骤 16 计算固定资产在此期间扣除折旧后的"折余价值"。在 G13 单元格中输入公式"＝IF(A13＝"","",IF(F13＝"","",＄G＄12－F13))"。

步骤 17 选择 A13:G13 单元格区域,拖动该区域右下角的填充柄向下复制公式,计算出其他年份的折旧额和折旧率等项目。完成固定资产卡片的制作工作,效果如图 5.15 和图 5.16 所示。

图 5.15 年限平均法下固定资产卡片

固定资产卡片						
卡片编号	0001				日期	2015年9月30日
资产编号	021004	资产名称	电脑			
类别编号	021	类别名称	办公设备			
增加方式	直接购入	部门名称	办公室			
使用状况	在用	存放地点	办公室			
使用年限（工作量）	5	开始使用日期	2014年1月1日	折旧方法	双倍余额递减法	
已提折旧月数（工作量）	19	尚可使用月数（工作量）	41	本期工作量	0	
原值	4,800.00	净残值率	3.00%	净残值	144.00	
折旧额计算						
年份	年折旧额	年折旧率	月折旧额	月折旧率	累计折旧额	折余价值
0						4 800.00
1	1 920.00	0.40	160.00	0.03	1 920.00	2 880.00
2	1 152.00	0.40	96.00	0.03	3 072.00	1 728.00
3	691.20	0.40	57.60	0.03	3 763.20	1 036.80
4	446.40	0.40	37.20	0.03	4 209.60	590.40
5	446.40	0.40	37.20	0.03	4 656.00	144.00

图 5.16　双倍余额法下固定资产卡片

5.3.3　拓展任务

根据拓展任务 5.2.3 中完成的“辉煌电脑公司固定资产清单”，为该公司创建固定资产卡片。辉煌电脑公司固定资产卡片格式，如图 5.17 所示。

辉煌电脑公司固定资产卡片					
卡片编号				日期	
固定资产编号		固定资产名称			
类别编号		类别名称			
规格型号		部门名称			
增加方式		存放地点			
使用状况		使用年限		折旧方法	
开始使用日期		已计提月份		尚可使用月份	
原值		净残值率		净残值	
折旧额计算					
年份	年折旧额		月折旧额	累计折旧	年末折余价值
0					
1					
2					
3					
4					
5					

图 5.17　辉煌电脑公司固定资产卡片

要求：固定资产卡片的数据均可定义公式从辉煌电脑公司固定资产清单中获取。

任务5.4 固定资产数据管理与折旧分析

5.4.1 任务分析

通过前面所述的操作处理，琼源食品有限公司已建立了基本的固定资产信息库，并按月对每项固定资产进行了折旧计算。但要将这些资源用于日常管理，还需要掌握如何在该信息库中执行排序、筛选、分类汇总和数据透视表等数据管理和分析功能。

5.4.1.1 数据的排序

排序是指先将工作表中的数据按用户的要求进行排序，再要求按排序的规律快速查找相应的内容。需要注意的是，由于排序后改变了原来工作表中各条记录的相对位置，因此，排序之前，最好能将原来的固定资产卡片清单复制到另一个工作表中，这样就不会破坏原来固定资产卡片顺序了。

5.4.1.2 数据的筛选

（1）自动筛选，是对被分析的工作表标题栏右边加上一个操作按钮，用鼠标单击此按钮时，屏幕上出现一个下拉式菜单。菜单内罗列了该标题栏下的不重复的全部记录条目，供操作者为筛选条件予以使用。同时，菜单内还提示一个"自定义"条目，可以在选定的某一字段里加入有关自定义的筛选条件，如等于、大于、小于某某数；或者加上"与""或"逻辑操作而加入有关自定义的筛选区域。

（2）高级筛选，是用来定义更为复杂的筛选条件，它不仅可以在原来工作表中生成筛选结果，而且还可以把筛选结果显示在其他位置而生成另一张工作表，可以在操作时，任意选定数据区域，也可以在操作时使用条件区域。

（3）清除筛选，对经过筛选后的数据清单进行第二次筛选时，之前的筛选将被清除。

5.4.1.3 数据的分类汇总

数据的分类汇总是指在 Excel 表格中按照不同类别对数据进行汇总统计。分类汇总采用分级显示的方式显示数据，可以收缩或展开工作表的行数据或列数据，实现各种汇总统计。

5.4.1.4 数据透视表

数据透视表是一种交互式的表格，它所具有的透视和筛选功能，使其具有极强的数据分析能力，它可以转化行或列以查看源数据的不同汇总结果，可以显示不同页面筛选数据，还可以根据需要显示区域中的明细数据。

5.4.2 任务实现步骤

5.4.2.1 利用筛选功能进行固定资产数据的查询

步骤1 打开"固定资产信息库"工作簿，切换到"固定资产清单"工作表，选中需要筛选的工作表区域，选择"数据"菜单中的"筛选"功能，工作表便进入筛选状态，结果如图 5.18 所示。

步骤2 单击"开始使用日期"下拉按钮，选择"2014""2015"复选框，即可查询 2014 年（包括 2014 年）以后新增的固定资产，如图 5.19 所示。

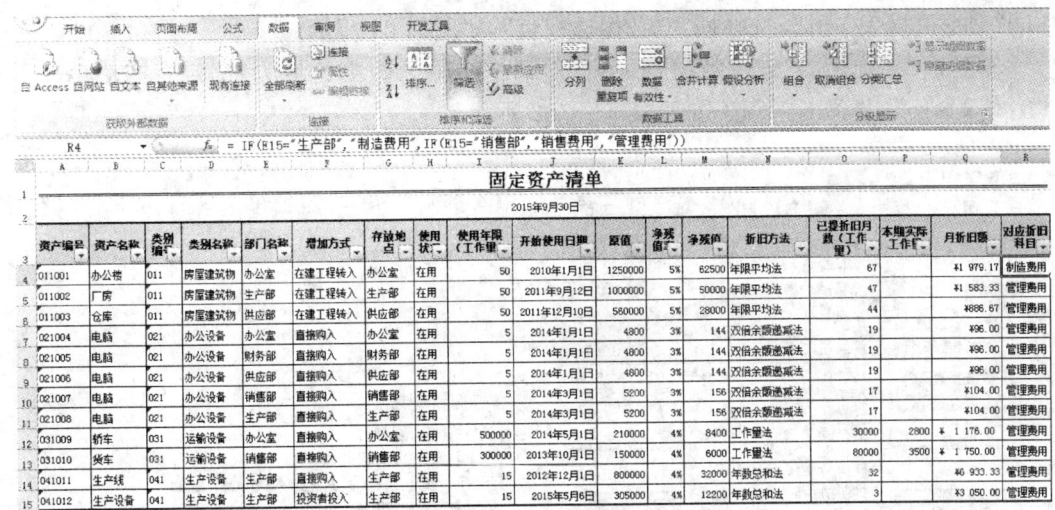

图 5.18　进入筛选状态

图 5.19　多重条件筛选

步骤 3　单击"增加方式"下拉按钮,选择"在建工程转入"复选框,即可查询增加方式为"在建工程转入"的固定资产,如图 5.20 所示。

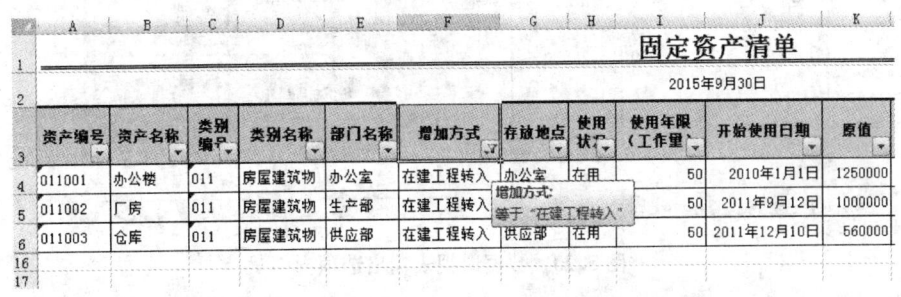

图 5.20　单一条件筛选

5.4.2.2　使用数据透视表分析折旧费用

步骤 1　在"固定资产清单"数据表数据区域中单击选定任意单元格,选择"插入"菜单栏中的"数据透视表"功能,选择插入"数据透视表",如图 5.21 所示。

步骤 2 在弹出的"创建数据透视表"对话框中输入数据区域为"固定资产清单! $A $3:$R$15",并单击"确定"按钮,如图 5.22 所示。

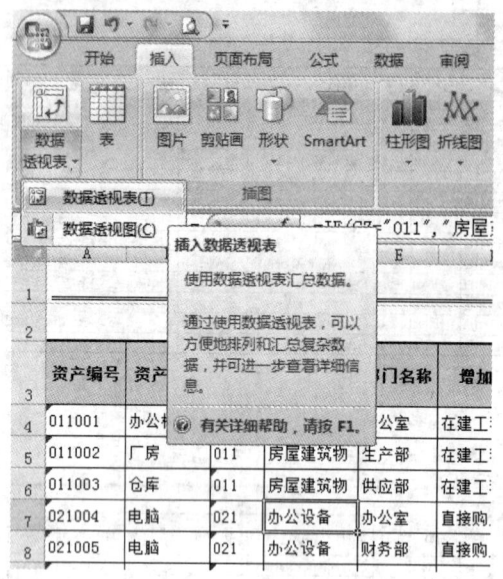

图 5.21 插入数据透视表

图 5.22 创建数据透视表

步骤 3 进入用于存放透视数据的新工作表,如图 5.23 所示。

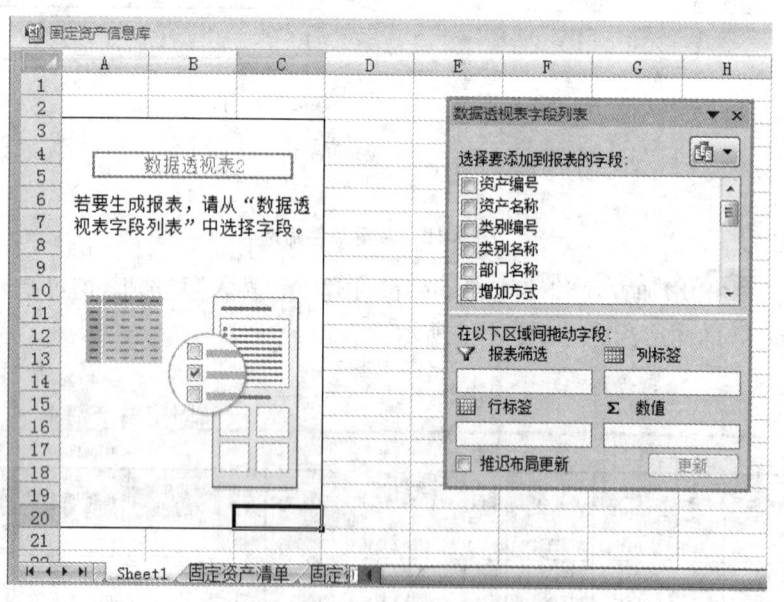

图 5.23 数据透视表输出选项界面

步骤 4 将"资产名称"拖到"报表筛选"区域,将"对应折旧科目""部门名称"拖到"行标签"区域,将"月折旧额"拖到"数值"区域,生成的透视图如图 5.24 所示。

步骤 5 此外,还可以在该表中灵活地根据需要修改工作表的布局。

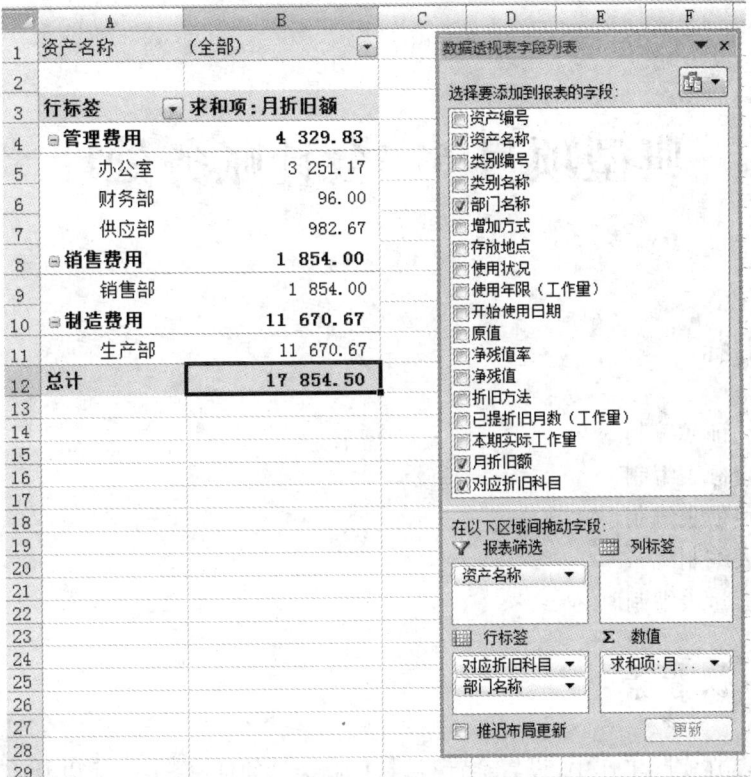

图 5.24　数据透视表

5.4.3　拓展任务

根据拓展任务 5.2.3 中完成的"辉煌电脑公司固定资产清单",按部门使用数据透视表分析固定资产折旧。

实 战 训 练

吉大卢卡公司的固定资产清单如表 5.7 所示。请为该公司建立固定资产管理模型,包括固定资产卡片,并进行数据分析。

表 5.7　　　　　　　　　　　吉大卢卡公司固定资产清单

卡片编号	固定资产名称	类别	使用部门	增加方式	使用年限	开始使用日期	原值	累计折旧	已计提月份	月折旧
00001	厂房	厂房建筑	生产部	在建工程转入	20	2014-07-01	2 200 000.00	69 666.67	8	8 708.33
00002	轿车	交通工具	综合管理部	直接购入	5	2014-08-01	380 000.00	42 116.67	7	6 016.67
00003	商务车	交通工具	销售部	直接购入	5	2014-07-01	270 000.00	34 200.00	8	4 275.00
00004	1号车床	机器设备	生产部	投资者投入	10	2014-07-01	560 000.00	35 466.67	8	4 433.33
00005	2号车床	机器设备	生产部	直接购入	10	2014-08-01	280 000.00	15 516.67	7	2 216.67
00006	装配设备	机器设备	生产部	直接购入	10	2014-09-01	170 000.00	8 075.00	6	1 345.83
00007	计算机	电子设备	综合管理部	直接购入	3	2014-11-01	4 500.00	475.00	4	118.75
00008	计算机	电子设备	销售部	直接购入	3	2014-12-01	4 500.00	356.25	3	118.75
00009	传真机	电子设备	采购部	直接购入	3	2014-12-01	1 000.00	79.17	3	26.39
合计:(共计卡片9张)							3 870 000.00	205 952.08		27 259.72

典型项目 6 会计账务处理

➤ 项目目标

1. 记账凭证簿编制
2. 科目余额表编制
3. 资产负债表编制
4. 利润表编制
5. 现金流量表编制

➤ 项目知识背景

财务角度：在实际工作中，设置会计科目、填制会计凭证、登记账簿以及编制会计报表等会计核算方法，并不是单独运行，孤立存在，而是以一定形式相互结合在一起的。会计凭证的取得和填制是会计工作的始点，也是登记账簿的依据，而会计凭证种类的选择、格式的设置是由办理的业务和登记账簿的要求所决定的，账簿对会计凭证记录的零散的经济业务，连续、系统地进行了记录，同时又为编制会计报表提供了资料，会计报表的种类、格式和项目是由政府宏观经济管理和会计报表使用者的要求所决定的。由此可见，会计凭证、账簿、报表的种类、格式和内容，取决于会计工作的安排和经济管理的要求。

Excel 技巧：利用数据有效性、筛选、工作表的移动或复制、sumifs、VLOOKUP、IFFERROR 和 SUBTOTAL 等功能和函数。

➤ 项目任务

根据下列凭证和报表的案例样式，完成一个会计账务处理的简易系统。相关资料，如表 6.1 至表 6.7 所示。

表 6.1 会计科目表

科目编码	总账科目	明细 1	明细 2	明细 3	明细 4	明细 5	明细 6	明细 7	明细 8
1001	库存现金								
1002	银行存款	工商银行	建设银行	中国银行					
1015	其他货币资金	银行汇票	银行本票						

（续表）

科目编码	总账科目	明细1	明细2	明细3	明细4	明细5	明细6	明细7	明细8
1101	交易性金融资产								
1121	应收票据								
1122	应收账款	上海万联	天津广达						
1123	预付账款								
1131	应收股利								
1231	其他应收款								
1241	坏账准备								
1401	材料采购								
1403	原材料	不锈钢板	玻璃板	PP1电子配件	Z3电子配件				
1404	材料成本差异								
1406	库存商品	Z230-5烤箱	Z350-8烤箱						
1407	发出商品								
1411	周转材料	工作服	手套	包装箱					
1511	长期股权投资								
1601	固定资产								
1602	累计折旧								
1606	固定资产清理								
1701	无形资产								
1702	累计摊销								
1801	长期待摊费用								
1901	待处理财产损溢								
2001	短期借款								
2201	应付票据								
2202	应付账款	广州西联							
2205	预收账款								
2211	应付职工薪酬	工资	应付福利费	社会保险	住房公积金	教育经费	工会经费		
2221	应交税费	应交增值税——进项税额	应交增值税——销项税额	应交增值税——转出增值税	未交增值税	应交城市维护建设税	应交教育费附加	应交地方教育费附加	应交个人所得税
2232	应付利息								

（续表）

科目编码	总账科目	明细1	明细2	明细3	明细4	明细5	明细6	明细7	明细8
2241	其他应付款	江苏百汇	沈阳旺达						
2601	长期借款								
2602	应付债券								
4001	实收资本	上海嘉华	天津吉大						
4002	资本公积								
4101	盈余公积								
4103	本年利润								
4104	利润分配	未分配利润							
5001	生产成本	直接材料	直接人工	制造费用					
5101	制造费用								
6001	主营业务收入	Z230-5烤箱	Z350-8烤箱						
6051	其他业务收入								
6111	投资损益								
6301	营业外收入								
6401	主营业务成本	Z230-5烤箱	Z350-8烤箱						
6402	其他业务支出								
6403	营业税金及附加								
6601	销售费用								
6602	管理费用	职工薪资	办公费						
6603	财务费用	手续费	利息收入						
6711	营业外支出								
6801	所得税费用								

表 6.2   **记 账 凭 证 簿**

唯一码	凭证号	年度	月	日	凭证类型	凭证号码	摘要	总账科目	明细科目	借方金额	贷方金额
20151记11	20151记1	2015	1	1	记	1	提现	库存现金		2 000.00	
20151记12	20151记1	2015	1	1	记	1	提现	银行存款	中国银行		2 000.00
20151记21	20151记2	2015	1	2	记	2	收款	银行存款	工商银行	10 000.00	
20151记22	20151记2	2015	1	2	记	2	收款	应收账款	天津广达		10 000.00
20151记31	20151记3	2015	1	3	记	3	购料	原材料	PPl电子配件	20 000.00	
20151记32	20151记3	2015	1	3	记	3	购料	应交税费	应交增值税 ——进项税额	3 400.00	

（续表）

唯一码	凭证号	年度	月	日	凭证类型	凭证号码	摘　要	总账科目	明细科目	借方金额	贷方金额
20151记33	20151记3	2015	1	3	记	3	购料	银行存款	工商银行		23 400.00
20151记41	20151记4	2015	1	3	记	4	购固定资产	固定资产		10 000.00	
20151记42	20151记4	2015	1	3	记	4	购固定资产	银行存款	建设银行		10 000.00
20151记51	20151记5	2015	1	5	记	5	支付工资	应付职工薪酬	工资	18 000.00	
20151记52	20151记5	2015	1	5	记	5	支付工资	银行存款	工商银行		17 500.00
20151记61	20151记6	2015	1	5	记	5	支付工资	应交税费	应交个人所得税		500.00
20151记62	20151记6	2015	1	20	记	6	销售	应收账款	上海万联	700 000.00	
20151记63	20151记6	2015	1	20	记	6	销售	主营业务收入			598 290.60
20151记71	20151记7	2015	1	20	记	6	销售	应交税费	应交增值税——销项税额		101 709.40
20151记72	20151记7	2015	1	20	记	7	结转销售成本	主营业务成本	Z230-5 烤箱	500 000.00	
20151记73	20151记7	2015	1	20	记	7	结转销售成本	库存商品	Z350-8 烤箱		500 000.00

表6.3　　　　　　　　　　　　　　　　　记账凭证模板

记 账 凭 证

2015 年 1 月 1 日　　　　　　　　　　　　　记字第 1 号

摘　要	会 计 科 目		借方金额	贷方金额	记账√
	总账科目	明细科目			
提现	库存现金		2 000.00		
提现	银行存款	中国银行		2 000.00	
合　　计			￥2 000.00	￥2 000.00	

主管：　　　　　记账：　　　　　出纳：　　　　　审核：　　　　　制单：

附单据张

表6.4　　　　　　　　　　　　　　　　　科 目 余 额 表

2015 年 1 月

顺序号	科目编码	总账科目	期初余额		本期发生额		期末余额	
			借方	贷方	借方	贷方	借方	贷方
1	1001	库存现金	9 500.00		2 000.00		11 500.00	
2	1002	银行存款	502 054.00		10 000.00	52 900.00	459 154.00	
3	1015	其他货币资金						

（续表）

顺序号	科目编码	总账科目	期初余额		本期发生额		期末余额	
			借方	贷方	借方	贷方	借方	贷方
4	1101	交易性金融资产						
5	1121	应收票据						
6	1122	应收账款	651 355.00		700 000.00	10 000.00	1 341 355.00	
7	1123	预付账款						
8	1131	应收股利						
9	1231	其他应收款	94 700.00				94 700.00	
10	1241	坏账准备		4 500.00				4 500.00
11	1401	材料采购						
12	1403	原材料	640 281.00		20 000.00		660 281.00	
13	1404	材料成本差异	2 870.00				2 870.00	
14	1406	库存商品	1 036 000.00			500 000.00	536 000.00	
15	1407	发出商品						
16	1411	周转材料	182 200.00				182 200.00	
17	1511	长期股权投资	300 000.00				300 000.00	
18	1601	固定资产	23 028 050.00		10 000.00		23 038 050.00	
19	1602	累计折旧		5 099 949.00				5 099 949.00
20	1606	固定资产清理						
21	1701	无形资产	1 200 000.00				1 200 000.00	
22	1702	累计摊销		80 000.00				80 000.00
23	1801	长期待摊费用	90 045.00				90 045.00	
24	1901	待处理财产损溢						
25	2001	短期借款		100 000.00				100 000.00
26	2201	应付票据		50 000.00				50 000.00
27	2202	应付账款		1 461 292.00				1 461 292.00
28	2205	预收账款		54 000.00				54 000.00
29	2211	应付职工薪酬		18 000.00	18 000.00			
30	2221	应交税费		153 356.00	3 400.00	102 209.40		252 165.40
31	2232	应付利息						
32	2241	其他应付款		6 800.00				6 800.00
33	2601	长期借款						
34	2602	应付债券		1 200 000.00				1 200 000.00
35	4001	实收资本		18 210 000.00				18 210 000.00
36	4002	资本公积		120 000.00				120 000.00
37	4101	盈余公积		579 655.63				579 655.63
38	4103	本年利润						

（续表）

顺序号	科目编码	总账科目	期初余额		本期发生额		期末余额	
			借方	贷方	借方	贷方	借方	贷方
39	4104	利润分配		1 008 000.37				1 008 000.37
40	5001	生产成本	408 498.00				408 498.00	
41	5101	制造费用						
42	6001	主营业务收入				598 290.60		598 290.60
43	6051	其他业务收入						
44	6111	投资损益						
45	6301	营业外收入						
46	6401	主营业务成本			500 000.00		500 000.00	
47	6402	其他业务成本						
48	6403	营业税金及附加						
49	6601	销售费用						
50	6602	管理费用						
51	6603	财务费用						
52	6711	营业外支出						
53	6801	所得税费用						
		合计	28 145 553.00	28 145 553.00	1 263 400.00	1 263 400.00	28 824 653.00	28 824 653.00

表 6.5

资 产 负 债 表

2015 年 1 月 31 日

会企 01 表

编制单位： 单位:元

资　　产	行次	期初余额	期末余额	负债和所有者权益（或股东权益）	行次	期初余额	期末余额
流动资产：				流动负债：			
货币资金	1	511 554.00	470 654.00	短期借款	32	100 000.00	100 000.00
以公允价值计量且其变动计入当期损益的金融资产	2	0.00	0.00	以公允价值计量且其变动计入当期损益的金融负债	33	0.00	0.00
应收票据	3	0.00	0.00	应付票据	34	50 000.00	50 000.00
应收账款	4	646 855.00	1 336 855.00	应付账款	35	1 461 292.00	1 461 292.00
预付款项	5	0.00	0.00	预收款项	36	54 000.00	54 000.00
应收利息	6	0.00	0.00	应付职工薪酬	37	18 000.00	
应收股利	7		0.00	应交税费	38	153 356.00	252 165.40
其他应收款	8	94 700.00	94 700.00	应付利息	39	0.00	0.00
存货	9	2 269 849.00	1 789 849.00	应付股利	40	0.00	0.00
其中:消耗性生物资产		0.00	0.00	其他应付款	41	6 800.00	6 800.00

（续表）

资　　产	行次	期初余额	期末余额	负债和所有者权益 （或股东权益）	行次	期初余额	期末余额
一年内到期的非流动资产	10			一年内到期的非流动负债	42		
其他流动资产（待摊费用）	11			其他流动负债	43		
流动资产合计	12	3 522 958.00	3 692 058.00	流动负债合计	44	1 843 448.00	1 924 257.40
非流动资产：				非流动负债：			
可供出售金融资产	13			长期借款	45	0.00	0.00
持有至到期投资	14			应付债券	46	1 200 000.00	1 200 000.00
长期应收款	15			长期应付款	47	0.00	0.00
长期股权投资	16	300 000.00	300 000.00	专项应付款	48	0.00	0.00
投资性房地产	17			预计负债（预提费用）	49	0.00	0.00
固定资产	18	17 928 101.00	17 938 101.00	递延收益	50	0.00	0.00
在建工程	19			递延所得税负债	51	0.00	0.00
工程物资	20			其他非流动负债	52		
固定资产清理	21	0.00	0.00	非流动负债合计	53	1 200 000.00	1 200 000.00
生产性生物资产	22			负债合计	54	3 043 448.00	3 124 257.40
油气资产	23			所有者权益（或股东权益）：			
无形资产	24	1 120 000.00	1 120 000.00	实收资本（或股本）	55	18 210 000.00	18 210 000.00
开发支出	25			资本公积	56	120 000.00	120 000.00
商誉	26			减：库存股		0.00	0.00
长期待摊费用	27	90 045.00	90 045.00	其他综合收益	57	0.00	0.00
递延所得税资产	28			盈余公积	58	579 655.63	579 655.63
其他非流动资产	29			未分配利润	59	1 008 000.37	1 106 290.97
非流动资产合计	30	19 438 146.00	19 448 146.00	所有者权益（或股东权益）合计	60	19 917 656.00	20 015 946.60
资产总计	31	22 961 104.00	23 140 204.00	负债和所有者权益（或股东权益）总计	61	22 961 104.00	23 140 204.00

表 6.6

利　润　表

2015 年 1 月

会企 02 表

编制单位：

单位：元

项　　目	行次	本月金额	本年金额
一、营业收入	1	598 290.60	598 290.60
减：营业成本	2	500 000.00	500 000.00
营业税金及附加	3	0.00	0.00

（续表）

项　　　目	行次	本月金额	本年金额
销售费用	4	0.00	0.00
管理费用	5	0.00	0.00
财务费用	6	0.00	0.00
资产减值损失	7	0.00	0.00
加:公允价值变动收益(损失以"—"号填列)	8	0.00	0.00
投资收益(损失以"—"号填列)	9	0.00	0.00
其中:对联营企业和合营企业的投资收益	10		
二、营业利润(亏损以"—"号填列)	11	98 290.60	98 290.60
加:营业外收入	12	0.00	0.00
其中:非流动资产处置利得	13		
减:营业外支出	14	0.00	0.00
其中:非流动资产处置损失	15		
三、利润总额(亏损总额以"—"号填列)	16	98 290.60	98 290.60
减:所得税费用	17	0.00	0.00
四、净利润(净亏损以"—"号填列)	18	98 290.60	98 290.60
五、其他综合收益的税后净额	19		
(一)以后不能重分类进损益的其他综合收益	20		
1. 重新计量设定受益计划净负债或净资产的变动	21		
2. 权益法下在被投资单位不能重分类进损益的其他综合收益中享有的份额	22		
……	23		
(二)以后将重分类进损益的其他综合收益	24		
1. 权益法下在被投资单位以后将重分类进损益的其他综合收益中享有的份额	25		
2. 可供出售金融资产公允价值变动损益	26		
3. 持有至到期投资重分类为可供出售金融资产损益	27		
4. 现金流量套期损益的有效部分	28		
5. 外币财务报表折算差额	29		
……	30		
六、综合收益总额	31		
七、每股收益	32		
(一)基本每股收益	33		
(二)稀释每股收益	34		

表 6.7 现 金 流 量 表

2015 年 1 月

会企 03 表

编制单位：

单位:元

项　　目	行次	本月金额	累计金额
一、经营活动产生的现金流量			
销售商品、提供劳务收到的现金	1	10 000.00	10 000.00
收到的税费返还	2		
收到的其他与经营活动有关的现金	3		
现金流入小计	4	10 000.00	10 000.00
购买商品、接受劳务支付的现金	5	12 905.98	12 905.98
支付给职工以及为职工支付的现金	6	17 500.00	17 500.00
支付的各项税费	7		
支付的其他与经营活动有关的现金	8		
现金流出小计	9	30 405.98	30 405.98
经营活动产生的现金流量净额	10	−20 405.98	−20 405.98
二、投资活动产生的现金流量			
收回投资所收到的现金	11		
取得投资收益所收到的现金	12		
处置固定资产、无形资产和其他长期资产所收回的现金净额	13		
处置子公司及其他营业单位收到的现金净额			
收到的其他与投资活动有关的现金	14		
现金流入小计	15		
购建固定资产、无形资产和其他长期资产所支付的现金	16		
投资所支付的现金	17		
支付的其他与投资活动有关的现金	18		
现金流出小计	19		
投资活动产生的现金流量净额	20		
三、筹资活动产生的现金流量			
吸收投资所收到的现金	21		
借款所收到的现金	22		
收到的其他与筹资活动有关的现金	23		
现金流入小计	24		
偿还债务所支付的现金	25		
分配股利、利润或偿付利息所支付的现金	26		

（续表）

项　　目	行次	本月金额	累计金额
支付的其他与筹资活动有关的现金	27		
现金流出小计	28		
筹资活动产生的现金流量净额	29		
四、汇率变动对现金的影响额	30		
五、现金及现金等价物净增加额	31	－20 405.98	－20 405.98
加:期初现金及现金等价物	32	511 554.00	511 554.00
六、期末现金及现金等价物	33	491 148.02	491 148.02

任务 6.1　记账凭证簿编制

6.1.1　任务分析

记账凭证是会计信息系统的数据来源,在财务软件中记账凭证必须经过审核、记账等程序才能登记账簿和编制报表,当数据需要删改时也需要经过一定程序来完成。这里所做的简易快捷的账务处理系统,只要凭证填制完毕,科目余额表、资产负债表和利润表就自动生成。

6.1.2　任务实现步骤

为了凭证录入的准确,首先要建立"会计科目表",其次以列表的形式直接录入记账凭证簿。

6.1.2.1　设置会计科目表

步骤 1　建立"会计账务处理"工作簿,修改"sheet 1"工作表名"会计科目表",录入表 6.1 内容,如图 6.1 所示。

	A	B	C	D	E	F	G	H	I	J
1	科目编码	总账科目	明细1	明细2	明细3	明细4	明细5	明细6	明细7	明细8
2	1001	库存现金								
3	1002	银行存款	工商银行	建设银行	中国银行					
4	1015	其他货币资金	银行汇票	银行本票						
5	1101	交易性金融资产								
6	1121	应收票据								
7	1122	应收账款	上海万联	天津广达						
8	1123	预付账款								
9	1131	应收股利								
10	1231	其他应收款								
11	1241	坏账准备								
12	1401	材料采购								
13	1403	原材料	不锈钢板	玻璃板	PP1电子配件	Z3电子配件				
14	1404	材料成本差异								
15	1406	库存商品	Z230-5烤箱	Z350-8烤箱						
16	1407	发出商品								
17	1411	周转材料	工作服	手套	包装箱					

图 6.1　会计科目表

步骤 2 为了明细科目可以采用下拉方式快速录入,需先将明细科目定义名称,名称为其所属的总账科目名称,选中会计科目全部区域"B1:J54",单击"公式"选项卡上"定义的名称"组中的"根据所选的内容创建"按钮" 📇 "。选择"最左列",如图 6.2 所示。

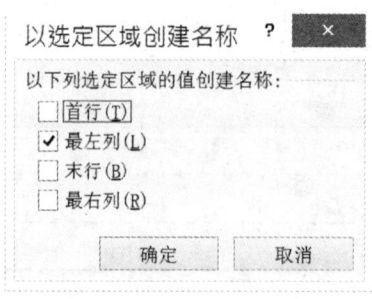

图6.2 明细科目的定义名称

6.1.2.2 建立记账凭证簿

步骤 1 修改"sheet 2"工作表名为"记账凭证簿"。参照表 6.2,建立记账凭证簿。

步骤 2 "唯一码"是为方便凭证查询和打印而建立的定位字段,选择 A2 单元格,输入公式"=B2 & COUNTIF($B$2:B2,B2)"。"凭证号"是同一张凭证的标志,也是"唯一码"生成的过渡字段,选择 B2 单元格,输入公式"=C2&D2&F2&G2"。

步骤 3 依次录入年度、月和日等标题对应的内容,可采用"="获取与上行重复的数据。

步骤 4 凭证类型对应的单元使用数据有效性,有效性的来源为"收,付,转,记"。

步骤 5 会计科目对应的单元使用数据有效性,来源为"会计科目表"中的 B 列。

步骤 6 明细科目对应的单元使用数据有效性,来源为"=INDIRECT(I2)",如图 6.3 所示。

图6.3 明细科目的数据有效性设定

注:I2 列为会计科目的一级科目,即总账科目。

步骤 7 继续录入表 6.2,参考图 6.4 内容录入,注意使用复制和下拉菜单。效果如图 6.5 所示。

唯一码	凭证号	年度	月	日	凭证类型	凭证号码	摘要	总账科目	明细科目	借方金额	贷方金额
=B2&COUNTIF($B$2:B2,B	=C2&D2&F2&G2	=2015	1	1	记	1	提现	库存现金		2000	
=B3&COUNTIF($B$2:B3,B	=C3&D3&F3&G3	=C2	=D2	=E2	=F2	=G2	=H2	银行存款	中国银行		2000
=B4&COUNTIF($B$2:B4,B	=C4&D4&F4&G4	=C3	=D3	=E3	=F3	2	收款	银行存款	工商银行	10000	
=B5&COUNTIF($B$2:B5,B	=C5&D5&F5&G5	=C4	=D4	=E4	=F4	=G4	=H4	应收账款	天津广达		10000
=B6&COUNTIF($B$2:B6,B	=C6&D6&F6&G6	=C5	=D5	3	=F5	3	购料	原料	PP1电子配件	20000	
=B7&COUNTIF($B$2:B7,B	=C7&D7&F7&G7	=C6	=D6	=E6	=F6	=G6	=H6	应税费	应交增值税——进项税额	=K6*0.17	
=B8&COUNTIF($B$2:B8,B	=C8&D8&F8&G8	=C7	=D7	=E7	=F7	=G7	=H7	银行存款	工商银行		=K6+K7
=B9&COUNTIF($B$2:B9,B	=C9&D9&F9&G9	=C8	1	3	=F8	4	固定资	固定资产		10000	
=B10&COUNTIF($B$2:B10	=C10&D10&F10&G10	=C9	=D9	=E9	=F9	=G9	=H9	银行存款	建设银行		=K9
=B11&COUNTIF($B$2:B11	=C11&D11&F11&G11	=C10	=D10	=E10	=F10	5	支付工	应付职工薪酬	工资	18000	
=B12&COUNTIF($B$2:B12	=C12&D12&F12&G12	=C11	=D11	=E11	=F11	=G11	=H11	银行存款	工商银行		17500
=B13&COUNTIF($B$2:B13	=C13&D13&F13&G13	=C12	=D12	20	=F12	=G12	=H12	应交税费	应交个人所得税		=K11-L12
=B14&COUNTIF($B$2:B14	=C14&D14&F14&G14	=C13	=D13	=E13	=F13	6	销售	应收账款	上海万联	700000	
=B15&COUNTIF($B$2:B15	=C15&D15&F15&G15	=C14	=D14	=E14	=F14	=G14	=H14	主营业务收入			=K14/1.17
=B16&COUNTIF($B$2:B16	=C16&D16&F16&G16	=C15	=D15	=E15	=F15	=G15	=H15	应交税费	应交增值税——销项税额		=K14-L15
=B17&COUNTIF($B$2:B17	=C17&D17&F17&G17	=C16	=D16	=E16	=F16	7	转销售成	主营业务成本	Z230-5烤箱	500000	
=B18&COUNTIF($B$2:B18	=C18&D18&F18&G18	=C17	=D17	=E17	=F17	=G17	=H17	库存商品	Z350-8烤箱		=K17

图6.4 记账凭证簿公式

唯一码	凭证号	年度	月	日	凭证类型	凭证号码	摘要	总账科目	明细科目	借方金额	贷方金额
20151记11	20151记1	2015	1	1	记	1	提现	库存现金		2 000.00	
20151记12	20151记1	2015	1	1	记	1	提现	银行存款	中国银行		2 000.00
20151记21	20151记2	2015	1	2	记	2	收款	银行存款	工商银行	10 000.00	
20151记22	20151记2	2015	1	2	记	2	收款	应收账款	天津广达		10 000.00
20151记31	20151记3	2015	1	3	记	3	购料	原材料	PP1电子配件	20 000.00	
20151记32	20151记3	2015	1	3	记	3	购料	应交税费	应交增值税——进项税额	3 400.00	
20151记33	20151记3	2015	1	3	记	3	购料	银行存款	工商银行		23 400.00
20151记41	20151记4	2015	1	3	记	4	购固定资产	固定资产		10 000.00	
20151记42	20151记4	2015	1	3	记	4	购固定资产	银行存款	建设银行		10 000.00
20151记51	20151记5	2015	1	5	记	5	支付工资	应付职工薪酬	工资	18 000.00	
20151记52	20151记5	2015	1	5	记	5	支付工资	银行存款	工商银行		17 500.00
20151记61	20151记6	2015	1	20	记	5	支付工资	应交税费	应交个人所得税		500.00
20151记62	20151记6	2015	1	20	记	6	销售	应收账款	上海万联	700 000.00	
20151记63	20151记6	2015	1	20	记	6	销售	主营业务收入			598 290.60
20151记71	20151记7	2015	1	20	记	6	销售	应交税费	应交增值税——销项税额		101 709.40
20151记72	20151记7	2015	1	20	记	7	结转销售成本	主营业务成本	Z230-5烤箱	500 000.00	
20151记73	20151记7	2015	1	20	记	7	结转销售成本	库存商品	Z350-8烤箱		500 000.00

图6.5 记账凭证簿

☞ 知识链接

INDIRECT 函数为间接引用,对引用立即进行计算,并显示其内容。当需要更改公式中单元格的引用,而不更改公式本身,使用此函数。该函数的语法规则如下:

$$INDIRECT(ref\_text,[a1])$$

具有以下参数:

ref_text 为对单元格的引用,此单元格可以包含 A1-样式的引用、R1C1-样式的引用、定义为引用的名称或对文本字符串单元格的引用。如果 ref_text 不是合法的单元格的引用,函数 INDIRECT 返回错误值♯REF! 或♯NAME?。

如果 ref_text 是对另一个工作簿的引用(外部引用),则工作簿必须被打开。如果源工作簿没有打开,函数 INDIRECT 返回错误值♯REF!。

a1 为一逻辑值,指明包含在单元格 ref_text 中的引用的类型。

如果 a1 为 TRUE 或省略,ref_text 被解释为 A1-样式的引用。

如果 a1 为 FALSE,ref_text 被解释为 R1C1-样式的引用。

6.1.2.3 查询记账凭证

步骤1 参照图6.6,建立记账凭证查询打印模板。

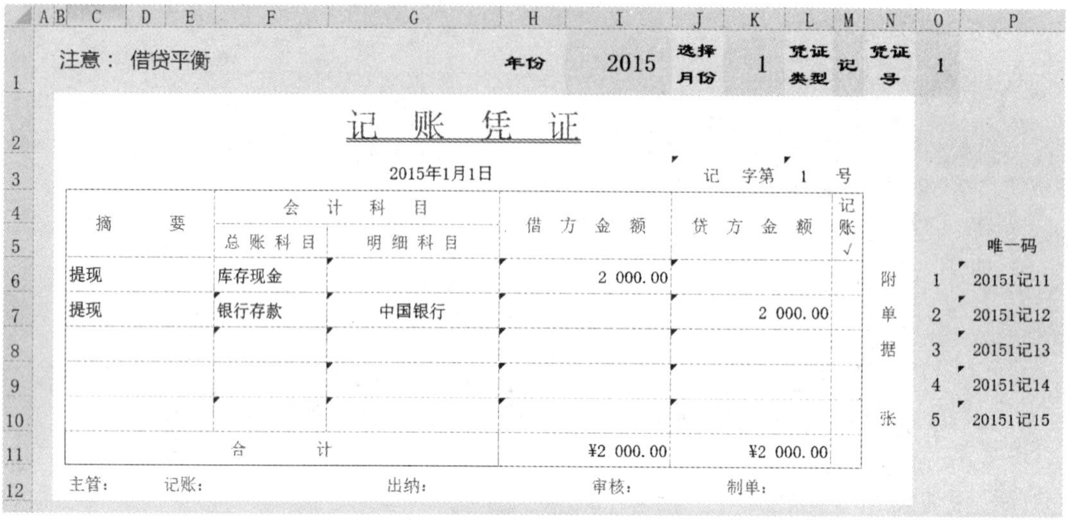

图 6.6 记账凭证查询打印模板

步骤2 为了校验凭证的借贷平衡,在单元 C1 录入公式"=IF(AND(H11=0,J11=0),"未有数据",IF(H11<>J11,"借贷未平","借贷平衡"))"。

步骤3 录入第一行的年份、月份、凭证类型和凭证号。

步骤4 为了与"记账凭证簿"工作表的"唯一码"相对应,首先在 O 列标注行号,在 P6 单元格录入公式"=$I$1&$K$1&$M$1&$O$1&O6",将单元格 I1、K1、M1 和 O1 的年份、月份、凭证类型、凭证号和凭证分录的行号合成凭证分录的"唯一码"。同理设置其他列。

步骤5 凭证日期可以通过第一行的录入信息和唯一码自动生成。参考公式如下:

G3=I1&"年"&K1&"月"&IFERROR(VLOOKUP(P6,记账凭证簿! A:K,5,0),"")&"日"

步骤6 使用 VLOOKUP 函数和唯一码查询出"记账凭证簿"中区域 C6:L11 相应内容。参考公式如下:

C6=IFERROR(VLOOKUP(P6,记账凭证簿! A:K,8,0),"")

F6 =IFERROR(VLOOKUP(P6,记账凭证簿! A:K,9,0),"")

G6 =IF(IFERROR(VLOOKUP(P6,记账凭证簿! A:K,10,0),"")=0,"",IFERROR(VLOOKUP(P6,记账凭证簿! A:K,10,0),""))

H6 =IF(IFERROR(VLOOKUP(P6,记账凭证簿! A:L,11,0),"")=0,"",IFERROR(VLOOKUP(P6,记账凭证簿! A:L,11,0),""))

J6=IF(IFERROR(VLOOKUP(P6,记账凭证簿! A:L,12,0),"")=0,"",IFERROR(VLOOKUP(P6,记账凭证簿! A:L,12,0),""))

步骤7 将第一条分录的公式复制到其他行。

6.1.2.4 打印记账凭证

步骤 1 打印存档的记账凭证,不需要凭证查询中的其他信息,因此只需打印区域 B2: N12。选中 B2:N12 单元格区域。

步骤 2 单击"页面布局"选项卡上"页面设置"组中的"打印区域",选择"设置打印区域",如图 6.7 所示。

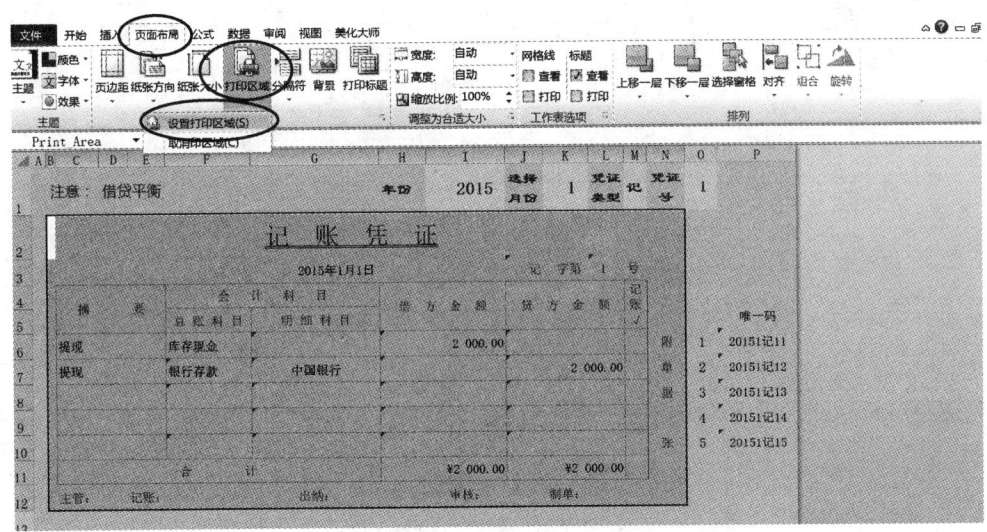

图 6.7 设置记账凭证打印区域

任务 6.2 科目余额表编制

6.2.1 任务分析

科目余额表也就是试算平衡表,是按照总账科目余额编制的,是编制财务报表的关键。其遵循下列公式:

资产类科目:期末借方余额=期初借方余额+本期借方发生额-本期贷方发生额。

负债和所有者权益类科目:期末贷方余额=期初贷方余额+本期贷方发生额-本期借方发生额。

"本期借方发生额"和"本期贷方发生额"是根据本期"记账凭证"汇总编制的。"记账凭证"的汇总是科目余额表的编制的关键任务。

6.2.2 任务实现步骤

6.2.2.1 编制科目余额表

步骤 1 参照表 6.4,新建工作表"科目余额表",总账科目直接从会计科目表引用。

步骤 2 参照表 6.4 录入期初余额,如图 6.8 所示。

6.2.2.2 设置发生额公式

步骤 1 录入本期发生额借方公式,参考如下:

顺序号	科目编码	总账科目	期初余额		本期发生额		期末余额	
			借方	贷方	借方	贷方	借方	贷方

科目余额表

2015　年　　1　月　　期间损益未结转，差额，　-98,290.60

1	1001	库存现金	9 500.00	-	2 000.00		11 500.00	-
2	1002	银行存款	502 054.00	-	10 000.00	52 900.00	459 154.00	-
3	1015	其他货币资金	-	-	-		-	-
4	1101	交易性金融资产	-	-	-		-	-
5	1121	应收票据	-	-	-		-	-
6	1122	应收账款	651 355.00	-	700 000.00	10 000.00	1 341 355.00	-
7	1123	预付账款	-	-	-		-	-
8	1131	应收股利	-	-	-		-	-
9	1231	其他应收款	94 700.00	-	-		94 700.00	-
10	1241	坏账准备		4 500.00	-		-	4 500.00
11	1401	材料采购	-	-	-		-	-
12	1403	原材料	640 281.00	-	20 000.00		660 281.00	-
13	1404	材料成本差异	2 870.00	-	-		2 870.00	-
14	1406	库存商品	1 036 000.00	-	-	500 000.00	536 000.00	-
15	1407	发出商品	-	-	-		-	-
16	1411	周转材料	182 200.00	-	-		182 200.00	-
17	1511	长期股权投资	300 000.00	-	-		300 000.00	-
18	1601	固定资产	23 028 050.00	-	10 000.00		23 038 050.00	-
19	1602	累计折旧	-	5 099 949.00	-		-	5 099 949.00
20	1606	固定资产清理	-	-	-		-	-
21	1701	无形资产	1 200 000.00	-	-		1 200 000.00	-
22	1702	累计摊销	-	80 000.00	-		-	80 000.00
23	1801	长期待摊费用	90 045.00	-	-		90 045.00	-
24	1901	待处理财产损溢	-	-	-		-	-

图 6.8　科目余额表

F5＝SUMIFS(记账凭证簿！＄K：＄K，记账凭证簿！＄I：＄I，C5，记账凭证簿！＄D：＄D，＄F＄2)

条件 1："记账凭证簿！＄I：＄I，C5"是为了取得总账科目等于单元格 C5（"库存现金"）的借方金额合计。

条件 2："记账凭证簿！＄D：＄D，＄F＄2"是为了取得月份等于单元格 F2（"1"）的借方金额合计。

步骤 2　同理，录入本期发生额贷方公式，参考如下：

G5 ＝SUMIFS(记账凭证簿！＄L：＄L，记账凭证簿！＄I：＄I，C5，记账凭证簿！＄D：＄D，＄F＄2)

步骤 3　向下复制。

☞ **知识链接**

sumifs 函数用于对一组给定条件指定的单元格进行求和。该函数的语法规则如下：

sumifs(sum_range，criteria_range1，criteria1，[riteria_range2，criteria2]···)

具有以下参数：

sum_range 是我们要求和的范围。

criteria_range1 是条件的范围。

criteria1 是条件。

后面的条件范围和条件可以增加。

6.2.2.3　设置期末余额公式

步骤1　录入期末余额借方公式,参考如下:

$$H5 = IF(D5-E5+F5-G5>0, D5-E5+F5-G5, 0)$$

使用了 IF 函数是为了过滤掉贷方余额。

步骤2　录入期末余额贷方公式,参考如下:

$$I5 = IF(E5-D5+G5-F5>0, E5-D5+G5-F5, 0)$$

使用了 IF 函数是为了过滤掉借方余额。

步骤3　向下复制。

6.2.2.4　损益类科目结转检测

步骤1　在 I2 计算出损益类科目的借贷差额,提示期间损益是否结转为零。参考公式如下:

$$I2 = SUM(F46:F57) - SUM(G46:G57)$$

☞ **知识链接**

会计期末结转本年利润的方法有表结法和账结法两种。

1. 表结法

表结法下,各损益类科目每月月末只需结计出本月发生额和月末累计余额,不结转到"本年利润"科目,只有在年末时才将全年累计余额结转入"本年利润"科目。但每月月末要将损益类科目的本月发生额合计数填入利润表的本月数栏,同时将本月月末累计余额填入利润表的本年累计数栏,通过利润表计算反映各期的利润(或亏损)。表结法下,年中损益类科目无需结转入"本年利润"科目,从而减少了转账环节和工作量,同时并不影响利润表的编制及有关损益指标的利用。

2. 账结法

账结法下,每月月末均需编制转账凭证,将在账上结计出的各损益类科目的余额结转入"本年利润"科目。结转后"本年利润"科目的本月合计数反映当月实现的利润或发生的亏损,"本年利润"科目的本年累计数反映本年累计实现的利润或发生的亏损。账结法在各月均可通过"本年利润"科目提供当月及本年累计的利润(或亏损)额,但增加了转账环节的工作量。

步骤2　设置损益类科目的借贷差额提示,参考公式如下:

$$H2 = IF(SUM(F46:F57) = SUM(G46:G57), "", "期间损益未结转,差额:")$$

6.2.3　拓展任务

上述制作"科目余额表"的方法只能编制某个月份的"科目余额表",当记账凭证簿录入整年的凭证时,就只能汇总累计的记账凭证,分不清月份。

6.2.3.1　建立期初余额及发生额表

期初余额及发生额表,如表 6.8 所示。

表 6.8

期初余额及发生额表

科目代码	科目名称	明细科目	年初借方余额	年初贷方余额	1月借方发生额	1月贷方发生额	1月借方余额	1月贷方余额	2月借方发生额	2月贷方发生额	2月借方余额	2月贷方余额
		合计	28 145 553.00	28 145 553.00	1 263 400.00	1 263 400.00	28 824 653.00	28 824 653.00			28 824 653.00	28 824 653.00
1001	库存现金		9 500.00		2 000.00		11 500.00				11 500.00	
1002	银行存款		502 054.00		10 000.00	52 900.00	459 154.00				459 154.00	
1015	其他货币资金											
1101	交易性金融资产											
1121	应收票据											
1122	应收账款		651 355.00		700 000.00	10 000.00	1 341 355.00				1 341 355.00	
1123	预付账款											
1131	应收股利											
1231	其他应收款		94 700.00				94 700.00				94 700.00	
1241	坏账准备			4 500.00				4 500.00				4 500.00
1401	材料采购											
1403	原材料		640 281.00		20 000.00		660 281.00				660 281.00	
1404	材料成本差异		2 870.00				2 870.00				2 870.00	
1406	库存商品		1 036 000.00			500 000.00	536 000.00				536 000.00	
1407	发出商品											
1411	周转材料		182 200.00				182 200.00				182 200.00	
1511	长期股权投资		300 000.00				300 000.00				300 000.00	

编号	科目名称	期初余额 借方	期初余额 贷方	本期发生额 借方	本期发生额 贷方	期末余额 借方	期末余额 贷方
1601	固定资产	23 028 050.00		10 000.00		23 038 050.00	
1602	累计折旧		5 099 949.00				5 099 949.00
1606	固定资产清理						
1701	无形资产	1 200 000.00				1 200 000.00	
1702	累计摊销		80 000.00				80 000.00
1801	长期待摊费用	90 045.00				90 045.00	
1901	待处理财产损溢						
2001	短期借款		100 000.00				100 000.00
2201	应付票据		50 000.00				50 000.00
2202	应付账款		1 461 292.00				1 461 292.00
2205	预收账款		54 000.00				54 000.00
2211	应付职工薪酬		18 000.00	18 000.00			
2221	应交税费		153 356.00	3 400.00	102 209.40		252 165.40
2232	应付利息						
2241	其他应付款		6 800.00				6 800.00
2601	长期借款		1 200 000.00				1 200 000.00
2602	应付债券		120 000.00				120 000.00
4001	实收资本		18 210 000.00				18 210 000.00

（续表）

科目代码	科目名称	明细科目	年初借方余额	年初贷方余额	1月借方发生额	1月贷方发生额	1月借方余额	1月贷方余额	2月借方发生额	2月贷方发生额	2月借方余额	2月贷方余额
4002	资本公积			120 000.00				120 000.00				120 000.00
4101	盈余公积			579 655.63				579 655.63				579 655.63
4103	本年利润											
4104	利润分配			1 008 000.37				1 008 000.37				1 008 000.37
5001	生产成本		408 498.00				408 498.00				408 498.00	
5101	制造费用											
6001	主营业务收入					598 290.60		598 290.60				598 290.60
6051	其他业务收入											
6111	投资损益											
6301	营业外收入											
6401	主营业务成本				500 000.00		500 000.00				500 000.00	
6402	其他业务支出											
6403	营业税金及附加											
6601	销售费用											
6602	管理费用											
6603	财务费用											
6711	营业外支出											
6801	所得税费用											

步骤1 依据表6.8建立期初余额及发生额表,以此类推到3~12月,如图6.9所示。

图6.9 期初余额及发生额表

步骤2 引入科目名称,录入年初借方余额和贷方余额。

步骤3 我们将"合计"放在数据的上方,方便观察借方数据和贷方数据是否相等。参考公式如下:

$$D3=SUBTOTAL(9,D:D),E3=SUBTOTAL(9,E:E)$$

在第一行的借贷数据上方测算各月数据是否平衡。

步骤4 计算各个月份的借方发生额和贷方发生额,使用多条件求和函数,即会计科目和月份都符合条件的数据汇总到科目余额表的相应位置。参考公式如下:

$$F4=SUMIFS(记账凭证簿!\$K:\$K,记账凭证簿!\$I:\$I,\$B4,记账凭证簿!\$D:\$D,LEFTB(F\$2,2))$$

其中:LEFTB(F\$2,2)取出的是"1月份借方发生额"的"1","记账凭证簿"的D列为月数。

步骤5 计算各个月份的借方余额和贷方余额。公式编制方法同科目余额表的期末余额。

1月借方余额参考公式如下:

$$H4=IF(D4-E4+F4-G4>0,D4-E4+F4-G4,0)$$

步骤6 同理,本工作表设置其他数据。

☞ **知识链接**

SUBTOTAL函数是功能强大的分类汇总统计函数,有两个参数,第一个为1~11(包含隐藏值)或101~111(忽略隐藏值)之间的数字;第二个为数据区域。该函数的语法规则如下:

$$SUBTOTAL(function\_num, ref1, ref2, \cdots)$$

其实function_num对应的有一些数字。

（续上）

具体情况,如表 6.9 所示。

表 6.9 SUBTOTAL 参数表

第一个参数值(function_num)		相当于的函数
包含隐藏值	不包含隐藏值	
1	101	AVERAGE
2	102	COUNT
3	103	COUNTA
4	104	MAX
5	105	MIN
6	106	PRODUCT
7	107	STDEV
8	108	STDEVP
9	109	SUM
10	110	VAR
11	111	VARP

举例:A2:C9 单元格区域为数据区。

在 A10 输入"=SUBTOTAL(1,A2:C9)",结果显示为数据区的算术平均值;

在 A11 输入"=SUBTOTAL(2,A2:C9)",结果显示为数据区的数值个数;

在 A12 输入"=SUBTOTAL(3,A2:C9)",结果显示为数据区的非空单元格数量;

在 A13 输入"=SUBTOTAL(4,A2:C9)",结果显示为数据区的最大值,以此类推。

6.2.3.2 设置科目余额表查询表

步骤 1 建立工作表"科目余额表查询"重新设置科目余额表的期初数据,根据科目余额表的月份取出该月初的余额,参考公式如下:

D5=VLOOKUP(C5,期初余额及发生额! B:BA, $F$2*4-1,FALSE)

E5=VLOOKUP(C5,期初余额及发生额! B$4:BA$56,$F$2*4,FALSE)

步骤 2 本期发生额公式和期末余额公式同原科目余额表。

任务 6.3 资产负债表编制

6.3.1 任务分析

资产负债表是反映企业某一特定日期(如月末、季末、半年末、年末等)财务状况的会计报表。它是根据"资产=负债+所有者权益"这一会计等式,依照一定的分类标准和顺序,将企业在一定日期的全部资产、负债和所有者权益项目进行适当分类、汇总、排列后编制而成的。

资产负债表项目主要是通过对本会计期间的会计核算记录的数据加以归集、整理而成，其项目资料来源有以下几个方面。

(一) 根据总账科目余额填列

(1) 资产负债表中有些项目可直接根据有关总账科目的余额填列，如"应收票据"和"短期借款"。

(2) 资产负债表中有些项目需要根据几个总账科目的余额计算填列。

"货币资金"项目，需根据"库存现金""银行存款"和"其他货币资金"三个总账科目的余额的合计数填列。

"未分配利润"项目应根据"本年利润"和"利润分配"科目的期末余额的合计数填列。

"存货"项目，需要根据"在途物资""原材料""周转材料""生产成本"和"库存商品"等余额的合计数填列。

(二) 根据总账所属明细账科目余额计算填列

(1) 资产负债表中的"应收账款""应付账款""预收账款"和"预付账款"项目应根据相关总账所属明细科目余额计算填列。

"应收账款"项目，应根据"应收账款"所属明细账的借方余额＋"预收账款"所属明细账的借方余额。

"预收账款"项目，应根据"应收账款"所属明细账的贷方余额＋"预收账款"所属明细账的贷方余额。

"应付账款"项目，应根据"应付账款"所属明细账的贷方余额＋"预付账款"所属明细账的贷方余额。

"预付账款"项目，应根据"应付账款"所属明细账的借方余额＋"预付账款"所属明细账的借方余额。

本案例采取简化填列，数字取自总账科目。

(2) 除以上几个项目外，其他负债类科目期末如出现借方余额，一般以"－"号填列，如"应交税费"项目。

(三) 根据总账科目和明细账科目余额分析计算填列

资产负债表中的有些项目，不能根据总账科目的余额直接计算填列，而需要根据总账科目和相关明细账科目的余额分析计算填列。

如"长期借款"项目，需要根据"长期借款"总账科目余额扣除"长期借款"总账科目所属的明细科目中将在 1 年内到期的长期借款金额分析计算填列。本案例采取简化填列，数字取自总账科目。

6.3.2 任务实现步骤

步骤 1 在"会计账务处理"工作簿中新建"资产负债表"工作表，参照图 6.10，编制资产负债表样式。

步骤 2 资产负债表日期自动取自科目余额表，科目余额表的日期有"年"和"月"，资产负债表的日期通常为月末，因此建立一个过度区域 K5：L16，录入 1～12 和 1～12 月的月末

	A	B	C	D	E	F	G	H
1			资　产　负　债　表					
2				2015年1月31日				会企01表
3	编制单位:							单位: 元
4	资　　产	行次	期初余额	期末余额	负债和所有者权益（或股东权益）	行次	期初余额	期末余额
5	流动资产:				流动负债:			
6	货币资金	1	511 554.00	470 654.00	短期借款	32	100 000.00	100 000.00
7	以公允价值计量且其变动计入当期损益的金融资产	2	0.00	0.00	以公允价值计量且其变动计入当期损益的金融负债	33	0.00	0.00
8	应收票据	3	0.00	0.00	应付票据	34	50 000.00	50 000.00
9	应收账款	4	646 855.00	1 336 855.00	应付账款	35	1 461 292.00	1 461 292.00
10	预付款项	5	0.00	0.00	预收款项	36	54 000.00	54 000.00
11	应收利息	6	0.00	0.00	应付职工薪酬	37	18 000.00	
12	应收股利	7		0.00	应交税费	38	153 356.00	252 165.40
13	其他应收款	8	94 700.00	94 700.00	应付利息	39	0.00	0.00
14	存货	9	2 269 849.00	1 789 849.00	应付股利	40	0.00	
15	其中: 消耗性生物资产		0.00	0.00	其他应付款	41	6 800.00	6 800.00
16	一年内到期的非流动资产	10			一年内到期的非流动负债	42		
17	其他流动资产(待摊费用)	11			其他流动负债	43		
18	流动资产合计	12	3 522 958.00	3 692 058.00	流动负债合计	44	1 843 448.00	1 924 257.40
19	非流动资产:				非流动负债:			
20	可供出售金融资产	13			长期借款	45	0.00	0.00
21	持有至到期投资	14			应付债券	46	1 200 000.00	1 200 000.00
22	长期应收款	15			长期应付款	47	0.00	0.00
23	长期股权投资	16	300 000.00	300 000.00	专项应付款	48	0.00	0.00
24	投资性房地产	17			预计负债(预提费用)	49	0.00	0.00
25	固定资产	18	17 928 101.00	17 938 101.00	递延收益	50	0.00	0.00
26	在建工程	19			递延所得税负债	51	0.00	0.00
27	工程物资	20			其他非流动负债	52		
28	固定资产清理	21	0.00		非流动负债合计	53	1 200 000.00	1 200 000.00
29	生产性生物资产	22			负　债　合　计	54	3 043 448.00	3 124 257.40
30	油气资产	23			所有者权益（或股东权益）:			
31	无形资产	24	1 120 000.00	1 120 000.00	实收资本（或股本）	55	18 210 000.00	18 210 000.00
32	开发支出	25			资本公积	56	120 000.00	120 000.00
33	商誉	26			减: 库存股		0.00	0.00
34	长期待摊费用	27	90 045.00	90 045.00	其他综合收益	57	0.00	0.00
35	递延所得税资产	28			盈余公积	58	579 655.63	579 655.63
36	其他非流动资产	29			未分配利润	59	1 008 000.37	1 106 290.97
37	非流动资产合计	30	19 438 146.00	19 448 146.00	所有者权益（或股东权益）合计	60	19 917 656.00	20 015 946.60
38	资　产　总　计	31	22 961 104.00	23 140 204.00	负债和所有者权益（或股东权益）总计	61	22 961 104.00	23 140 204.00

图 6.10　资产负债表

日期, 如图 6.11 所示。

	J	K	L
1			
2			
3			
4			31
5		1	31
6		2	28
7		3	31
8		4	30
9		5	31
10		6	30
11		7	31
12		8	31
13		9	30
14		10	31
15		11	30
16		12	31

图 6.11　月末日期

步骤 3　根据"科目余额表查询"的月份查找出本月月末日期。选择单元格 l4, 录入公式 "＝VLOOKUP(科目余额表查询! F2,K5:L16,2,0)"。

步骤4　利用公式自动获取"科目余额表查询"的年月,并加上月末的日期,形成"资产负债表"的日期。录入 C2 公式"＝科目余额表查询! D2&"年"& 科目余额表查询! F2&"月"&L4&"日""。

步骤5　参照表6.10和表6.11,录入报表公式。

表 6.10　　　　　　　　　　　　　资产负债表公式

资　　　产	行次	期 初 余 额	期 末 余 额
流动资产:			
货币资金	1	=VLOOKUP("库存现金",科目余额表查询! $C: $I,2,0)+VLOOKUP("银行存款",科目余额表查询! $C: $I,2,0)+VLOOKUP("其他货币资金",科目余额表查询! $C: $I,2,0)	=VLOOKUP("库存现金",科目余额表查询! $C: $I,6,0)+VLOOKUP("银行存款",科目余额表查询! $C: $I,6,0)+VLOOKUP("其他货币资金",科目余额表查询! $C: $I,6,0)
以公允价值计量且其变动计入当期损益的金融资产	2	=VLOOKUP("交易性金融资产",科目余额表查询! $C: $I,2,0)	=VLOOKUP("交易性金融资产",科目余额表查询! $C: $I,6,0)
应收票据	3	=VLOOKUP("应收票据",科目余额表查询! $C: $I,2,0)	=VLOOKUP("应收票据",科目余额表查询! $C: $I,6,0)
应收账款	4	=VLOOKUP("应收账款",科目余额表查询! $C: $I,2,0)−IFERROR(VLOOKUP("坏账准备",科目余额表查询! $C: $I,3,0),0)	=VLOOKUP("应收账款",科目余额表查询! $C: $I,6,0)−IFERROR(VLOOKUP("坏账准备",科目余额表查询! $C: $I,7,0),0)
预付款项	5	=VLOOKUP("预付账款",科目余额表查询! $C: $I,2,0)	=VLOOKUP("预付账款",科目余额表查询! $C: $I,6,0)
应收利息	6	=IFERROR(VLOOKUP("应收利息",科目余额表查询! $C: $I,2,0),0)	=IFERROR(VLOOKUP("应收利息",科目余额表查询! $C: $I,6,0),0)
应收股利	7	=IFERROR(VLOOKUP("应收股利",科目余额表查询! $C: $I,2,0),0)	=IFERROR(VLOOKUP("应收股利",科目余额表查询! $C: $I,6,0),0)
其他应收款	8	=VLOOKUP("其他应收款",科目余额表查询! $C: $I,2,0)	=VLOOKUP("其他应收款",科目余额表查询! $C: $I,6,0)
存货	9	=VLOOKUP("原材料",科目余额表查询! $C: $I,2,0)+VLOOKUP("库存商品",科目余额表查询! $C: $I,2,0)+VLOOKUP("材料成本差异",科目余额表查询! $C: $I,2,0)+VLOOKUP("发出商品",科目余额表查询! $C: $I,2,0)+VLOOKUP("周转材料",科目余额表查询! $C: $I,2,0)+VLOOKUP("材料采购",科目余额表查询! $C: $I,2,0)+VLOOKUP("生产成本",科目余额表查询! $C: $I,2,0)"消耗性生物资产"	=VLOOKUP("原材料",科目余额表查询! $C: $I,6,0)+VLOOKUP("库存商品",科目余额表查询! $C: $I,6,0)+VLOOKUP("材料成本差异",科目余额表查询! $C: $I,6,0)+VLOOKUP("发出商品",科目余额表查询! $C: $I,6,0)+VLOOKUP("周转材料",科目余额表查询! $C: $I,6,0)+VLOOKUP("材料采购",科目余额表查询! $C: $I,6,0)+VLOOKUP("生产成本",科目余额表查询! $C: $I,6,0)"消耗性生物资产"
其中:消耗性生物资产		=IFERROR(VLOOKUP("消耗性生物资产",科目余额表查询! $C: $I,2,0),0)	=IFERROR(VLOOKUP("消耗性生物资产",科目余额表查询! $C: $I,6,0),0)

（续表）

资　产	行次	期初余额	期末余额
一年内到期的非流动资产	10		
其他流动资产（待摊费用）	11		
流动资产合计	12	＝SUM(C5:C17)－C15	＝SUM(D5:D17)－D15
非流动资产：			
可供出售金融资产	13	＝IFERROR(VLOOKUP("可供出售金融资产",科目余额表查询! $C: $I,2,0),"")	＝IFERROR(VLOOKUP("可供出售金融资产",科目余额表查询! $C: $I,6,0),"")
持有至到期投资	14	＝IFERROR(VLOOKUP("持有至到期投资",科目余额表查询! $C: $I,2,0),"")	＝IFERROR(VLOOKUP("持有至到期投资",科目余额表查询! $C: $I,6,0),"")
长期应收款	15	＝IFERROR(VLOOKUP("长期应收款",科目余额表查询! $C: $I,2,0),"")	＝IFERROR(VLOOKUP("长期应收款",科目余额表查询! $C: $I,6,0),"")
长期股权投资	16	＝IFERROR(VLOOKUP("长期股权投资",科目余额表查询! $C: $I,2,0),"")	＝IFERROR(VLOOKUP("长期股权投资",科目余额表查询! $C: $I,6,0),"")
投资性房地产	17	＝IFERROR(VLOOKUP("投资性房地产",科目余额表查询! $C: $I,2,0),"")	＝IFERROR(VLOOKUP("投资性房地产",科目余额表查询! $C: $I,6,0),"")
固定资产	18	＝IFERROR(VLOOKUP("固定资产",科目余额表查询! $C: $I,2,0),"")－IFERROR(VLOOKUP("累计折旧,科目余额表查询! $C: $I,3,0),"")	＝IFERROR(VLOOKUP("固定资产",科目余额表查询! $C: $I,6,0),"")－IFERROR(VLOOKUP("累计折旧,科目余额表查询! $C: $I,7,0),"")
在建工程	19	＝IFERROR(VLOOKUP("在建工程",科目余额表查询! $C: $I,2,0),"")	＝IFERROR(VLOOKUP("在建工程",科目余额表查询! $C: $I,6,0),"")
工程物资	20	＝IFERROR(VLOOKUP("工程物资",科目余额表查询! $C: $I,2,0),"")	＝IFERROR(VLOOKUP("工程物资",科目余额表查询! $C: $I,6,0),"")
固定资产清理	21	＝IFERROR(VLOOKUP("固定资产清理",科目余额表查询! $C: $I,2,0),"")	＝IFERROR(VLOOKUP("固定资产清理",科目余额表查询! $C: $I,6,0),"")
生产性生物资产	22	＝IFERROR(VLOOKUP("生成性生物资产",科目余额表查询! $C: $I,2,0),"")	＝IFERROR(VLOOKUP("生成性生物资产",科目余额表查询! $C: $I,6,0),"")
油气资产	23	＝IFERROR(VLOOKUP("油气资产",科目余额表查询! $C: $I,2,0),"")	＝IFERROR(VLOOKUP("油气资产",科目余额表查询! $C: $I,6,0),"")
无形资产	24	＝IFERROR(VLOOKUP("无形资产",科目余额表查询! $C: $I,2,0),0)－IFERROR(VLOOKUP("累计摊销",科目余额表查询! $C: $I,3,0),0)－IFERROR(VLOOKUP("无形资产减值准备",科目余额表查询! $C: $I,3,0),0)	＝IFERROR(VLOOKUP("无形资产",科目余额表查询! $C: $I,6,0),0)－IFERROR(VLOOKUP("累计摊销",科目余额表查询! $C: $I,7,0),0)－IFERROR(VLOOKUP("无形资产减值准备",科目余额表查询! $C: $I,7,0),0)

（续表）

资　产	行次	期初余额	期末余额
开发支出	25	=IFERROR（VLOOKUP（"开发支出"，科目余额表查询！$C：$I，2，0），""）	=IFERROR（VLOOKUP（"开发支出"，科目余额表查询！$C：$I，6，0），""）
商誉	26	=IFERROR（VLOOKUP（"商誉"，科目余额表查询！$C：$I，2，0），""）	=IFERROR（VLOOKUP（"商誉"，科目余额表查询！$C：$I，6，0），""）
长期待摊费用	27	=IFERROR（VLOOKUP（"长期待摊费用"，科目余额表查询！$C：$I，2，0），""）	=IFERROR（VLOOKUP（"长期待摊费用"，科目余额表查询！$C：$I，6，0），""）
递延所得税资产	28	=IFERROR（VLOOKUP（"递延所得税资产"，科目余额表查询！$C：$I，2，0），""）	=IFERROR（VLOOKUP（"递延所得税资产"，科目余额表查询！$C：$I，6，0），""）
其他非流动资产	29		
非流动资产合计	30	=SUM(C20:C36)	=SUM(D20:D36)
资产总计	31	=SUM(C37,C18)	=SUM(D37,D18)

表 6.11　　　　　　　　　　资产负债表公式（续）

负债和所有者权益（或股东权益）	行次	期初余额	期末余额
流动负债：			
短期借款	32	=IFERROR（VLOOKUP（"短期借款"，科目余额表查询！$C：$I，3，0），0）	=IFERROR（VLOOKUP（"短期借款"，科目余额表查询！$C：$I，7，0），0）
以公允价值计量且其变动计入当期损益的金融负债	33	=IFERROR（VLOOKUP（"交易性金融负债"，科目余额表查询！$C：$I，3，0），0）	=IFERROR（VLOOKUP（"交易性金融负债"，科目余额表查询！$C：$I，7，0），0）
应付票据	34	=IFERROR（VLOOKUP（"应付票据"，科目余额表查询！$C：$I，3，0），0）	=IFERROR（VLOOKUP（"应付票据"，科目余额表查询！$C：$I，7，0），0）
应付账款	35	=IFERROR（VLOOKUP（"应付账款"，科目余额表查询！$C：$I，3，0），0）	=IFERROR（VLOOKUP（"应付账款"，科目余额表查询！$C：$I，7，0），0）
预收款项	36	=IFERROR（VLOOKUP（"预收账款"，科目余额表查询！$C：$I，3，0），0）	=IFERROR（VLOOKUP（"预收账款"，科目余额表查询！$C：$I，7，0），0）
应付职工薪酬	37	=IFERROR（VLOOKUP（"应付职工薪酬"，科目余额表查询！$C：$I，3，0），0）	=IFERROR（VLOOKUP（"应付职工薪酬"，科目余额表查询！$C：$I，7，0），0）
应交税费	38	=IFERROR（VLOOKUP（"应交税费"，科目余额表查询！$C：$I，3，0），0）	=IFERROR（VLOOKUP（"应交税费"，科目余额表查询！$C：$I，7，0），0）
应付利息	39	=IFERROR（VLOOKUP（"应付利息"，科目余额表查询！$C：$I，3，0），0）	=IFERROR（VLOOKUP（"应付利息"，科目余额表查询！$C：$I，7，0），0）
应付股利	40	=IFERROR（VLOOKUP（"应付股利"，科目余额表查询！$C：$I，3，0），0）	=IFERROR（VLOOKUP（"应付股利"，科目余额表查询！$C：$I，7，0），0）

（续表）

负债和所有者权益 （或股东权益）	行次	期初余额	期末余额
其他应付款	41	=IFERROR（VLOOKUP（"其他应付款",科目余额表查询！$C：$I,3,0),0)	=IFERROR（VLOOKUP（"其他应付款",科目余额表查询！$C：$I,7,0),0)
一年内到期的非流动负债	42		
其他流动负债	43		
流动负债合计	44	=SUM(G6：G17)	=SUM(H6：H17)
非流动负债：			
长期借款	45	=IFERROR（VLOOKUP（"长期借款",科目余额表查询！$C：$I,3,0),0)	=IFERROR（VLOOKUP（"长期借款",科目余额表查询！$C：$I,7,0),0)
应付债券	46	=IFERROR（VLOOKUP（"应付债券",科目余额表查询！$C：$I,3,0),0)	=IFERROR（VLOOKUP（"应付债券",科目余额表查询！$C：$I,7,0),0)
长期应付款	47	=IFERROR（VLOOKUP（"长期应付款",科目余额表查询！$C：$I,3,0),0)	=IFERROR（VLOOKUP（"长期应付款",科目余额表查询！$C：$I,7,0),0)
专项应付款	48	=IFERROR（VLOOKUP（"专项应付款",科目余额表查询！$C：$I,3,0),0)	=IFERROR（VLOOKUP（"专项应付款",科目余额表查询！$C：$I,7,0),0)
预计负债（预提费用）	49	=IFERROR（VLOOKUP（"预计负债",科目余额表查询！$C：$I,3,0),0)	=IFERROR（VLOOKUP（"预计负债",科目余额表查询！$C：$I,7,0),0)
递延收益	50	=IFERROR（VLOOKUP（"递延收益",科目余额表查询！$C：$I,3,0),0)	=IFERROR（VLOOKUP（"预计负债",科目余额表查询！$C：$I,7,0),0)
递延所得税负债	51	=IFERROR（VLOOKUP（"递延所得税负债",科目余额表查询！$C：$I,3,0),0)	=IFERROR（VLOOKUP（"递延所得税负债",科目余额表查询！$C：$I,7,0),0)
其他非流动负债	52		
非流动负债合计	53	=SUM(G20：G27)	=SUM(H20：H27)
负债合计	54	=SUM(G28,G18)	=SUM(H28,H18)
所有者权益（或股东权益）：			
实收资本（或股本）	55	=IFERROR（VLOOKUP（"实收资本",科目余额表查询！$C：$I,3,0),0)	=IFERROR（VLOOKUP（"实收资本",科目余额表查询！$C：$I,7,0),0)
资本公积	56	=IFERROR（VLOOKUP（"资本公积",科目余额表查询！$C：$I,3,0),0)	=IFERROR（VLOOKUP（"资本公积",科目余额表查询！$C：$I,7,0),0)
减:库存股		=IFERROR（VLOOKUP（"库存股",科目余额表查询！$C：$I,3,0),0)	=IFERROR（VLOOKUP（"库存股",科目余额表查询！$C：$I,7,0),0)
其他综合收益	57	=IFERROR（VLOOKUP（"其他综合收益",科目余额表查询！$C：$I,3,0),0)	=IFERROR（VLOOKUP（"其他综合收益",科目余额表查询！$C：$I,7,0),0)
盈余公积	58	=IFERROR（VLOOKUP（"盈余公积",科目余额表查询！$C：$I,3,0),0)	=IFERROR（VLOOKUP（"盈余公积",科目余额表查询！$C：$I,7,0),0)

（续表）

负债和所有者权益（或股东权益）	行次	期 初 余 额	期 末 余 额
未分配利润	59	＝C38－G29－G31－G32－G34－G35	＝G36＋利润表！C23
所有者权益（或股东权益）合计	60	＝G31＋G32－G33＋G35＋G36	＝H31＋H32－H33＋H35＋H36
负债和所有者权益（或股东权益）总计	61	＝SUM(G37,G29)	＝SUM(H37,H29)

注意：表结法下，未分配利润的期初数为资产减去负债减去除未分配利润外的所有者权益金额，未分配利润的期末数在年内时等于未分配利润期初余额和本月净利润金额之和。

任务6.4 利润表编制

6.4.1 任务分析

利润表又称损益表，是反映企业一定期间经营成果的会计报表，即总括反映企业在一定时期内利润（亏损）实现情况的会计报表。利润表的编制是依据"收入－费用 ＝ 利润"这一公式。按照我国会计准则的规定，我国企业的利润表采用多步式。

6.4.1.1 本期发生额

"营业收入"项目，反映企业主要经营业务和其他经营业务所取得的收入总额。本项目应根据"主营业务收入"科目和"其他业务收入"科目的发生额分析填列。

"营业成本"项目，反映企业主要经营业务和其他经营业务发生的实际成本总额。本项目应根据"主营业务成本"科目和"其他业务成本"科目的发生额分析填列。

"营业利润"项目，以营业收入为基础，减去营业成本、营业税金及附加、期间费用，加上投资收益后，计算出营业利润。

"利润总额"项目，以营业利润为基础，加上营业外收入，减去营业外支出，计算出利润总额。

"净利润"项目，以利润总额为基础，减去所得税费用后，计算出净利润（或亏损）。

其他项目直接取自科目余额表。

多步式利润表是反映营业利润、利润总额、净利润的构成情况，有助于使用者从不同利润类别中了解企业经营成果的不同来源。

6.4.1.2 累计发生额

利润表"本年累计金额"栏反映各项目自年初起至本月末止的累计实际发生数。根据上月利润表的"本年累计金额"栏的数字，加上本月利润表的"本月金额"栏的数字，可以得出各项目的本月利润表的"本年累计金额"，然后填入相应的项目内。

6.4.2 任务实现步骤

步骤1 在"会计账务处理"工作簿中新建"利润表"工作表，参照图6.12，编制利润表样式。

图 6.12　利润表

步骤 2　利润表日期自动取自科目余额表，根据"科目余额表查询"的月份查找出本月月末日期。选择单元格 I4，录入公式："＝科目余额表查询！D2&"年"&科目余额表查询！F2&"月""。

步骤 3　参照表 6.12，录入报表公式。

表 6.12　　　　　　　　　　　　**利润表公式**

项　　　目	行次	本月金额
一、营业收入	1	＝IFERROR（VLOOKUP（"主营业务收入"，科目余额表查询！$C:$I,5,0),0)+IFERROR(VLOOKUP("其他业务收入",科目余额表查询！$C:$I,5,0),0)
减：营业成本	2	＝IFERROR（VLOOKUP（"主营业务成本"，科目余额表查询！$C:$I,4,0),0)+IFERROR(VLOOKUP("其他业务成本",科目余额表查询！$C:$I,4,0),0)
营业税金及附加	3	＝IFERROR（VLOOKUP（"营业税金及附加"，科目余额表查询！$C:$I,4,0),0)
销售费用	4	＝IFERROR（VLOOKUP（"销售费用"，科目余额表查询！$C:$I,4,0),0)
管理费用	5	＝IFERROR（VLOOKUP（"管理费用"，科目余额表查询！$C:$I,4,0),0)
财务费用	6	＝IFERROR（VLOOKUP（"财务费用"，科目余额表查询！$C:$I,4,0),0)
资产减值损失	7	＝IFERROR（VLOOKUP（"资产减值损失"，科目余额表查询！$C:$I,4,0),0)
加：公允价值变动收益（损失以"－"号填列）	8	＝IFERROR（VLOOKUP（"公允价值变动损益"，科目余额表查询！$C:$I,5,0),0)

（续表）

项　目	行次	本 月 金 额
投资收益（损失以"－"号填列）	9	＝IFERROR（VLOOKUP（"投资收益"，科目余额表查询！$C：$I，5，0），0）
其中：对联营企业和合营企业的投资收益	10	
二、营业利润（亏损以"－"号填列）	11	＝C6－C7－C8－C9－C10－C11－C12＋C13＋C14
加：营业外收入	12	＝IFERROR（VLOOKUP（"营业外收入"，科目余额表查询！$C：$I，5，0），0）
其中：非流动资产处置利得	13	
减：营业外支出	14	＝IFERROR（VLOOKUP（"营业外支出"，科目余额表查询！$C：$I，4，0），0）
其中：非流动资产处置损失	15	
三、利润总额（亏损总额以"－"号填列）	16	＝C16＋C17－C19
减：所得税费用	17	＝IFERROR（VLOOKUP（"所得税费用"，科目余额表查询！$C：$I，4，0），0）
四、净利润（净亏损以"－"号填列）	18	＝C21－C22
五、其他综合收益的税后净额	19	
六、综合收益总额	31	
七、每股收益	32	
（一）基本每股收益	33	
（二）稀释每股收益	34	

步骤 4　每年 1 月份的"本年累计金额"，可以等于"本月金额"。

步骤 5　新建一个"利润表"工作簿，将"会计账务处理"工作簿中的工作表"利润表"移动复制到"利润表"工作簿，将工作表"利润表"更名为"1 月利润表"。

步骤 6　将"本月金额"复制，并以数值形式 🔢 粘贴回原位。

步骤 7　2～12 月的"本年累计金额"则等于"本月金额"加上上月的"本年累计金额"。因此，我们将"会计账务处理"工作簿中生成的 2 月（或 3～12 月份任意 1 月的利润表）"利润表"移动复制到"利润表"工作簿，将工作表"利润表"更名为"2 月利润表"（或 3～12 月份任意 1 月的利润表）。同理，将"本月金额"复制，并以数值形式 🔢 粘贴回原位。

步骤 8　"2 月利润表"中的"本年累计金额"则等于"本月金额"加上"1 月利润表"的"本年累计金额"。

步骤 9　同理，可设置其他月份。

任务 6.5　现金流量表编制

6.5.1　任务分析

现金流量表是反映企业一定时期内（月、季、年）现金流入与现金流出及其平衡状况的动态报表。

现金流量表是以现金及现金等价物为基础编制的,综合反映企业在一定期间内的现金收入和现金支出情况的会计报表。它反映报告期内有多少现金来源,并用在何处,反映现金在流动中的增减变动情况,并以此说明资产、负债和所有者权益变动对现金的影响,从现金流量的角度来说明企业的财务状况。

现金流量表正表部分是以"现金流入-现金流出=现金流量净额"为基础,采取多步式,分别经营活动、投资活动、筹资活动和汇率变动对现金的影响,分项报告企业的现金流入量和现金流出量。

6.5.2 任务实现步骤

步骤 1 在"会计账务处理"工作簿中,新增"现金流量表"工作表,参照图 6.13,编制现金流量表样式。

图 6.13 现金流量表

步骤2 在"记账凭证簿"中,通过自动筛选,经总账科目为库存现金、银行存款和其他货币资金的行筛选出。

步骤3 在贷方金额后插入一列 M 列,设置数据有效性,数据来源为现金流量表项目(即现金流量表 A 列),如图 6.14 所示。

	A	B	C	D	E	F G	H	I	J	K	L	M
1	唯一码	凭证号	年	年	月	凭证类 凭证号	摘 要	总账科目	明细科目	借方金额	贷方金额	
2	20151记11	20151记1	2015	1	1	记 1	提现	库存现金		2 000.00		
3	20151记12	20151记1	2015	1	1	记 1	提现	银行存款	中国银行		2 000.00	销售商品、提供劳务收到的现金
4	20151记21	20151记2	2015	1	2	记 2	收款	银行存款	工商银行	10 000.00		
8	20151记33	20151记3	2015	1	3	记 3	购料	银行存款	工商银行		23 400.00	购买商品、接受劳务支付的现金
10	20151记42	20151记4	2015	1	3	记 4	购固定资产	银行存款	建设银行		10 000.00	购买商品、接受劳务支付的现金
12	20151记52	20151记5	2015	1	5	记 5	支付工资	银行存款	工商银行		17 500.00	支付给职工以及为职工支付的现金

图 6.14 现金流量表编制底稿

步骤4 分析业务的性质,选择填入现金流量项目。

步骤5 在"现金流量表"工作表,参照表 6.13,录入公式。

表 6.13 　　　　　　　　　现金流量表公式

项 目	行次	本 月 金 额
一、经营活动产生的现金流量		
销售商品、提供劳务收到的现金	1	=SUMIFS(记账凭证簿！$K:$K,记账凭证簿！$M:$M,A6,记账凭证簿！$D:$D,科目余额表查询！$F$2)
收到的税费返还	2	=SUMIFS(记账凭证簿！$K:$K,记账凭证簿！$M:$M,A7,记账凭证簿！$D:$D,科目余额表查询！$F$2)
收到的其他与经营活动有关的现金	3	=SUMIFS(记账凭证簿！$K:$K,记账凭证簿！$M:$M,A8,记账凭证簿！$D:$D,科目余额表查询！$F$2)
现金流入小计	4	=SUM(C6:C8)
购买商品、接受劳务支付的现金	5	=SUMIFS(记账凭证簿！$L:$L,记账凭证簿！$M:$M,A10,记账凭证簿！$D:$D,科目余额表查询！$F$2)
支付给职工以及为职工支付的现金	6	=SUMIFS(记账凭证簿！$L:$L,记账凭证簿！$M:$M,A11,记账凭证簿！$D:$D,科目余额表查询！$F$2)
支付的各项税费	7	=SUMIFS(记账凭证簿！$L:$L,记账凭证簿！$M:$M,A12,记账凭证簿！$D:$D,科目余额表查询！$F$2)
支付的其他与经营活动有关的现金	8	=SUMIFS(记账凭证簿！$L:$L,记账凭证簿！$M:$M,A13,记账凭证簿！$D:$D,科目余额表查询！$F$2)
现金流出小计	9	=SUM(C10:C13)
经营活动产生的现金流量净额	10	=C9-C14
二、投资活动产生的现金流量		
收回投资所收到的现金	11	=SUMIFS(记账凭证簿！$K:$K,记账凭证簿！$M:$M,A17,记账凭证簿！$D:$D,科目余额表查询！$F$2)
取得投资收益所收到的现金	12	=SUMIFS(记账凭证簿！$K:$K,记账凭证簿！$M:$M,A18,记账凭证簿！$D:$D,科目余额表查询！$F$2)
处置固定资产、无形资产和其他长期资产所收回的现金净额	13	=SUMIFS(记账凭证簿！$K:$K,记账凭证簿！$M:$M,A19,记账凭证簿！$D:$D,科目余额表查询！$F$2)

（续表）

项　　目	行次	本 月 金 额
处置子公司及其他营业单位收到的现金净额		=SUMIFS(记账凭证簿！$K：$K，记账凭证簿！$M：$M，A20，记账凭证簿！$D：$D，科目余额表查询！$F$2)
收到的其他与投资活动有关的现金	14	=SUMIFS(记账凭证簿！$K：$K，记账凭证簿！$M：$M，A21，记账凭证簿！$D：$D，科目余额表查询！$F$2)
现金流入小计	15	=SUM(C17：C21)
购建固定资产、无形资产和其他长期资产所支付的现金	16	=SUMIFS(记账凭证簿！$L：$L，记账凭证簿！$M：$M，A23，记账凭证簿！$D：$D，科目余额表查询！$F$2)
投资所支付的现金	17	=SUMIFS(记账凭证簿！$L：$L，记账凭证簿！$M：$M，A24，记账凭证簿！$D：$D，科目余额表查询！$F$2)
支付的其他与投资活动有关的现金	18	=SUMIFS(记账凭证簿！$L：$L，记账凭证簿！$M：$M，A25，记账凭证簿！$D：$D，科目余额表查询！$F$2)
现金流出小计	19	=SUM(C23：C25)
投资活动产生的现金流量净额	20	=C22－C26
三、筹资活动产生的现金流量		
吸收投资所收到的现金	21	=SUMIFS(记账凭证簿！$K：$K，记账凭证簿！$M：$M，A29，记账凭证簿！$D：$D，科目余额表查询！$F$2)
借款所收到的现金	22	=SUMIFS(记账凭证簿！$K：$K，记账凭证簿！$M：$M，A30，记账凭证簿！$D：$D，科目余额表查询！$F$2)
收到的其他与筹资活动有关的现金	23	=SUMIFS(记账凭证簿！$K：$K，记账凭证簿！$M：$M，A31，记账凭证簿！$D：$D，科目余额表查询！$F$2)
现金流入小计	24	=SUM(C29：C31)
偿还债务所支付的现金	25	=SUMIFS(记账凭证簿！$L：$L，记账凭证簿！$M：$M，A33，记账凭证簿！$D：$D，科目余额表查询！$F$2)
分配股利、利润或偿付利息所支付的现金	26	=SUMIFS(记账凭证簿！$L：$L，记账凭证簿！$M：$M，A34，记账凭证簿！$D：$D，科目余额表查询！$F$2)
支付的其他与筹资活动有关的现金	27	=SUMIFS(记账凭证簿！$L：$L，记账凭证簿！$M：$M，A35，记账凭证簿！$D：$D，科目余额表查询！$F$2)
现金流出小计	28	=SUM(C33：C35)
筹资活动产生的现金流量净额	29	=C32－C36
四、汇率变动对现金的影响额	30	=SUMIFS(记账凭证簿！$K：$K，记账凭证簿！$M：$M，A38，记账凭证簿！$D：$D，科目余额表查询！$F$2)
五、现金及现金等价物净增加额	31	=C15＋C27＋C37＋C38
加：期初现金及现金等价物	32	=资产负债表！C6
六、期末现金及现金等价物	33	=C39＋C40

步骤6 建立"现金流量表"工作簿，参照"利润表"的步骤移动复制"会计账务处理"工作簿中"现金流量表"工作表，到"现金流量表"工作簿中，并设置累计金额公式。

实 战 训 练

将下列业务录入"记账凭证簿",检验你编制的"会计账务处理"的工作簿,自动生成"科目余额表"和相关财务报表。实战训练资料,如表6.14所示。

表 6.14　　　　　　　　　　　　　　实战训练资料

年度	月	日	凭证类型	凭证号码	摘 要	总账科目	明细科目	借方金额	贷方金额
2015	1	1	记	1	提现	库存现金		2 000.00	
2015	1	1	记	1	提现	银行存款	中国银行		2 000.00
2015	1	2	记	2	收款	银行存款	工商银行	10 000.00	
2015	1	2	记	2	收款	应收账款	天津广达		10 000.00
2015	1	3	记	3	购料	原材料	PPl电子配件	20 000.00	
2015	1	3	记	3	购料	应交税费	应交增值税——进项税额	3 400.00	
2015	1	3	记	3	购料	银行存款	工商银行		23 400.00
2015	1	3	记	4	购固定资产	固定资产		10 000.00	
2015	1	3	记	4	购固定资产	银行存款	建设银行		10 000.00
2015	1	5	记	5	支付工资	应付职工薪酬	工资	18 000.00	
2015	1	5	记	5	支付工资	银行存款	工商银行		17 500.00
2015	1	20	记	6	支付工资	应交税费	应交个人所得税		500.00
2015	1	20	记	6	销售	应收账款	上海万联	700 000.00	
2015	1	20	记	6	销售	主营业务收入	Z230-5烤箱		598 290.60
2015	1	20	记	6	销售	应交税费	应交增值税——销项税额		101 709.40
2015	1	31	记	7	结转销售成本	主营业务成本	Z230-5烤箱	500 000.00	
2015	1	31	记	7	结转销售成本	库存商品	Z230-5烤箱		500 000.00
2015	1	31	记	8	购办公用品	管理费用	办公费	1 000.00	
2015	1	31	记	8	购办公用品	库存现金			1 000.00
2015	1	31	记	9	结转增值税	应交税费	应交增值税——转出增值税	98 309.40	
2015	1	31	记	9	结转增值税	应交税费	未交增值税		98 309.40
2015	2	3	记	1	销售	应收账款	天津广达	500 000.00	
2015	2	3	记	1	销售	主营业务收入	Z350-8烤箱		427 350.43
2015	2	6	记	2	销售	应交税费	应交增值税——销项税额		72 649.57
2015	2	6	记	2	收款	银行存款	工商银行	700 000.00	
2015	2	6	记	2	收款	应收账款	上海万联		700 000.00
2015	2	9	记	2	收款	应交税费	应交增值税——销项税额		0.00
2015	2	9	记	3	报销差旅费	管理费用	差旅费	5 000.00	0.00
2015	2	9	记	3	报销差旅费	库存现金			5 000.00

典型项目 7　财务报表分析

➤ 项目目标

1. 比较分析
2. 比率分析
3. 综合分析

➤ 项目知识背景

财务角度:财务报表分析又称财务分析,是通过收集、整理企业财务会计报告中的有关数据,并结合其他有关补充信息,对企业的财务状况、经营成果和现金流量情况进行综合比较和评价,为财务会计报告使用者提供管理决策和控制依据的一项管理工作。

Excel 技巧:套用表格格式。

➤ 项目任务

滨海机械制造有限公司拟对本公司的财务状况进行总结和评价,资料如表 7.1 至表 7.4 所示。财务人员需建立比较分析、结构分析和比率分析等模型,其中财务情况评分参见表 7.5,杜邦分析参见图 7.1。

表 7.1　　　　　　　　　　　　　趋势分析表

编制单位:滨海机械制造有限公司(华北分公司)　　　　　　　　　　　　　　　　单位:元

项目	2011 年	2012 年	2013 年	2014 年	2015 年	2016 年
销售收入	1 800 000	2 000 000	2 100 000	2 200 000	2 400 000	2 568 000
销售成本	1 250 000	1 300 000	1 480 000	1 500 000	1 500 000	1 600 000
销售毛利	550 000	700 000	620 000	700 000	900 000	968 000
销售及管理费用	150 000	180 000	185 000	187 000	197 000	200 000
息税前盈余	400 000	520 000	435 000	513 000	703 000	768 000
利息支出	10 000	200 000	100 000	12 700	13 000	13 000
税前利润	390 000	320 000	335 000	500 300	690 000	755 000

表7.2

资产负债表

编制单位：滨海机械制造有限公司　　　　　2015年12月31日　　　　　　　　　　单位：万元

资　　产	行次	年末余额	年初余额	负债和所有者权益（或股东权益）	行次	年末余额	年初余额
流动资产：				流动负债：			
货币资金	1	260	135	短期借款	32	310	235
以公允价值计量且其变动计入当期损益的金融资产	2	40	70	以公允价值计量且其变动计入当期损益的金融负债	33	0	0
应收票据	3	50	65	应付票据	34	35	30
应收账款	4	2 000	1 005	应付账款	35	510	555
预付款项	5	70	30	预收款项	36	60	30
应收利息	6	0	0	应付职工薪酬	37	90	105
应收股利	7	0	0	应交税费	38	55	70
其他应收款	8	120	120	应付利息	39	55	35
存货	9	605	1 640	应付股利	40	0	0
其中:消耗性生物资产		0	0	其他应付款	41	240	145
一年内到期的非流动资产	10	235	0	一年内到期的非流动负债	42	260	0
其他流动资产(待摊费用)	11	210	65	其他流动负债	43	25	35
流动资产合计	12	3 590	3 130	流动负债合计	44	1 640	1 240
非流动资产：				非流动负债：			
可供出售金融资产	13	0	0	长期借款	45	2 260	1 235
持有至到期投资	14	0	0	应付债券	46	1 210	1 310
长期应收款	15	0	0	长期应付款	47	0	0
长期股权投资	16	160	235	专项应付款	48	0	0
投资性房地产	17	0	0	预计负债(预提费用)	49	0	0
固定资产	18	6 190	4 775	递延收益	50	0	0
在建工程	19	100	185	递延所得税负债	51	0	0
工程物资	20	0	0	其他非流动负债	52	360	385
固定资产清理	21	0	70	非流动负债合计	53	3 830	2 930
生产性生物资产	22	0	0	负债合计	54	5 470	4 170
油气资产	23	0	0	所有者权益(或股东权益)：			
无形资产	24	100	120	实收资本(或股本)	55	3 000	3 000
开发支出	25	0	0	资本公积	56	90	60
商誉	26	0	0	减:库存股		0	0
长期待摊费用	27	0	0	其他综合收益	57	0	0
递延所得税资产	28	35	85	盈余公积	58	380	210
其他非流动资产	29	25	0	未分配利润	59	1 260	1 160
非流动资产合计	30	6 610	5 470	所有者权益(或股东权益)合计	60	4 730	4 430
资产总计	31	10 200	8 600	负债和所有者权益（或股东权益）总计	61	10 200	8 600

表 7.3   利 润 表

编制单位：滨海机械制造有限公司   2015 年度   单位：万元

项　　目	行次	本年金额	上年金额
一、营业收入	1	15 010.00	14 260.00
减：营业成本	2	13 230.00	12 525.00
营业税金及附加	3	150.00	150.00
销售费用	4	120.00	110.00
管理费用	5	240.00	210.00
财务费用	6	560.00	490.00
资产减值损失	7	0.00	0.00
加：公允价值变动收益（损失以"－"号填列）	8	190.00	190.00
投资收益（损失以"－"号填列）	9	210.00	130.00
其中：对联营企业和合营企业的投资收益	10		
二、营业利润（亏损以"－"号填列）	11	1 030.00	1 095.00
加：营业外收入	12	60.00	95.00
其中：非流动资产处置利得	13		
减：营业外支出	14	110.00	35.00
其中：非流动资产处置损失	15		
三、利润总额（亏损总额以"－"号填列）	16	980.00	1 155.00
减：所得税费用	17	330.00	385.00
四、净利润（净亏损以"－"号填列）	18	650.00	770.00
五、其他综合收益的税后净额	19		
六、综合收益总额	31		
七、每股收益	32		
（一）基本每股收益	33		
（二）稀释每股收益	34		

表 7.4   综 合 评 分 表

指　标 ①	评分值 ②	标准比率 （%） ③	行业最高 比率（%） ④	最高评分 ⑤＝②×1.5	最低评分 ⑥＝②×0.5	每分比率的差（%） ⑦＝(④－③)÷(⑤－③)
盈利能力：						
总资产报酬率	20	5.5	15.80			
销售净利率	20	26.0	56.20			
净资产收益率	10	4.4	22.70			
偿债能力：						
自有资本比率	8	25.9	55.80			
流动比率	8	95.7	253.80			
应收账款周转率	8	290.0	960.00			
存货周转率	8	800.0	3 030.00			

（续表）

指　　标 ①	评分值 ②	标准比率 （%） ③	行业最高 比率（%） ④	最高评分 ⑤＝④×1.5	最低评分 ⑥＝④×0.5	每分比率的差（%） ⑦＝（④－③）÷（⑤－③）
成长能力：						
销售增长率	6	2.5	38.90			
净利增长率	6	10.1	51.20			
总资产增长率	6	7.3	42.80			
合　　计	100					

表 7.5　　　　　　　　　　　　　　财务情况评分

指　　标	实际比率 （%）1	标准比率 （%）2	差异 3＝1－2	每分比率 4	调整分 5＝3÷4	标准分值 6	得分 7＝5＋6
盈利能力：							
总资产报酬率							
销售净利率							
净资产收益率							
偿债能力：							
自有资本比率							
流动比率							
应收账款周转率							
存货周转率							
成长能力：							
销售增长率							
净利增长率							
总资产增长率							
合　　计							

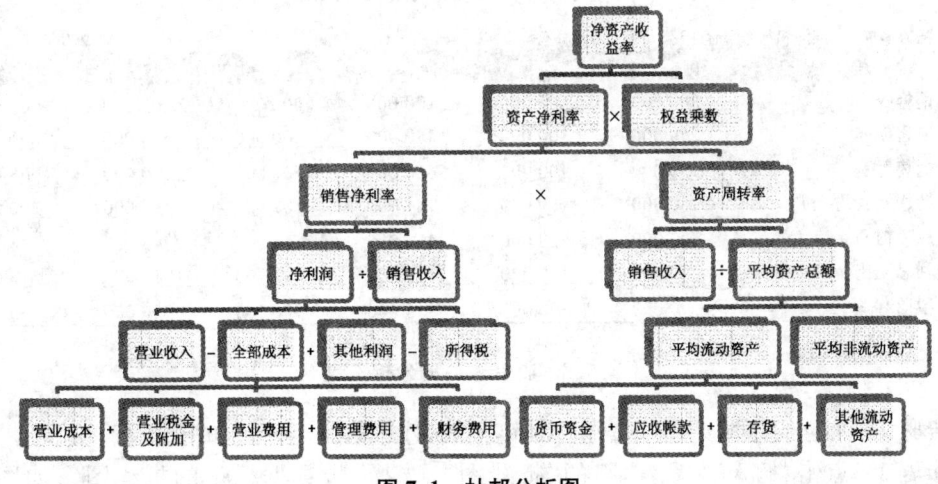

图 7.1　杜邦分析图

➢ 任务分解

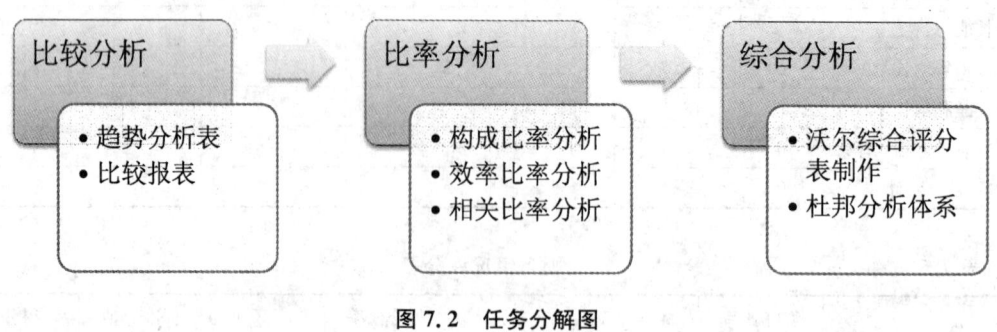

图 7.2　任务分解图

任务 7.1　比较分析

7.1.1　任务分析

比较分析法是财务报表分析最基础的分析方法。运用比较分析法可以揭示出不易直接观察到的资金的运动和变化,可以用来追溯企业经济业务发展的历史渊源,并确定其发展的历史顺序,对财务指标进行定性的鉴别和定量的分析。

7.1.2　任务实现步骤

7.1.2.1　趋势分析图表

步骤 1　建立"财务报表分析"Excel 工作簿,修改工作表"sheet 1"为"趋势分析表"。参照表 7.1,录入 2011—2016 年的销售收入、销售成本等相关资料,如图 7.3 所示。

	A	B	C	D	E	F	G
1							
2		滨海机械制造有限公司收益表趋势分析					
3	编制单位：　滨海机械制造有限公司　（华北分公司）						单位：元
4	项目	2011年	2012年	2013年	2014年	2015年	2016年
5	销售收入	1 800 000	2 000 000	2 100 000	2 200 000	2 400 000	2 568 000
6	销售成本	1 250 000	1 300 000	1 480 000	1 500 000	1 500 000	1 600 000
7	销售毛利	550 000	700 000	620 000	700 000	900 000	968 000
8	销售及管理费用	150 000	180 000	185 000	187 000	197 000	200 000
9	息税前盈余	400 000	520 000	435 000	513 000	703 000	768 000
10	利息支出	10 000	200 000	100 000	12 700	13 000	13 000
11	税前利润	390 000	320 000	335 000	500 300	690 000	755 000

图 7.3　收益表趋势分析资料

步骤 2　不连续区域选择。按住 Ctrl 键不放,选中第 4 至 6 行和第 11 行。

步骤 3　点击"插入""图表"组的"折线图",选择"带数据标记的折线图",如图 7.4

所示。

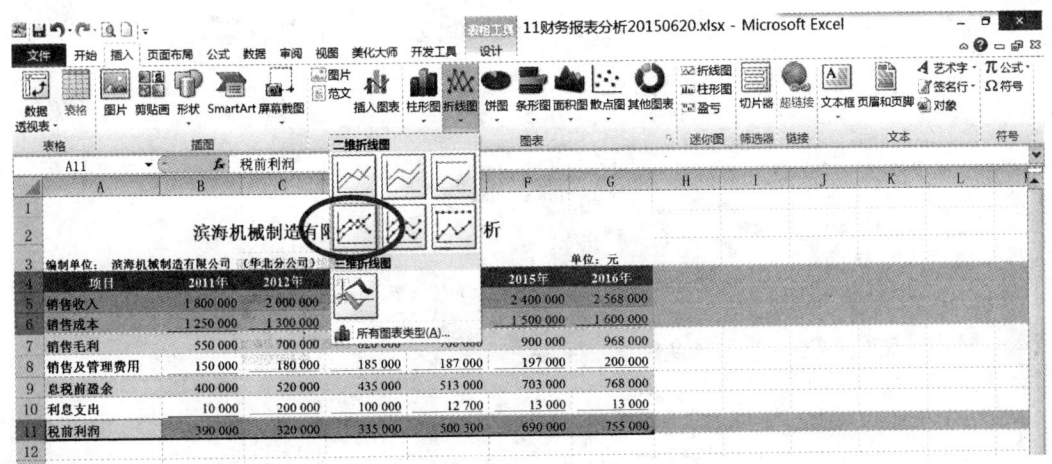

图 7.4　带数据标记的折线图制作

步骤 4　选中图表，点击"切换行/列"，选择"图表布局"的布局 5，如图 7.5 所示。

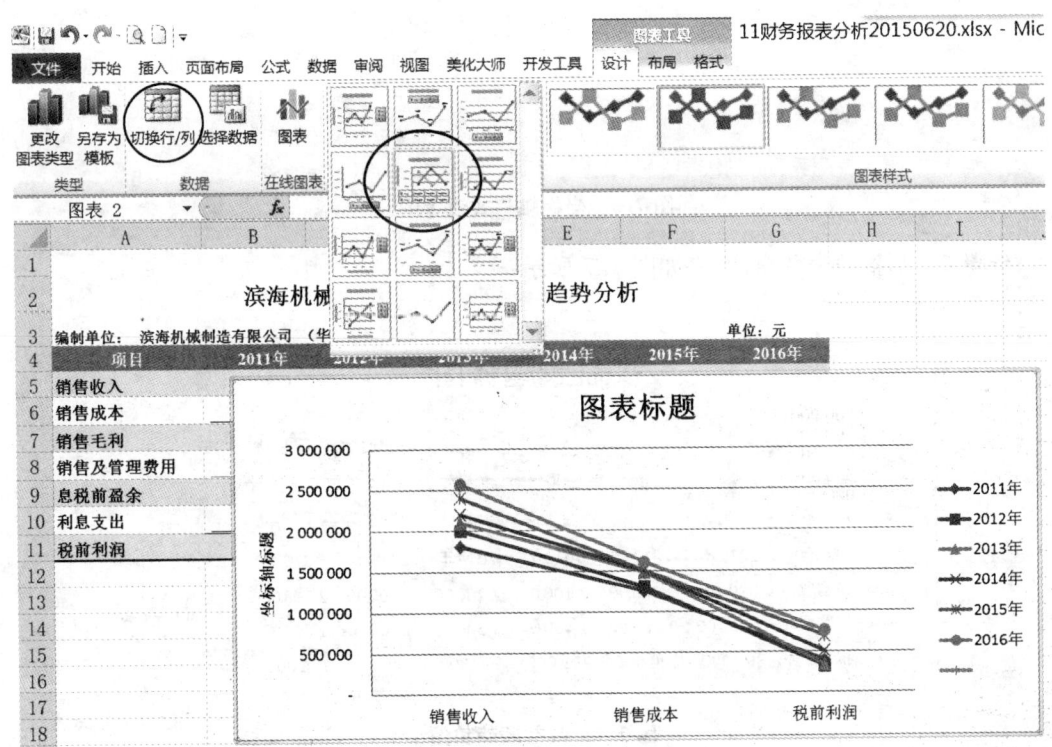

图 7.5　切换行列和布局图

步骤 5　修改"图表标题"和"坐标轴标题"。"图表标题"改为"收益表趋势图"，"坐标轴标题"改为"金额"。

步骤 6　设置坐标轴格式，双击坐标轴"金额"，选择"对齐方式"—"文字方向"—"竖排"，如图 7.6 所示。

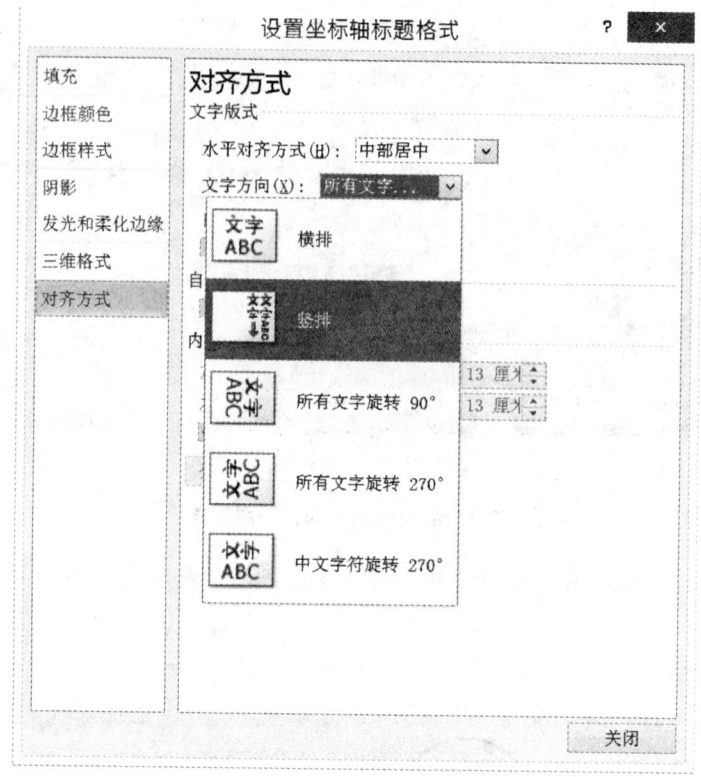

图 7.6　坐标轴格式设置图

步骤 7　调整图表宽窄,效果如图 7.7 所示。

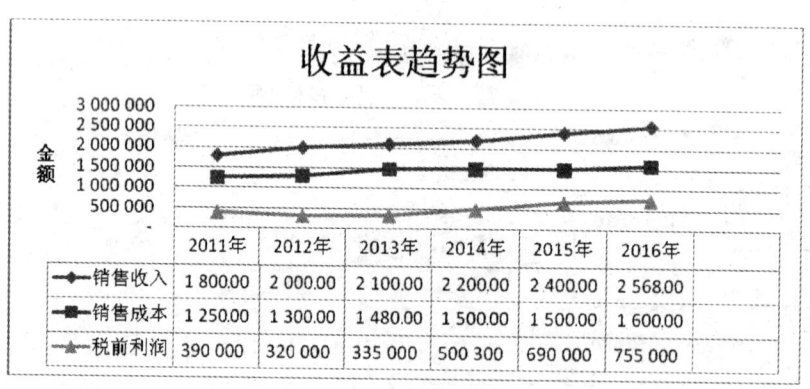

图 7.7　收益表趋势图

7.1.2.2　比较报表

　　步骤 1　建立"比较报表"工作表,参照表 7.2,编制滨海机械制造有限公司的资产负债表。

　　步骤 2　插入变动值。在"年初余额"后插入"变动值"列,录入公式:变动值＝年末余额一年初余额,如 E6＝C6－D6,J6＝H6－I6。

步骤 3　向下复制公式,如图 7.8 所示。

	A	B	C	D	E	F	G	H	I	J
1				资　产　负　债　表						
2				2015年12月31日						会企01 表
3	编制单位:									单位:元
4	资　　　　产	行次	年末余额	年初余额	变动值	负债和所有者权益(或股东权益)	行次	年末余额	年初余额	变动值
5	流动资产:					流动负债:				
6	货币资金	1	260.00	135.00	125	短期借款	32	310.00	235.00	75
7	以公允价值计量且其变动计入当期损益的金融资产	2	40.00	70.00	(30)	以公允价值计量且其变动计入当期损益的金融负债	33	0.00	0.00	0
8	应收票据	3	50.00	65.00	(15)	应付票据	34	35.00	30.00	5
9	应收账款	4	2 000.00	1 005.00	995	应付账款	35	510.00	555.00	(45)
10	预付款项	5	70.00	30.00	40	预收款项	36	60.00	30.00	30
11	应收利息	6	0.00	0.00	0	应付职工薪酬	37	90.00	105.00	(15)
12	应收股利	7	0.00	0.00	0	应交税费	38	55.00	70.00	(15)
13	其他应收款	8	120.00	120.00	0	应付利息	39	55.00	35.00	20
14	存货	9	605.00	1 640.00	(1035)	应付股利	40	0.00	0.00	0
15	其中:消耗性生物资产		0.00	0.00	0	其他应付款	41	240.00	145.00	95
16	一年内到期的非流动资产	10	235.00	0.00	235	一年内到期的非流动负债	42	260.00	0.00	260
17	其他流动资产(待摊费用)	11	210.00	65.00	145	其他流动负债	43	25.00	35.00	(10)
18	流动资产合计	12	3 590.00	3 130.00	460	流动负债合计	44	1 640.00	1 240.00	400
19	非流动资产:				0	非流动负债:				
20	可供出售金融资产	13	0.00	0.00	0	长期借款	45	2 260.00	1 235.00	1025
21	持有至到期投资	14	0.00	0.00	0	应付债券	46	1 210.00	1 310.00	(100)
22	长期应收款	15	0.00	0.00	0	长期应付款	47	0.00	0.00	0
23	长期股权投资	16	160.00	235.00	(75)	专项应付款	48	0.00	0.00	0
24	投资性房地产	17	0.00	0.00	0	预计负债(预提费用)	49	0.00	0.00	0
25	固定资产	18	6 190.00	4 775.00	1415	递延收益	50	0.00	0.00	0
26	在建工程	19	100.00	185.00	(85)	递延所得税负债	51	0.00	0.00	0
27	工程物资	20	0.00	0.00	0	其他非流动负债	52	360.00	385.00	(25)
28	固定资产清理	21	0.00	70.00	(70)	非流动负债合计	53	3 830.00	2 930.00	900
29	生产性生物资产	22	0.00	0.00	0	负债合计	54	5 470.00	4 170.00	1300
30	油气资产	23	0.00	0.00	0	所有者权益(或股东权益):				0
31	无形资产	24	100.00	120.00	(20)	实收资本(或股本)	55	3 000.00	3 000.00	0
32	开发支出	25	0.00	0.00	0	资本公积	56	90.00	60.00	30
33	商誉	26	0.00	0.00	0	减:库存股		0.00	0.00	0
34	长期待摊费用	27	0.00	0.00	0	其他综合收益	57	0.00	0.00	0
35	递延所得税资产	28	35.00	85.00	(50)	盈余公积	58	380.00	210.00	170
36	其他非流动资产	29	25.00	0.00	25	未分配利润	59	1 260.00	1 160.00	100
37	非流动资产合计	30	6 610.00	5 470.00	1140	所有者权益(或股东权益)合计	60	4 730.00	4 430.00	300
38	资产总计	31	**10 200.00**	**8 600.00**	**1,600**	负债和所有者权益(或股东权益)总计	61	**10 200.00**	**8 600.00**	**1 600**

图 7.8　比较报表

7.1.3　拓展任务

根据表 7.3 利润表资料编制利润表的比较报表。

任务7.2　比率分析

7.2.1　任务分析

比率分析法是以同一期财务报表上若干项目的相关数据相互比较,求出比率,用来分析和评价公司的经营活动以及公司历史和现状的一种方法,是财务分析最基本的工具。比率分析包括资产负债表内部项目、利润表内部项目和两表项目之间的比率,通常用来为公司的风险水平、股东创造利润的能力等方面提供独特的视角。

指标包括结构比率、效率比率和相关比率等。

7.2.1.1 结构比率

财务报表的结构分析法是计算各组成项目所占比重,进而分析某一报表项目的内部结构特征、总体的性质、总体内部结构依时间推移而表现出的变化规律性的统计方法。结构分析法的基本表现形式,就是计算结构指标。

$$结构指标(\%) = 总体中某一部分 \div 总体总量 \times 100\%$$

结构指标就是总体各个部分占总体的比重,因此,总体中各个部分的结构相对数之和,即等于 100%。

7.2.1.2 效率比率

效率比率是某项财务活动中所费与所得的比率,反映投入与产出的关系,利用效率比率指标,可以进行比较,考察经营成果,评价经济利益,如成本利润率、销售利润率和资本金利润率等指标。如:

$$成本利润率 = 净利润 \div 销售成本 \times 100\%$$

7.2.1.3 相关比率

由于进行财务分析的目的不同,因而各种分析者,包括债权人、管理当局和政府机构等,所采取的侧重点也各不相同,主要包括偿债能力分析、资产管理分析、盈利能力分析和发展能力分析等四大类财务比率。

1. 偿债能力分析

1) 短期偿债能力比率

$$流动比率 = 期末流动资产 \div 期末流动负债$$
$$速动比率 = (期末流动资产 - 期末存货 - 期末待摊费用) \div 期末流动负债$$
$$现金比率 = 现金类资产 \div 期末流动负债$$

2) 长期偿债能力比率

$$资产负债率 = (期末流动负债 + 期末长期负债) \div 期末资产总额$$
$$产权比率 = (期末流动负债 + 期末长期负债) \div 期末所有者权益$$
$$有形净资产债务率 = (期末流动负债 + 期末长期负债) \div (期末所有者权益 - 期末无形资产净值)$$

2. 资产管理分析

$$应收账款周转率 = 主营业务收入 \div [(期末应收账款 + 期初应收账款) \div 2]$$
$$存货周转率 = 主营业务成本 \div [(期末存货 + 期初存货) \div 2]$$
$$流动资产周转率 = 主营业务收入 \div [(期末流动资产 + 期初流动资产) \div 2]$$
$$总资产周转率 = 主营业务收入 \div [(期末资产总额 + 期初资产总额) \div 2]$$

3. 盈利能力分析

$$销售净利率 = 净利润 \div 营业收入 \times 100\%$$
$$销售毛利率 = (营业收入 - 营业成本) \div 主营业务收入 \times 100\%$$

$$资产净利率＝净利润÷[(期末资产总额＋期初资产总额)÷2]×100\%$$
$$净资产收益率＝净利润÷期末所有者权益×100\%$$

4. 发展能力分析

$$销售收入增长率＝本年销售收入增长额÷上年销售收入×100\%$$
$$总资产增长率＝本年资产增长÷年初资产总额×100\%$$
$$营业利润增长率＝本年营业利润增长额÷上年营业利润×100\%$$
$$资本保值增值率＝期末所有者权益÷期初所有者权益×100\%$$
$$净利增长率＝本年净利润增长率÷上年净利润×100\%$$

7.2.2　任务实现步骤

7.2.2.1　结构比率分析

步骤1　建立"结构比率分析"工作表,将"比较分析工作表"复制到本表。

步骤2　将"变动值"改为"构成比率",录入公式:"E6＝C6/＄C＄38",向下拖动。

步骤3　录入公式:"J6＝H6/＄H＄29",向下拖动至 H29 单元格,删除不必要的 J18 公式。

步骤4　录入公式:"J31＝H31/＄H＄37",向下拖动至 H37 单元格,如图 7.9 所示。

图 7.9　构成比率分析公式图

步骤5　将单元格区域 E5:E38 和 J5:J38 的单元格格式改为"百分比",效果如图 7.10 所示。

7.2.2.2　效率比率分析

步骤1　建立"效率比率分析"工作表,录入表 7.3,如图 7.11 所示。

资 产 负 债 表

2015年12月31日

编制单位：

会企01 表
单位：元

资　产	行次	年末余额	年初余额	构成比率	负债和所有者权益（或股东权益）	行次	年末余额	年初余额	构成比率
流动资产：					流动负债：				
货币资金	1	260.00	135.00	3%	短期借款	32	310.00	235.00	6%
以公允价值计量且其变动计入当期损益的金融资产	2	40.00	70.00	0%	以公允价值计量且其变动计入当期损益的金融负债	33	0.00	0.00	0%
应收票据	3	50.00	65.00	0%	应付票据	34	35.00	30.00	1%
应收账款	4	2 000.00	1 005.00	20%	应付账款	35	510.00	555.00	9%
预付款项	5	70.00	30.00	1%	预收款项	36	60.00	30.00	1%
应收利息	6	0.00	0.00	0%	应付职工薪酬	37	90.00	105.00	2%
应收股利	7	0.00	0.00	0%	应交税费	38	55.00	70.00	1%
其他应收款	8	120.00	120.00	1%	应付利息	39	55.00	35.00	1%
存货	9	605.00	1 640.00	6%	应付股利	40	0.00	0.00	0%
其中：消耗性生物资产		0.00	0.00	0%	其他应付款	41	240.00	145.00	4%
一年内到期的非流动资产	10	235.00	0.00	2%	一年内到期的非流动负债	42	260.00	0.00	5%
其他流动资产（待摊费用）	11	210.00	65.00	2%	其他流动负债	43	25.00	35.00	0%
流动资产合计	12	3 590.00	3 130.00	35%	流动负债合计	44	1 640.00	1 240.00	30%
非流动资产：				0%	非流动负债：				
可供出售金融资产	13	0.00	0.00	0%	长期借款	45	2 260.00	1 235.00	41%
持有至到期投资	14	0.00	0.00	0%	应付债券	46	1 210.00	1 310.00	22%
长期应收款	15	0.00	0.00	0%	长期应付款	47	0.00	0.00	0%
长期股权投资	16	160.00	235.00	2%	专项应付款	48	0.00	0.00	0%
投资性房地产	17	0.00	0.00	0%	预计负债（预提费用）	49	0.00	0.00	0%
固定资产	18	6 190.00	4 775.00	61%	递延收益	50	0.00	0.00	0%
在建工程	19	100.00	185.00	1%	递延所得税负债	51	0.00	0.00	0%
工程物资	20	0.00	0.00	0%	其他非流动负债	52	360.00	385.00	7%
固定资产清理	21	0.00	70.00	0%	非流动负债合计	53	3 830.00	2 930.00	70%
生产性生物资产	22	0.00	0.00	0%	负债合计	54	5 470.00	4 170.00	100%
油气资产	23	0.00	0.00	0%	所有者权益（或股东权益）：				
无形资产	24	100.00	120.00	1%	实收资本（或股本）	55	3 000.00	3 000.00	63%
开发支出	25	0.00	0.00	0%	资本公积	56	90.00	60.00	2%
商誉	26	0.00	0.00	0%	减：库存股	57	0.00	0.00	0%
长期待摊费用	27	0.00	0.00	0%	其他综合收益	58	0.00	0.00	0%
递延所得税资产	28	35.00	85.00	0%	盈余公积	58	380.00	210.00	8%
其他非流动资产	29	25.00	0.00	0%	未分配利润	59	1 260.00	1 160.00	27%
非流动资产合计	30	6 610.00	5 470.00	65%	所有者权益（或股东权益）合计	60	4 730.00	4 430.00	100%
资产总计	31	10 200.00	8 600.00	100%	负债和所有者权益（或股东权益）总计	61	10 200.00	8 600.00	

图 7.10　构成比率分析效果图

利 润 表

2015年度

编制单位：

单位：万元

项　目	行次	本年金额	上年金额
一、营业收入	1	15 010.00	14 260.00
减：营业成本	2	13 230.00	12 525.00
营业税金及附加	3	150.00	150.00
销售费用	4	120.00	110.00
管理费用	5	240.00	210.00
财务费用	6	560.00	490.00
资产减值损失	7	0.00	0.00
加：公允价值变动收益（损失以"－"号填列）	8	110.00	190.00
投资收益（损失以"－"号填列）	9	210.00	130.00
其中：对联营企业和合营企业的投资收益	10		
二、营业利润（亏损以"－"号填列）	11	1 030.00	1 095.00
加：营业外收入	12	60.00	95.00
其中：非流动资产处置利得	13		
减：营业外支出	14	110.00	35.00
其中：非流动资产处置损失	15		
三、利润总额（亏损总额以"－"号填列）	16	980.00	1 155.00
减：所得税费用	17	330.00	385.00
四、净利润（净亏损以"－"号填列）	18	650.00	770.00
五、其他综合收益的税后净额	19		
六、综合收益总额	31		
七、每股收益	32		
（一）基本每股收益	33		
（二）稀释每股收益	34		

图 7.11　利润表资料图

步骤 2　建立“效率比率分析”区域，如图 7.12 所示。

步骤 3　录入两个年度的成本利润率、销售利润率和资本利润率公式，如图 7.13 所示。

步骤 4　将单元格区域 G4:I6 的单元格格式改为“百分比”，效果如图 7.14 所示。

	E	F	G	H	I
1					
2			效率比率比较分析		
3		效率比率	2015年	2014年	增减变化
4		成本利润率			
5		销售利润率			
6		资本利润率			

图 7.12　效率比率分析初始图

	E	F	G	H	I
1					
2			效率比率比较分析		
3		效率比率	2015年	2014年	增减变化
4		成本利润率	=C22/C6	=D22/D6	=G4-H4
5		销售利润率	=C22/C5	=D22/D5	=G5-H5
6		资本利润率	=C22/比较报表!H37	=D22/比较报表!I37	=G6-H6

图 7.13　效率比率分析公式图

	E	F	G	H	I
1					
2			效率比率比较分析		
3		效率比率	2015年	2014年	增减变化
4		成本利润率	4.91%	6.15%	-1.23%
5		销售利润率	4.33%	5.40%	-1.07%
6		资本利润率	13.74%	17.38%	-3.64%

图 7.14　效率比率分析效果图

7.2.2.3　相关比率分析

步骤 1　建立“相关比率”工作表，如图 7.15 所示。

步骤 2　公式录入参照图 7.16，修改相关格式，效果如图 7.17 所示。

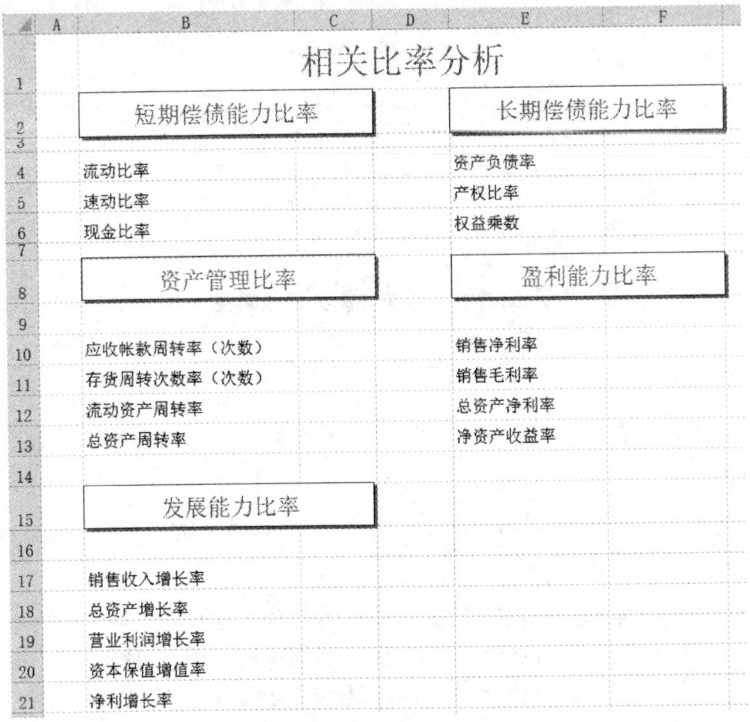

图 7.15　相关比率分析初始图

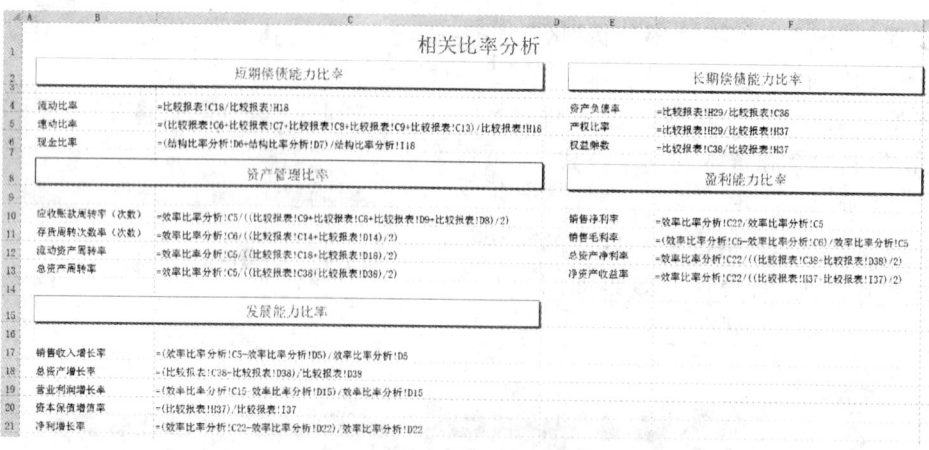

图 7.16　相关比率分析公式图

	相关比率分析			
短期偿债能力比率			**长期偿债能力比率**	
流动比率	2.1890		资产负债率	53.63%
速动比率	1.5061		产权比率	115.64%
现金比率	0.1653		权益乘数	2.16
资产管理比率			**盈利能力比率**	
应收账款周转率（次数）	9.62		销售净利率	4.33%
存货周转次数率（次数）	11.79		销售毛利率	11.86%
流动资产周转率	4.47		总资产净利率	6.91%
总资产周转率	1.60		净资产收益率	14.19%
发展能力比率				
销售收入增长率	5.26%			
总资产增长率	18.60%			
营业利润增长率	−5.94%			
资本保值增值率	106.77%			
净利增长率	−15.58%			

图 7.17　相关比率分析效果图

7.2.3　拓展任务

现金流量分析包括现金流量结构分析、流动性分析、获取现金能力分析、财务弹性分析和收益质量分析。

收集本年度一家上市公司的财务报表，利用本任务建立的 Excel 模型，进行比率分析，并拓展建立现金流量分析模型。

销售现金比率＝经营活动现金流量净额÷销售收入

每股营业现金净流量＝经营活动现金流量净额÷普通股股数

全部资产现金回收率＝经营活动现金流量净额÷平均资产×100％

净收益营运指数＝经营净收益÷净利润

$$经营净收益＝净利润－非经营净收益$$
$$现金营运指数＝经营活动现金流量净额÷经营所得现金$$

任务 7.3　综合分析

7.3.1　任务分析

综合绩效评价是通过建立综合评价指标体系，对照相应行业评价标准，对企业特定经营期间的偿债能力、资产管理能力、盈利能力以及发展能力等进行综合评判。

1928 年，企业财务综合分析的先驱者之一亚历山大·沃尔出版的《信用晴雨表研究》和《财务报表比率分析》中提出了信用能力指数的概念，他选择了 7 个财务比率，即流动比率、产权比率、固定资产比率、存货周转率、应收账款周转率、固定资产周转率和自有资金周转率，分别给定各指标的比重，然后确定标准比率（以行业平均数为基础），将实际比率与标准比率相比，得出相对比率，将此相对比率与各指标比重相乘，得出总评分。

现代企业将沃尔比率进行了修订，建立了综合评分表。本例引用了中级会计师资格考试的《财务管理》中的综合评价表，对滨海机械制造有限公司财务情况进行评分。

杜邦分析最早由美国杜邦公司使用，故名杜邦分析法。这种分析方法是一种用来评价公司盈利能力和股东权益回报水平，从财务角度评价企业绩效的一种经典方法。其基本思想是将企业净资产收益率逐级分解为多项财务比率乘积，具有很鲜明的层次结构。这样有助于深入分析比较企业经营业绩。

7.3.2　任务实现步骤

7.3.2.1　综合评分表制作

步骤 1　录入综合评分表，参照表 7.4。如图 7.18 所示。

指标 ①	评分值 ②	标准比率(%) ③	行业最高比率(%) ④	最高评分 ⑤＝②×1.5	最低评分 ⑥＝②×0.5	每分比率的差(%) ⑦＝(④－③)／(⑤－③)
综合评分表						
盈利能力:						
总资产报酬率	20	5.5	15.80			
销售净利率	20	26.0	56.20			
净资产收益率	10	4.4	22.70			
偿债能力:						
自有资本比率	8	25.9	55.80			
流动比率	8	95.7	253.80			
应收账款周转率	8	290.0	960.00			
存货周转率	8	800.0	3 030.00			
成长能力:						
销售增长率	6	2.5	38.90			
净利增长率	6	10.1	51.20			
总资产增长率	6	7.3	42.80			
合　计	100					

图 7.18　综合评分表初始图

步骤2 录入综合评分表中最高评分、最低评分和每分比率的差公式,如图7.19所示。效果如图7.20所示。

	指标 ①	评分值 ②	标准比率(%) ③	行业最高比率(%) ④	最高评分 ⑤=②×1.5	最低评分 ⑥=②×0.5	每分比率的差(%) ⑦=(①-③)/(⑤-③)
	总资产报酬率	20	5.5	15.8	=C4*1.5	=C4*0.5	=(E4-D4)/(F4-C4)
	销售净利率	20	26	56.2	=C5*1.5	=C5*0.5	=(E5-D5)/(F5-C5)
	净资产收益率	10	4.4	22.7	=C6*1.5	=C6*0.5	=(E6-D6)/(F6-C6)
	偿债能力:						
	自有资本比率	8	25.9	55.8	=C8*1.5	=C8*0.5	=(E8-D8)/(F8-C8)
	流动比率	8	95.7	253.8	=C9*1.5	=C9*0.5	=(E9-D9)/(F9-C9)
	应收账款周转率	8	290	960	=C10*1.5	=C10*0.5	=(E10-D10)/(F10-C10)
	存货周转率	8	800	3030	=C11*1.5	=C11*0.5	=(E11-D11)/(F11-C11)
	成长能力:						
	销售增长率	6	2.5	38.9	=C13*1.5	=C13*0.5	=(E13-D13)/(F13-C13)
	净利增长率	6	10.1	51.2	=C14*1.5	=C14*0.5	=(E14-D14)/(F14-C14)
	总资产增长率	6	7.3	42.8	=C15*1.5	=C15*0.5	=(E15-D15)/(F15-C15)
	合 计	=SUM(C4:…			=SUM(F4:F6,F8:F11,F13:F15)	=SUM(G4:G6,G8:G11,G13:G15)	

图7.19 综合评分表公式图

	指标 ①	评分值② 	标准比率(%) ③	行业最高比率(%) ④	最高评分 ⑤=②×1.5	最低评分 ⑥=②×0.5	每分比率的差(%) ⑦=(①-③)/(⑤-③)
	盈利能力:						
	总资产报酬率	20	5.5	15.80	30	10	1.03
	销售净利率	20	26.0	56.20	30	10	3.02
	净资产收益率	10	4.4	22.70	15	5	3.66
	偿债能力:						
	自有资本比率	8	25.9	55.80	12	4	7.48
	流动比率	8	95.7	253.80	12	4	39.53
	应收账款周转率	8	290.0	960.00	12	4	167.50
	存货周转率	8	800.0	3 030.00	12	4	557.50
	成长能力:						
	销售增长率	6	2.5	38.90	9	3	12.13
	净利增长率	6	10.1	51.20	9	3	13.70
	总资产增长率	6	7.3	42.80	9	3	11.83
	合 计	100			150	50	

图7.20 综合评分表效果图

步骤3 在综合评分表下方编制财务情况评分表,如图7.21所示。

步骤4 根据任务二的比率分析公式,输入财务情况评分表中的实际比率公式,参照图7.22。

步骤5 标准比率取自综合评分表,公式参照图7.22。

步骤6 计算差异,公式参照图7.22。

步骤7 每分比率取自综合评分表,公式参照图7.22。

	B	C	D	E	F	G	H	I
23	财务情况评分							
24								
25	指标	实际比率(%) 1	标准比率(%) 2	差异 3=1-2	每分比率 4	调整分 5=3/4	标准分值 6	得分 7=5+6
26	盈利能力:							
27	总资产报酬率							
28	销售净利率							
29	净资产收益率							
30	偿债能力:							
31	自有资本比率							
32	流动比率							
33	应收账款周转率							
34	存货周转率							
35	成长能力:							
36	销售增长率							
37	净利增长率							
38	总资产增长率							
39	合　计							

图 7.21　财务情况评分初始图

步骤 8　输入调整分公式,参照图 7.22。

步骤 9　标准分值取自综合评分表,公式参照图 7.22。

步骤 10　输入得分公式,参照图 7.22。

	B	C	D	E	F	G	H	I
22	财务情况评分							
23								
24	指标	实际比率(%) 1	标准比率(%) 2	差异 3=1-2	每分比率 4	调整分 5=3/4	标准分值 6	得分 7=5+6
25	盈利能力:							
26	总资产报酬率	=效率比率分析!C22/((比较报表!C38+比较报表!D38)/2)*100	=D4	=C26-D26	=H4	=E26/F26	=C4	=G26+H26
27	销售净利率	=效率比率分析!C22/效率比率分析!C5*100	=D5	=C27-D27	=H5	=E27/F27	=C5	=G27+H27
28	净资产收益率	=效率比率分析!C22/((比较报表!H37+比较报表!I37)/2)*100	=D6	=C28-D28	=H6	=E28/F28	=C6	=G28+H28
29	偿债能力:							
30	自有资本比率	=比较报表!H37/比较报表!H38*100	=D8	=C30-D30	=H8	=E30/F30	=C8	=G30+H30
31	流动比率	=比较报表!C18/比较报表!H18*100	=D9	=C31-D31	=H9	=E31/F31	=C9	=G31+H31
32	应收账款周转率	=效率比率分析!C5/((比较报表!C9+比较报表!C8+比较报表!D9+比较报表!D8)/2)*100	=D10	=C32-D32	=H10	=E32/F32	=C10	=G32+H32
33	存货周转率	=效率比率分析!C6/((比较报表!C14+比较报表!D14)/2)*100	=D11	=C33-D33	=H11	=E33/F33	=C11	=G33+H33
34	成长能力:							
35	销售增长率	=(效率比率分析!C5-效率比率分析!D5)/效率比率分析!D5*100	=D13	=C35-D35	=H13	=E35/F35	=C13	=G35+H35
36	净利增长率	=(效率比率分析!C22-效率比率分析!D22)/效率比率分析!D22*100	=D14	=C36-D36	=H14	=E36/F36	=C14	=G36+H36
37	总资产增长率	=(比较报表!C38-比较报表!D38)/比较报表!D38*100	=D15	=C37-D37	=H15	=E37/F37	=C15	=G37+H37
38	合　计						=SUM(H26:H28,H30:H33,H35:H37)	=SUM(I26:I28,I30:I33,I35:I37)

图 7.22　财务情况评分公式图

步骤 11　合计“标准分值”和“得分”,效果如图 7.23 所示。

7.3.2.2　杜邦分析体系

步骤 1　参照图 7.1 编制杜邦分析体系,如图 7.24 所示。

步骤 2　参照图 7.25,录入公式。

参考公式如下:

G3＝效率比率分析！C22/((比较报表！H37＋比较报表！I37)/2)

F7＝效率比率分析！C22/((比较报表！C38＋比较报表！D38)/2)

H7＝(比较报表！D38＋比较报表！C38)/(比较报表！I37＋比较报表！H37)

指标	实际比率(%) 1	标准比率 (%) 2	差异 3=1-2	每分比率 4	调整分 5=3/4	标准分值 6	得分 7=5+6
财务情况评分							
盈利能力：							
总资产报酬率	6.91	5.5	1.414893617	1.03	1.37	20	21.37
销售净利率	4.33	26.0	-21.66955363	3.02	-7.18	20	12.82
净资产收益率	14.19	4.4	9.792139738	3.66	2.68	10	12.68
偿债能力：							
自有资本比率	46.37	25.9	20.47254902	7.48	2.74	8	10.74
流动比率	218.90	95.7	123.202439	39.53	3.12	8	11.12
应收账款周转率	962.18	290.0	672.1794872	167.50	4.01	8	12.01
存货周转率	1 178.62	800.0	378.6191537	557.50	0.68	8	8.68
成长能力：							
销售增长率	5.26	2.5	2.759467041	12.13	0.23	6	6.23
净利增长率	-15.58	10.1	-25.68441558	13.70	-1.87	6	4.13
总资产增长率	18.60	7.3	11.30465116	11.83	0.96	6	6.96
合 计						100	106.73

图 7.23　财务情况评分效果图

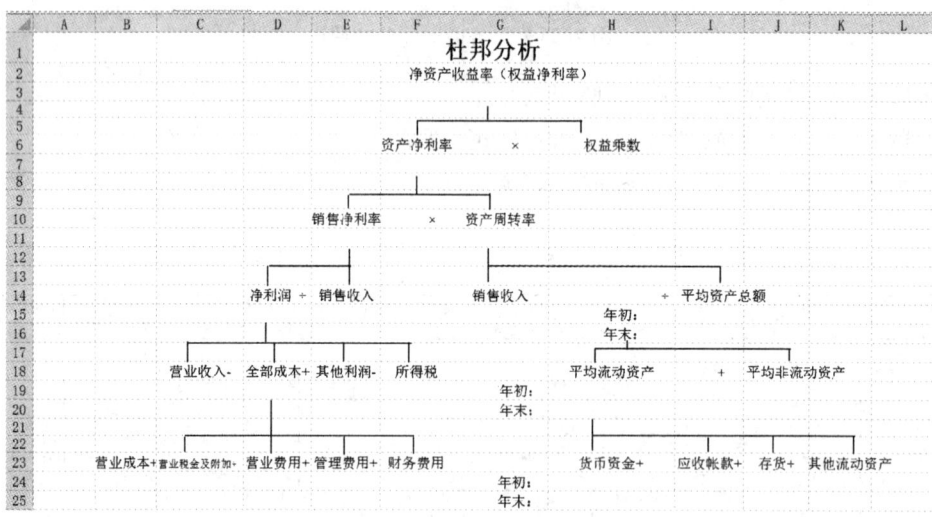

图 7.24　杜邦分析初始图

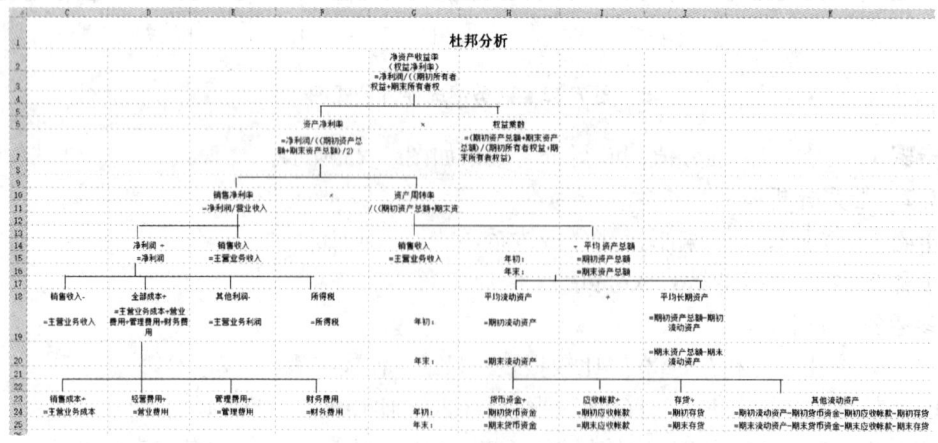

图 7.25　杜邦分析公式示意图

E11 =效率比率分析！C22/效率比率分析！C5

G11 =效率比率分析！C5/（（比较报表！C38＋比较报表！D38)/2)

其他单元数据取自比较报表中的资产负债表和效率比率分析的利润表。

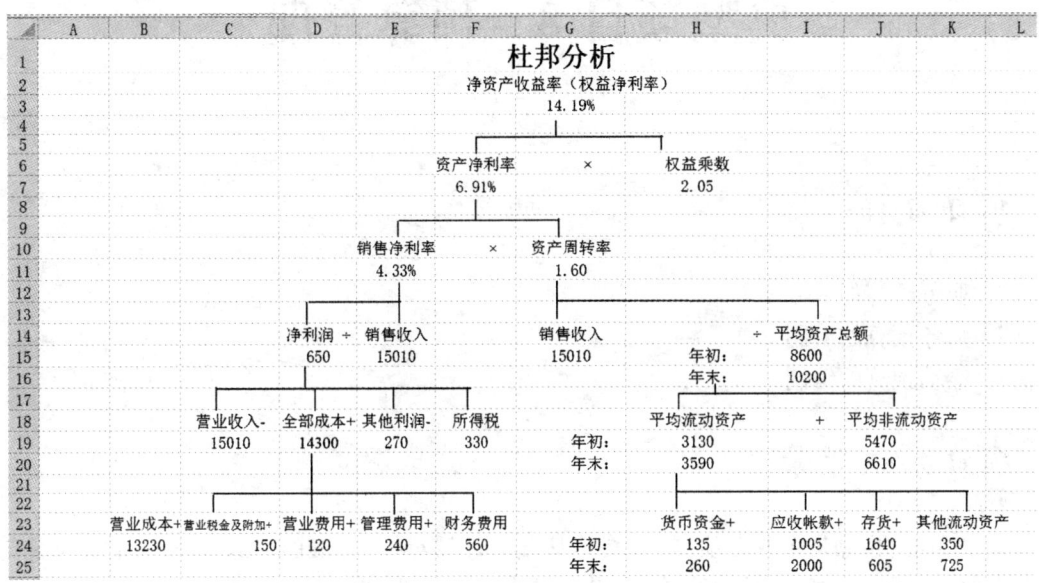

图 7.26 杜邦分析效果图

实 战 训 练

收集本年度上市公司的财务报表，利用本任务建立的 Excel 模型，进行综合比率分析和
杜邦分析。

典型项目 8 预算管理

➤ 项目目标

1. 业务预算的编制
2. 财务预算的编制
3. 滚动预算的编制

➤ 项目知识背景

财务角度:预算是企业在预测、决策的基础上,以数量和金额的形式反映企业未来一定时期的经营、投资、财务等活动的具体计划,是为实现企业目标而对各种资源和企业活动的详细安排。预算从内容上,可分业务预算、专门决策预算和财务预算。

预算可以根据不同的预算项目,分别采用相应方法进行编制。其主要方法有以下几种。

1. 固定预算与弹性预算

固定预算又称静态预算,是根据预算期内正常的、可实现的某一业务量水平为基础来编制的预算。其适用于固定费用或者数额比较稳定的预算项目。

弹性预算在按照成本(费用)习惯性分类的基础上,根据量、本、利之间的依存关系,考虑到计划期间内业务量可能发生变动,编制出一套适应多种业务量的费用预算。其特点反映的是不同业务情况下所应支付的费用水平,它是为了弥补固定预算的缺陷而产生的。

对于固定性成本(费用)采用固定预算编制方法;对于变动性成本(费用)采用弹性预算编制方法。

2. 增量预算与零基预算

增量预算是在上期成本费用的基础上根据预计的业务情况,再结合管理需求,调整有关费用项目。

简单地讲,零基预算就是一切从零开始,不考虑以前发生的费用项目及其金额。从实际需要逐项审议预算期内各项费用的内容及开支标准是否合理,在综合平衡的基础上编制费用预算。

3. 定期预算与滚动预算

定期预算是以不变的会计期间作为预算期。多数情况下该期间为 1 年,并与会计期间相对应。

滚动预算是指在编制预算时,将预算期与会计期间脱离,随着预算的执行不断地补充预算,逐期向后滚动,使预算期间始终保持在一个固定的长度(一般为 12 个月)。通过根据给定的资料编制销售预算、生产预算、直接材料预算、直接人工预算、制造费用预算及销售管理费用预算,需要掌握这些预算之间的勾稽关系,并且需要掌握一些会计上的计算公式。

Excel技巧:熟悉相对引用、绝对引用和混合运用,常用函数公式(如:SUM公式),表间取数等。

➤ 项目任务

天乐公司为了合理、有效地使用资金,统一协调各种经营活动,以便实现利润最大化,需要对公司所有方面进行预算和控制,因此公司需要通过Excel表格编制业务预算、财务预算和滚动预算。部分先期预测数据,如表8.1至表8.7所示。

表8.1　　　　　　　　　　　　　　**销 售 预 算**　　　　　　　　　　金额单位:元

季　度	一	二	三	四	全年
预计销售量(件)	400	480	540	510	
预计单位售价	500	500	500	500	
销售收入					

表8.2　　　　　　　　　　　　　　**生 产 预 算**　　　　　　　　　　单位:件

季　度	一	二	三	四	全年
预计销售量					
加:预计期末存货				45	
合计					
减:预计期初存货	50				
预计生产量					

表8.3　　　　　　　　　　　　　　**直接材料预算**

季　度	一	二	三	四	全年
预计生产量(件)					
单位产品材料耗用量(千克)	15	15	15	15	15
生产需要量(千克)					
加:预计期末存量(千克)				780	
合计					
减:预计期初存量(千克)	740				
预计材料采购量(千克)					
单价(元/千克)	10	10	10	10	10
预计采购金额(元)					

表 8.4　　　　　　　　　　　　　　　　　直接人工成本预算

季　度	一	二	三	四	全年
预计生产量(件)					
单位产品工时(小时)	10	10	10	10	10
人工总工时(小时)					
每小时人工成本(元/小时)	12	12	12	12	12
人工总成本(元)					

表 8.5　　　　　　　　　　　　　　　　　制造费用资料　　　　　　　　　　　　　　单位:元

季　度	一	二	三	四	全年
变动制造费用					
间接材料	8 820	8 940	9 300	9 430	
间接人工	7 300	7 530	7 890	8 120	
修理费	6 100	5 980	6 320	6 410	
水电费	4 520	4 760	4 810	4 620	
其他	2 500	2 650	2 470	2 730	
小计					
固定费用					
修理费	6 200	6 570	6 420	6 570	
折旧费	7 000	7 000	7 000	7 000	
管理人员工资	6 800	6 800	6 800	6 800	
保险费	3 500	3 500	3 500	3 500	
其他	2 000	2 000	2 000	2 000	
小计					
合计					

表 8.6　　　　　　　　　　　　　　　　　产品成本预算　　　　　　　　　　　　　　单位:元

成本项目	每千克或每小时/元	单位耗用量	单位成本/元	总成本/元 (1 925件)	期末存货/元 (45件)	销货成本/元 (1 930件)
直接材料						
直接人工						
变动制造费用						
固定自造费用						
合计						

表 8.7		销售及管理费用预算		单位:元
销售费用:		管理费用:		
销售人员工资	12 300	管理人员工资		29 830
广告费	9 800	保险费		7 320
包装费	5 000	办公费		8 000
运输费	4 800			
保管费	3 450			
小计		小计		
合计				
每季度支付的现金				

> ## 任务分解

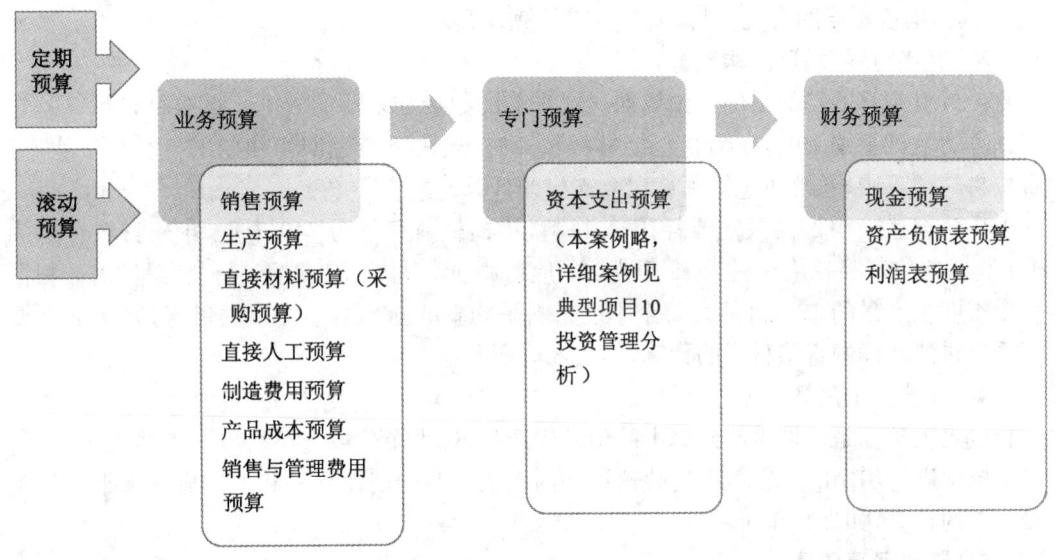

图 8.1　任务分解图

任务 8.1　业务预算

8.1.1　任务分析

业务预算是指与企业日常业务活动直接相关的、具有实质性的基本活动的预算,通常与企业利润表的计算有关。企业为了更加合理有效地使用资源,统一协调各种经营活动,以期产生更多的利润,首先会进行业务预算,编制销售预算、生产预算、直接材料预算(采购预算)、直接人工预算、制造费用预算、产品成本预算、销售与管理费用预算等相关预算表。

8.1.1.1 销售预算

销售预算的主要内容是销售量、单价和销售收入。销售量是根据销货合同、市场需求及企业生产能力确定的。单价是通过产品自身价值和社会供求关系等因素决定的。

销售预算是其他预算的编制基础,在编制销售预算时通常会包括预计现金收入的计算,便于以后现金预算的编制。

天乐公司生产并销售甲产品,2014 年度预计销售量、单价、销售收入,如表 8.1 所示。据估计,甲产品每季度的销售收入中有 70% 能于当季收到现金,剩余 30% 要到下季度收讫。2013 年年末应收账款余额为 90 000 元,编制销售预算表。

8.1.1.2 生产预算

生产预算是以销售预算为基础编制的,为进一步预算成本和费用提供依据。

由于企业的生产和销售不能做到"同步同量",必须储备一定的存货,以保证能在出现意外需求时按时供货。因此,预算期间必须备有充足的产品以供销售,以及需要考虑预算期初存货和期末存货等因素。

天乐公司每个季度末的存货按下一季度销售量的 10% 计算,年初存货 50 件,年末存货 45 件。依据销售预算的有关资料,编制生产预算,如表 8.2 所示。

8.1.1.3 直接材料预算(采购预算)

直接材料预算的目的是确定预算期材料采购的数量和采购的成本。直接材料预算是在生产预算的基础上编制的,在编制直接材料预算时,还需要考虑期初和期末材料存货水平。在直接材料预算中,通常还包括预算现金支出的计算。

天乐公司生产甲产品只需要耗用 A 材料,年初材料存量为 740 千克,年末材料存量为 780 千克。单位产品耗用材料为 15 千克,单价为 10 元。每个季度"期末材料存量"需要根据下一个季度生产量的 10% 计算。每个季度材料采购款的 60% 在本季度内付清,另外 40% 要在下季度付清。编制直接材料的预算,如表 8.3 所示。

8.1.1.4 直接人工预算

直接人工预算是根据生产预算中的预计生产量、标准单位或金额所确定直接人工工时、小时工资率进行编制的。它可以反映预算期内人工工时的消耗水平和人工成本水平。编制直接人工的预算,如表 8.4 所示。

8.1.1.5 制造费用预算

制造费用预算是指除直接材料预算和直接人工预算以外的其他一切生产费用的预算。制造费用预算通常包括变动制造费用和固定制造费用两部分。

变动制造费用与直接材料预算、直接人工预算的编制基础是一致的。固定制造费用需要逐项进行预计,然后预计每季实际需要支付的金额,最后求出全年数。

为了以后现金预算编制的简便性,制造费用预算也需要计算其现金支出。其中,固定资产折旧不需要现金的支出,应在计算时予以扣除。

天乐公司采用变动成本法编制制造费用预算,变动性制造费用采用直接人工工时比例分配,各项制造费用均于当季付现(不包括折旧费用)。根据制造费用资料(见表 8.5)编制制造费用预算。

8.1.1.6 产品成本预算

产品成本预算是通过生产预算、直接材料预算、直接人工预算、制造费用预算的汇总形成的。其主要内容包括产品的单位成本、总成本、期末存货成本和销货成本。单位成本的有关数据来源于直接材料预算、直接人工预算和制造费用预算;产量、期末存货量来源于生产预算;销量来源于销售预算。产品的总成本、期末存货成本和销货成本的金额,根据单位成本、产量、期末存货量和销量计算得出。

编制天乐公司的产品成本预算,如表 8.6 所示。

8.1.1.7　销售费用和管理费用预算

销售费用预算是指为了实现产品销售所发生费用的预算。在编制销售费用预算时,要以过去的销售费用为基础,考察、分析过去销售费用支出的必要性。

管理费用是维持一般管理业务所发生的必要费用。企业规模的不断扩大,一般管理职能也显得越来越重要,导致其费用也相应增加。在编制管理费用预算时,要考虑企业的业绩和一般经济状况,必须做到费用合理化。管理费用预算要以过去发生的支出为前提,对预算期内可预见的支出进行调整。编制天乐公司销售及管理费用预算,如表 8.7 所示。

8.1.2　任务实现步骤

8.1.2.1　销售预算编制步骤

步骤 1　2014 年度销售量、销售价格、销售收入需要调研企业的销售业务预计得到,表 8.1 已经给出了 2014 年度的销售量、销售价格和销售收入。新增资料可以在给定的工作表中追加,以完成销售预算的编制。

步骤 2　建立"业务预算"Excel 工作簿,双击"sheet 1"工作表标签,输入工作表名"销售预算"。

步骤 3　参照表 8.1,录入天乐公司给定的资料,如图 8.2 所示。

	A	B	C	D	E	F
1			销售预算			金额单位:元
2	季度	一	二	三	四	全年
3	预计销售量(件)	400	480	540	510	1 930
4	预计单位售价	500	500	500	500	500
5	销售收入	200 000	240 000	270 000	255 000	965 000
6	预计现金收入					
7	上年应收账款	90 000				90 000
8	第一季度	140 000	60 000			200 000
9	第二季度		168 000	72 000		240 000
10	第三季度			189 000	81 000	270 000
11	第四季度				178 500	178 500
12	现金收入合计	230 000	228 000	261 000	259 500	978 500

图 8.2　销售预算收入图

步骤 4　参照图 8.1 建立销售预算的"预计现金收入"表,有色区域为公式区域。选择 A6:F6 单元格后,单击合并居中按钮 ,然后在合并单元格中输入"预计现金收入"。

步骤 5 在 A7 单元格输入上年应收账款；在 A8 单元格输入第一季度，然后选中该单元格，光标移到该单元格右下角，直到光标变为"＋"字，按鼠标左键，向下拖动，系统自动填充到 A11 单元格；在 A12 单元格输入"现金收入合计"。

步骤 6 在 B7 单元格输入应收账款 90 000，在 B8 单元格输入公式"＝B＄5 * 70％"，然后分别复制 B8 单元格的公式，粘贴到 C9、D10、E11 单元格。

☞ **知识链接**

> 在 Excel 中加上了绝对地址符"＄"的列标和行号为绝对地址，在公式向旁边复制时不会发生变化；没有加上绝对地址符号的列标和行号为相对地址，在公式向旁边复制时会跟着发生变化。

步骤 7 在 C8 单元格输入公式"＝B＄5－B8"，然后分别复制 C8 单元格的公式，粘贴到 D9、E10 单元格。

步骤 8 单击 F7 单元格后再单击求和按钮 Σ，然后修改求和区域为 B7：E7，最后按回车键。[求和公式为：＝SUM(B7：E7)]。

步骤 9 选中 F7 单元格，光标移到该单元格右下角，直到光标变为"＋"字，按鼠标左键，向下拖动，系统自动填充，到 F12 单元格，释放鼠标。

步骤 10 单击 B12 单元格后再单击求和按钮 Σ，然后修改求和区域为 B7：B11，最后按回车键。

步骤 11 操作步骤同步骤 9。这样销售预算编制完成。

8.1.2.2 生产预算

步骤 1 在"业务预算"Excel 工作簿中，修改"sheet 2"工作表标签，为"生产预算"。参照表 8.2，录入天乐公司给定的资料，如图 8.3，有色区域为公式区域。

	A	B	C	D	E	F
1	生产预算					单位：件
2	季度	一	二	三	四	全年
3	预计销售量	400	480	540	510	1930
4	加：预计期末存货	48	54	51	45	45
5	合计	448	534	591	555	1975
6	减：预计期初存货	50	48	54	51	50
7	预计生产量	398	486	537	504	1925

图 8.3 生产预算图

步骤 2 获取销售预算的预计销售量，在 B3 输入公式"＝销售预算！B3"，回车，然后选中该单元格，光标移到该单元格右下角，直到光标变为"＋"字，按左键，向左拖动，系统自动填充到 F3 单元格，释放鼠标。

☞ **知识链接**

Excel 引用其他工作表数据的几种方法。

方法一：直接使用公式

假如要让 Sheet 2 表中的 A1 单元格与 Sheet 1 表中的 A3 单元格中的数据保持一致，只要在 Sheet 2 中的 A1 单元格中输入公式：

＝Sheet 1! A3

另外，还可以在 Sheet 2 表的 A1 单元格中先输入"＝"，再切换到 Sheet 1 表中，选择 A3 单元格，然后按回车键。

方法二：使用粘贴选项

复制要链接的单元格，然后选择其他单元格进行"粘贴"，在单元格的右下角单击"粘贴选项"按钮，选择"链接单元格"。

方法三：使用选择性粘贴

复制要链接的单元格，然后右击其他单元格，在弹出的快捷菜单中选择"选择性粘贴"，单击"粘贴链接"按钮即可。

步骤 3 计算预计期末存货，在 B4 单元格输入公式"＝C＄3＊10％"，按回车键，然后选中该单元格，光标移到该单元格右下角，直到光标变为"＋"字，按鼠标左键，向左拖动，系统自动填充到 D4 单元格，释放鼠标。最后季度 E4 是已知数据：45，全年的预计期末存货，应为第四季度预计期末存货，因此在 F5 单元格输入公式"＝E4"。

步骤 4 录入合计行公式，在 B5 单元格输入公式"＝SUM(B3：B4)"，然后选中该单元格，光标移到该单元格右下角，直到光标变为"＋"字，按左键，向左拖动，系统自动填充到 F5 单元格。

步骤 5 B6 为已知数据：50。

步骤 6 第二季度的期初预计库存应为第一季度的期末预计库存，因此在 C6 单元格输入公式"＝B＄4"，复制公式第三、第四季度。

步骤 7 全年预计期初库存应为第一季度的期初预计库存，在 F6 单元格输入公式"＝B6"。

步骤 8 预计生产量＝预计销售量＋预计期末库存－预计期初库存。在 B7 单元格输入公式"＝B＄5－B＄6"，向后复制公式。这样就完成了生产预算的编制。

8.1.2.3 直接材料预算编制

步骤 1 在"业务预算"Excel 工作簿中，修改"Sheet 3"工作表标签为"直接材料预算"。参照表 8.3，录入天乐公司给定的资料，如图 8.4，有色区域为公式区域。

步骤 2 录入公式，如图 8.5 所示。

8.1.2.4 直接人工成本预算

步骤 1 新增工作表"直接人工成本预算"。参照表 8.4，录入天乐公司给定的资料，如图 8.6，有色区域为公式区域。

步骤 2 录入公式，如图 8.6 所示。

	A	B	C	D	E	F
1	直接材料预算				单位: 元	
2	季度	一	二	三	四	全年
3	预计生产量（件）	398	486	537	504	1 925
4	单位产品材料耗用量（千克）	15	15	15	15	15
5	生产需要量（千克）	5 970	7 290	8 055	7 560	28 875
6	加：预计期末存量（千克）	729	805.5	756	780	780
7	合计	6 699	8 095.5	8 811	8 340	29 655
8	减：预计期初存量（千克）	740	729	805.5	756	740
9	预计材料采购量（千克）	5 959	7 366.5	8 005.5	7 584	28 915
10	单价（元/千克）	10	10	10	10	10
11	预计采购金额	59 590	7 3665	8 0055	75 840	28 9150
12	预计现金支出					
13	上年应付账款	40 000				40 000
14	第一季度	35 754	23 836			59 590
15	第二季度		44 199	29 466		73 665
16	第三季度			48 033	32 022	80 055
17	第四季度				45 504	45 504
18	合计	75 754	68 035	77 499	77 526	298 814

图 8.4 直接材料预算

	A	B	C	D	E	F
1	直接材料预算				单位: 元	
2	季度	一	二	三	四	全年
3	预计生产量（件）	=生产预算!B7	=生产预算!C7	=生产预算!D7	=生产预算!E7	=生产预算!F7
4	单位产品材料耗用量（千克）	15	15	15	15	15
5	生产需要量（千克）	=B3*B4	=C3*C4	=D3*D4	=E3*E4	=F3*F4
6	加：预计期末存量（千克）	=C5*10%	=D5*10%	=E5*10%	780	=E6
7	合计	=B5+B6	=C5+C6	=D5+D6	=E5+E6	=F5+F6
8	减：预计期初存量（千克）	740	=B$6	=C$6	=D$6	=B8
9	预计材料采购量（千克）	=B7-B8	=C7-C8	=D7-D8	=E7-E8	=F7-F8
10	单价（元/千克）	10	10	10	10	10
11	预计采购金额	=B9*B10	=C9*C10	=D9*D10	=E9*E10	=F9*F10
12	预计现金支出					
13	上年应付账款	40000				=SUM(B13:E13)
14	第一季度	=B$11*60%	=B$11-B14			=SUM(B14:E14)
15	第二季度		=C$11*60%	=C$11-C15		=SUM(B15:E15)
16	第三季度			=D$11*60%	=D$11-D16	=SUM(B16:E16)
17	第四季度				=E$11*60%	=SUM(B17:E17)
18	合计	=SUM(B13:B17)	=SUM(C13:C17)	=SUM(D13:D17)	=SUM(E13:E17)	=SUM(F13:F17)

图 8.5 直接材料预算公式

	A	B	C	D	E	F
1	直接人工成本预算				单位: 元	
2	季度	一	二	三	四	全年
3	预计生产量（件）	398	486	537	504	1 925
4	单位产品工时（小时）	10	10	10	10	10
5	人工总工时（小时）	3 980	4 860	5 370	5 040	19 250
6	每小时人工成本（元/小时）	12	12	12	12	12
7	人工总成本（元）	47 760	58 320	64 440	60 480	231 000

图 8.6 直接人工成本预算

	A	B	C	D	E	F
1		直接人工成本预算				单位：元
2	季度	一	二	三	四	全年
3	预计生产量（件）	=生产预算!B7	=生产预算!C7	=生产预算!D7	=生产预算!E7	=生产预算!F7
4	单位产品工时（小时）	10	10	10	10	10
5	人工总工时（小时）	=B3*B4	=C3*C4	=D3*D4	=E3*E4	=F3*F4
6	每小时人工成本（元/小时）	12	12	12	12	12
7	人工总成本（元）	=B5*B6	=C5*C6	=D5*D6	=E5*E6	=F5*F6

图 8.7　直接人工成本预算公式

8.1.2.5　制造费用预算

步骤 1　新增工作表"制造费用预算"。参照表 8.5，录入天乐公司给定的资料，如图 8.8 所示，有色区域为公式区域。

	A	B	C	D	E	F
1		制造费用预算				单位：元
2	季度	一	二	三	四	全年
3	变动制造费用					
4	间接材料	8 820	8 940	9 300	9 430	36 490
5	间接人工	7 300	7 530	7 890	8 120	30 840
6	修理费	6 100	5 980	6 320	6 410	24 810
7	水电费	4 520	4 760	4 810	4 620	18 710
8	其他	2 500	2 650	2 470	2 730	10 350
9	小计	29 240	29 860	30 790	31 310	121 200
10	固定费用					
11	修理费	6 200	6 570	6 420	6 570	25 760
12	折旧费	7 000	7 000	7 000	7 000	28 000
13	管理人员工资	6 800	6 800	6 800	6 800	27 200
14	保险费	3 500	3 500	3 500	3 500	14 000
15	其他	2 000	2 000	2 000	2 000	8 000
16	小计	25 500	25 870	25 720	25 870	102 960
17	合计	54 740	55 730	56 510	57 180	224 160
18	减：折旧	7 000	7 000	7 000	7 000	28 000
19	现金支出的费用	47 740	48 730	49 510	50 180	196 160

图 8.8　制造费用预算

步骤 2　录入公式，如图 8.9 所示。

季度	一	二	三	四	全年
制造费用预算　　单位：元					
变动制造费用					
间接材料	8 820	8 940	9 300	9 430	=SUM(B4:E4)
间接人工	7 300	7 530	7 890	8 120	=SUM(B5:E5)
修理费	6 100	5 980	6 320	6 410	=SUM(B6:E6)
水电费	4 520	4 760	4 810	4 620	=SUM(B7:E7)
其他	2 500	2 650	2 470	2 730	=SUM(B8:E8)
小计	=SUM(B4:B8)	=SUM(C4:C8)	=SUM(D4:D8)	=SUM(E4:E8)	=SUM(F4:F8)
固定费用					
修理费	6 200	6 570	6 420	6 570	=SUM(B11:E11)
折旧费	7 000	7 000	7 000	7 000	=SUM(B12:E12)
管理人员工资	6 800	6 800	6 800	6 800	=SUM(B13:E13)
保险费	3 500	3 500	3 500	3 500	=SUM(B14:E14)
其他	2 000	2 000	2 000	2 000	=SUM(B15:E15)
小计	=SUM(B11:B15)	=SUM(C11:C15)	=SUM(D11:D15)	=SUM(E11:E15)	=SUM(F11:F15)
合计	=B9+B16	=C9+C16	=D9+D16	=E9+E16	=F9+F16
减：折旧	=B12	=C12	=D12	=E12	=SUM(B18:E18)
现金支出的费用	=B17-B18	=C17-C18	=D17-D18	=E17-E18	=F17-F18

图 8.9　制造费用预算公式

☞ **知识链接**

变动性制造费用预算分配率＝变动性制造费用预算总额÷相关分配标准预算总额

8.1.2.6　产品成本预算

步骤 1　新增工作表"产品成本预算"。参照表 8.6，录入天乐公司给定的资料，如图 8.10 所示，有色区域为公式区域。

成本项目	每千克或每小时/元	单位耗用量	单位成本/元	总成本/元（1925件）	期末存货/元（45件）	销货成本/元（1930件）
产品成本预算						
直接材料	10.00	15.00	150.00	288 750.00	6 750.00	289 500.00
直接人工	12.00	10.00	120.00	231 000.00	5 400.00	231 600.00
变动制造费用	6.30	10.00	62.96	121 200.00	2 833.25	121 514.81
固定制造费用	5.35	10.00	53.49	102 960.00	2 406.86	103 227.43
合计			386.45	743 910.00	17 390.10	745 842.23

图 8.10　产品成本预算

步骤 2　录入公式,如图 8.11 所示。

	A	B	C	D	E	F	G
1				产品成本预算			
2	成本项目	每千克或每小时/元	单位耗用量	单位成本/元	总成本/元(1 925件)	期末存货/元(45件)	销货成本/元(1 930件)
3	直接材料	=直接材料预算!B10	=直接材料预算!B4	=B3*C3	=D3*生产预算!$F$7	=D3*生产预算!$F$4	=D3*销售预算!$F$3
4	直接人工	=直接人工预算!B6	=直接人工预算!$B$4	=B4*C4	=D4*生产预算!$F$7	=D4*生产预算!$F$4	=D4*销售预算!$F$3
5	变动制造费用	=制造费用预算!F9/直接人工预算!F5	=直接人工预算!$B$4	=B5*C5	=D6*生产预算!$F$7	=D5*生产预算!$F$4	=D5*销售预算!$F$3
6	固定制造费用	=制造费用预算!F16/直接人工预算!F5	=直接人工预算!$B$4	=B6*C6	=D6*生产预算!$F$7	=D6*生产预算!$F$4	=D6*销售预算!$F$3
7	合计			=SUM(D3:D6)	=SUM(E3:E6)	=SUM(F3:F6)	=SUM(G3:G6)

图 8.11　产品成本预算公式

8.1.2.7　销售及管理费用预算

步骤 1　新增工作表"销售及管理费用预算"。参照表 8.7,录入天乐公司给定的资料,如图 8.12,有色区域为公式区域。

	A	B	C	D
1			销售及管理费用预算	
2	销售费用:		管理费用:	
3	销售人员工资	12 300	管理人员工资	29 830
4	广告费	9 800	保险费	7 320
5	包装费	5 000	办公费	8 000
6	运输费	4 800		
7	保管费	3 450		
8	小计	35 350	小计	45 150
9		合计		80 500
10		每季度支付现金		20 125

图 8.12　销售及管理费用预算

步骤 2　录入公式,如图 8.12 所示。

	A	B	C	D
1			销售及管理费用预算	
2	销售费用:		管理费用:	
3	销售人员工资	12 300	管理人员工资	29 830
4	广告费	9 800	保险费	73 20
5	包装费	5 000	办公费	80 00
6	运输费	4 800		
7	保管费	3 450		
8	小计	=SUM(B3:B7)	小计	=SUM(D3:D5)
9		合计		=B8+D8
10		每季度支付的现金		=D9/4

图 8.13　销售及管理费用预算公式

8.1.3　拓展任务

假设本公司预算年度预计不会发生营业税、消费税和资源税,公司适用的城市维护建设税税率为 7%,教育费附加的征收率为 3%。根据本公司已编制的销售预算、直接材料成本预算编制应交增值税预算和应交营业税金及附加预算,如图 8.14 和图 8.15 所示。

	A	B	C	D	E	F
1	应交增值税预算					单位:元
2	季度	一	二	三	四	全年
3	预计不含税销售收入	200 000	240 000	270 000	255 000	965 000
4	预计增值税销项税额	34 000	40 800	45 900	43 350	164 050
5	预计增值税进项税额	10 130	12 523	13 609	12 893	49 156
6	预计应交增值税	23 870	28 277	32 291	30 457	114 895

图 8.14　应交增值税预算

	A	B	C	D	E	F
1	应交营业税金及附加					单位:元
2	季度	一	二	三	四	全年
3	预计应交城市维护建设税	1 670.88	1 979.39	2 260.35	2 132.00	8 042.62
4	预计应交教育费附加	716.09	848.31	968.72	913.72	3 446.84
5	预计应交地方教育费附加	477.39	565.54	645.81	609.14	2 297.89
6	预计营业税金及附加	2 864.36	3 393.23	3 874.88	3 654.86	13 787.34

图 8.15　应交营业税金及附加预算

　　注:了解营业税金及附加的核算内容及应交营业税金及附加的计算公式。营业税金及附加是用来核算企业经营活动发生的营业税、消费税、城市维护建设税、资源税和教育费附加等相关税费的。例如,转让无形资产需要缴纳的营业税、正常销售情况下的消费税、对外销售情况下的资源税等。

$$\text{应交营业税金及附加} = \text{应交消费税} + \text{应交营业税} + \text{应交城市维护建设税} + \text{应交资源税} + \text{应交教育费附加}$$

应交城市维护建设税=(应交消费税+应交营业税+应交增值税)×适用税率

应交教育费附加=(应交消费税+应交营业税+应交增值税)×适用税率

　　参考公式,如图 8.16 和图 8.17 所示。

	A	B	C	D	E	F
1	应交增值税预算					单位:元
2	季度	一	二	三	四	全年
3	预计不含税销售收入	=销售预算!B5	=销售预算!C5	=销售预算!D5	=销售预算!E5	=销售预算!F5
4	预计增值税销项税额	=B3*17%	=C3*17%	=D3*17%	=E3*17%	=F3*17%
5	预计增值税进项税额	=直接材料预算!B11*17%	=直接材料预算!C11*17%	=直接材料预算!D11*17%	=直接材料预算!E11*17%	=直接材料预算!F11*17%
6	预计应交增值税	=B4-B5	=C4-C5	=D4-D5	=E4-E5	=F4-F5

图 8.16　应交增值税预算公式

	A	B	C	D	E	F
1	应交营业税金及附加					单位:元
2	季度	一	二	三	四	全年
3	预计应交城市维护建设税	=应交增值税预算!B6*7%	=应交增值税预算!C6*7%	=应交增值税预算!D6*7%	=应交增值税预算!E6*7%	=应交增值税预算!F6*7%
4	预计应交教育费附加	=应交增值税预算!B6*3%	=应交增值税预算!C6*3%	=应交增值税预算!D6*3%	=应交增值税预算!E6*3%	=应交增值税预算!F6*3%
5	预计应交地方教育费附加	=应交增值税预算!B6*2%	=应交增值税预算!C6*2%	=应交增值税预算!D6*2%	=应交增值税预算!E6*2%	=应交增值税预算!F6*2%
6	预计营业税金及附加	=SUM(B3:B5)	=SUM(C3:C5)	=SUM(D3:D5)	=SUM(E3:E5)	=SUM(F3:F5)

图 8.17　应交营业税金及附加公式

任务 8.2　财务预算

8.2.1　任务分析

　　财务预算是指与企业现金流量、经营成果和财务状况有关的各项预算,具体包括反映一定会计期间现金流入和流出的现金预算、反映一定会计期间经营成果的利润表预算和反映某一特定日期财务状况的资产负债表预算等。

　　财务预算是全面预算体系中的最后环节,它能从价值方面总括地反映经营期决策预算与业务预算的结果。因此,企业需要编制现金预算、利润表预算和资产负债表预算。

8.2.1.1　现金预算

　　现金预算的编制,要以销售预算、直接材料预算、直接人工预算、制造费用预算、销售及管理费用预算等日常业务预算和专门决策预算为基础。因此,在编制现金预算时,要引用日常业务预算的数据。

　　现金预算由四部分组成:现金收入,包括期初的现金余额和预算期内发生的销货现金收入;现金支出是指预算期内预计发生的现金流出量;现金收支差额,列示的金额为现金收入合计与现金支出合计的差额;现金的筹集与运用是指预算期内现金如果不足,向银行取得的借款,如果现金多余,则为归还的现金。

　　天乐公司的部分预期资料如表 8.8,编制该公司的现金预算。

表 8.8			现 金 预 算		单位:元
季　　度	一	二	三	四	全年
期初现金金额	210 000				
加:销货现金收入(图 8.2)					
可供使用现金					
减:现金支出					
直接材料(图 8.4)					
直接人工(图 8.6)					
制造费用(图 8.8)					
销售及管理费用(图 8.11)					
所得税	12 000	12 000	12 000	12 000	

(续表)

季 度	一	二	三	四	全年
购买设备		46 000			
股利	12 000				
支出合计					
现金收支差额					
向银行借款		50 000			
还银行借款			10 000	20 000	
借款利息			400	800	
合计					
期末现金金额					

8.2.1.2　利润表预算

利润表预算是在销售预算、产品成本预算、销售及管理费用预算等预算的基础上加以编制的。通过利润表预算的编制,可以了解企业预期的获利情况。

天乐公司的部分预期资料如表 8.9 所示,编制天乐公司的利润表预算。

表 8.9　　　　　　　　　　　　　利 润 表 预 算　　　　　　　　　　单位:元

销售收入		销售成本	
毛利		销售及管理费用	
利息		利润总额	
所得税	48 000	净利润	

注:利润表预算的编制也需要以业务预算为基础,因此,在编制天乐公司利润表预算时,需要引用业务预算中的销售预算、产品成本预算、销售及管理费用预算的数据。

8.2.1.3　资产负债表预算

资产负债表预算是反映预算期末财务状况的预算。编制该表时,需要在本期期初资产负债表的基础上,根据销售、生产、资本等预算的有关数据加以调整编制的。通过资产负债表的编制,可以了解企业预期资产的流动性。

天乐公司预算年度年初资产、负债和所有者权益的资料如表 8.10,编制本公司资产负债表预算。

表 8.10　　　　　　　　　　　　资产负债表期初资料　　　　　　　　　单位:元

资　　产		负　　债	
项目	金额	项目	金额
库存现金	210 000	应付账款	40 000
应收账款	90 000	银行借款	12 000
直接材料	7 400	负债总额	52 000
产成品	15 320	所有者权益	
固定资产	80 000	股本	600 000

（续表）

资　产		负　债	
项目	金额	项目	金额
累计折旧	12 420	未分配利润	38 300
无形资产	300 000	所有者权益总额	638 300
资产总额	690 300	负债和所有者权益总额	690 300

8.2.2　任务实现步骤

8.2.2.1　现金预算

步骤 1　建立"财务预算"Excel 工作簿，双击 "Sheet 1"工作表标签，输入工作表名"现金预算"。

步骤 2　参照表 8.8，录入天乐公司给定的资料，如图 8.18，有色区域为公式区域。

	A	B	C	D	E	F
1		现金预算				单位：元
2	季度	一	二	三	四	全年
3	期初现金金额	210 000	224 621	249 411	276 437	210 000
4	加：销售现金收入（图8.2）	230 000	228 000	261 000	259 500	978 500
5	可供使用现金	440 000	452 621	510 411	535 937	1188 500
6	减现金支出：					
7	直接材料（图8.4）	75 754	68 035	77 499	77 526	298 814
8	直接人工（图8.6）	47 760	58 320	64 440	60 480	231 000
9	制造费用（图8.8）	47 740	48 730	49 510	50 180	196 160
10	销售及管理费用（图8.12）	20 125	20 125	20 125	20 125	80 500
11	所得税	12 000	12 000	12 000	12 000	48 000
12	购买设备		46 000			46 000
13	股利	12 000				12 000
14	支出合计	215 379	253 210	223 574	220 311	912 474
15	现金收支差额	224 621	199 411	286 837	315 626	276 026
16	向银行借款		50 000			50 000
17	还银行借款			10 000	20 000	30 000
18	借款利息			400	800	1 200
19	合计			10 400	20 800	31 200
20	期末现金金额	224 621	249 411	276 437	294 826	294 826

图 8.18　现金预算图

步骤 3　录入公式，如图 8.19 所示。

	A	B	C	D	E	F
1				现金预算		单位：元
2	季度	一	二	三	四	全年
3	期初现金金额	210 000	=B20	=C20	=D20	=B3
4	加：销售现金收入（图8.2）	=销售预算!B$12	=销售预算!C$12	=销售预算!D$12	=销售预算!E$12	=销售预算!F$12
5	可供使用现金	=B3+B4	=C3+C4	=D3+D4	=E3+E4	=F3+F4
6	减各项支出：					
7	直接材料（图8.4）	=直接材料预算!B$18	=直接材料预算!C$18	=直接材料预算!D$18	=直接材料预算!E$18	=SUM(B7:E7)
8	直接人工（图8.6）	=直接人工预算!B$7	=直接人工预算!C$7	=直接人工预算!D$7	=直接人工预算!E$7	=SUM(B8:E8)
9	制造费用（图8.8）	=制造费用预算!B$19	=制造费用预算!C$19	=制造费用预算!D$19	=制造费用预算!E$19	=SUM(B9:E9)
10	销售及管理费用（图8.12）	=销售及管理费用预算!D$10	=销售及管理费用预算!D$10	=销售及管理费用预算!D$10	=销售及管理费用预算!D$10	=SUM(B10:E10)
11	所得税	12 000	=$B$11	=$B$11	=$B$11	=SUM(B11:E11)
12	购买设备		46 000			=SUM(B12:E12)
13	股利	12 000				=SUM(B13:E13)
14	支出合计	=SUM(B7:B13)	=SUM(C7:C13)	=SUM(D7:D13)	=SUM(E7:E13)	=SUM(B14:E14)
15	现金多余或不足	=B5-B14	=C5-C14	=D5-D14	=E5-E14	=SUM(B15:E15)
16	向银行借款		50 000			=SUM(B16:E16)
17	还银行借款			10 000	20 000	=SUM(B17:E17)
18	借款利息			400	800	=SUM(B18:E18)
19	合计			=D17+D18	=E17+E18	=SUM(B19:E19)
20	期末现金金额	=B15+B16-B17-B19	=C15+C16-C17-C19	=D15+D16-D19	=E15+E16-E19	=F15+F16-F19

图 8.19　现金预算公式

注：销售现金收入需要引用销售预算（见图8.2）中的现金收入数据；直接材料需要引用直接材料预算（见图8.4）中的现金支出数据；直接人工需要引用直接人工预算（见图8.6）中的人工总成本数据；制造费用需要引用制造费用预算（见图8.8）中现金支出数据；销售及管理费用需要引用销售及管理费用预算（见图8.12）中每季度支付现金数据。

	A	B
1	利润表预算	单位：元
2	销售收入（图8.2）	965 000
3	销售成本（图8.10）	745 842.23
4	毛利	219 157.77
5	销售及管理费用（图8.12）	80 500
6	利息（图8.18）	1 200
7	利润总额	137 457.77
8	所得税（估计）	48 000
9	净利润	89 457.77

图 8.20　利润表预算图

8.2.2.2　利润表预算

步骤 1　在"财务预算"Excel 工作簿，双击"Sheet 2"工作表标签，输入工作表名"利润表预算"，按回车键。

步骤 2　参照表8.9，录入天乐公司给定的资料，如图 8.20 所示，有色区域为公式区域。

步骤 3　录入公式，如图 8.21 所示。

	A	B
1	利润表预算	单位：元
2	销售收入（图8.2）	=销售预算!F5
3	销售成本（图8.10）	=产品成本预算!G7
4	毛利	=B2-B3
5	销售及管理费用（图8.12）	=销售及管理费用预算!D9
6	利息（图8.18）	=现金预算!F18
7	利润总额	=B4-B5-B6
8	所得税（估计）	48 000
9	净利润	=B7-B8

图 8.21　利润表预算公式

注:销售收入需要引用图8.1销售预算中的全年销售收入数据;销售成本需要引用图8.9产品成本预算中的销售总成本数据;销售及管理费用还是引用图8.11销售及管理费用预算中每季度支付现金数据。

8.2.2.3 资产负债表预算

步骤1 在"财务预算"Excel工作簿,双击"Sheet 3"工作表标签,输入工作表名"资产负债表预算",按回车键。

步骤2 参照表8.10,录入天乐公司给定的资料,如图8.22所示,有色区域为公式区域。

	A	B	C	D	E	F
1	资产负债表预算				单位:元	
2	资产			负债		
3	项目	年初	年末	项目	年初	年末
4	货币资金	210 000	294 826	应付账款(图8.3)	40 000	30 336
5	应收账款(图8.2)	90 000	76 500	短期借款	12 000	32 000
6	直接材料(图8.4)	7 400	7 800	负债总额	52 000	62 336
7	库存商品(图8.10)	15 320	17 390.10	所有者权益		
8	固定资产	80 000	126 000	股本	600 000	600 000
9	累计折旧(图8.8)	12 420	40 420	未分配利润	38 300	115 757.77
10	无形资产	300 000	295 997.67	所有者权益总额	638 300	715 757.77
11	资产总额	690 300	778 093.77	负债和所有者权益总额	690 300	778 093.77

图8.22 资产负债表预算图

步骤3 录入公式,如图8.23所示。

	A	B	C	D	E	F
1	资产负债表预算				单位:元	
2	资产			负债和所有者权益		
3	项目	年初	年末	项目	年初	年末
4	货币资金	210 000	=现金预算!F20	应付账款(图8.3)	40 000	=直接材料预算!E11-直接材料预算!E17
5	应收账款(图8.2)	90 000	=销售预算!E5-销售预算!E11	短期借款	12 000	=E5+现金预算!F16-现金预算!F17
6	直接材料(图8.4)	7 400	=直接材料预算!F6*直接材料预算!F10	负债总额	=SUM(E4:E5)	=SUM(F4:F5)
7	库存商品(图8.10)	15 320	=产品成本预算!F7	所有者权益		
8	固定资产	80 000	=80000+现金预算!C12	股本	600 000	=E8
9	累计折旧(图8.8)	12 420	=B9+制造费用预算!F12	未分配利润	38 300	=E9+利润表!B9-现金预算!F13
10	无形资产	300 000	295 997.67	所有者权益总额	=SUM(E8:E9)	=SUM(F8:F9)
11	资产总额	=SUM(B4:B8)-B9+B10	=SUM(C4:C8)-C9+C10	负债和所有者权益总额	=E6+E10	=F6+F10

图8.23 资产负债表预算公式

注:资产负债表预算中应收账款、直接材料、产成品、应付账款的引用数据与现金预算、利润表预算中引用业务预算数据的方法是相同的。

8.2.3 拓展任务

编制天乐公司的现金流量表预算,参考样式如图8.24所示。

注:需要熟悉经营活动现金流出的公式及补充资料中存货增加、应收项目减少和应付项目增加的公式,参考公式如图8.25所示。

	A	B	C	D
1	现金流量表预算			单位:元
2	项目	金额	补充资料	金额
3	一、经营活动现金流入	978 500	1. 净利润	170 332.766
4	减:经营活动现金流出	954 574	加:固定资产折旧	28 000
5	经营活动现金净流量	23 926	财务费用	1 200
6	二、投资活动现金流入	0	存货增加	2 470
7	减:投资活动现金流出	46 000	应收项目减少	-13 500
8	投资活动现金净流量	-46 000	应付项目增加	-9 664
9	三、筹资活动现金流入	50 000	经营活动现金净流量	178 839
10	减:筹资活动现金流出	43 200	2. 现金期末余额	194 726
11	筹资活动现金净流量	6 800	减:现金期初余额	210 000
12	四、现金净增加额	-15 274	现金净增加额	-15 274

图 8.24　现金流量表预算图

	A	B	C	D
1	现金流量表预算		单位:元	
2	项目	金额	补充资料	金额
3	一、经营活动现金流入	=现金预算!F4	1. 净利润	=利润表!B9
4	减:经营活动现金流出	=现金预算!F7+现金预算!F8+现金预算!F9+现金预算!F10+现金预算!F11	加:固定资产折旧	=制造费用预算!F18
5	经营活动现金净流量	=B3-B4	财务费用	=现金预算!F18
6	二、投资活动现金流入	0	存货增加	=(资产负债表!C6-资产负债表!B6)+(资产负债表!C7-资产负债表!B7)
7	减:投资活动现金流出	=现金预算!F12	应收项目减少	=资产负债表!C5-资产负债表!B5
8	投资活动现金净流量	=B6-B7	应付项目增加	=资产负债表!F4-资产负债表!E4
9	三、筹资活动现金流入	=现金预算!F16	经营活动现金净流量	=SUM(D3:D8)
10	减:筹资活动现金流出	=现金预算!F19-现金预算!F13	2. 现金期末余额	=现金预算!F20
11	筹资活动现金净流量	=B9-B10	减:现金期初余额	=现金预算!F3
12	四、现金净增加额	=B5+B8+B11	现金净增加额	=D10-D11

图 8.25　现金流量表预算公式

任务 8.3　滚动预算编制

8.3.1　任务分析

如在 2015 年 1~12 月的预算执行过程中,需要在 1 月月末根据当月预算的执行情况,修订 2~12 月的预算,同时补充 2016 年 1 月份的预算;2 月月末根据当月预算的执行情况,修订 3 月至 2016 年 1 月的预算,同时补充 2016 年 2 月份的预算,以此类推,如图 8.26 所示。

图 8.26　逐月滚动预算

天乐公司车间采用滚动预算方法编制制造费用预算。已知 2015 年分季度的制造费用预算,如表 8.11 所示。

表 8.11　　　　　　　　　　　　**2015 年全年制造费用预算**　　　　　　金额单位:元

项　目	第一季度	第二季度	第三季度	第四季度	全年
直接人工预算总工时(小时)	3 420	3 670	3 710	3 860	14 660
变动制造费用					
间接材料费用	7 180	7 890	8 520	8 680	32 270
间接人工费用	6 900	7 240	7 310	7 430	28 880
水电与修理费	8 900	9 200	9 720	9 870	37 690
其他	2 000	1 980	2 100	2 210	8 290
小计	24 980	26 310	27 650	28 190	107 130
固定制造费用					
修理费用	5 670	5 890	6 120	6 310	23 990
折旧费用	6 500	6 500	6 500	6 500	26 000
管理人员工资	6 000	6 000	6 000	6 000	24 000
保险费	3 000	3 000	3 000	3 000	12 000
其他	1 500	1 500	1 500	1 500	6 000
小计	22 670	22 890	23 120	23 310	91 990
制造费用合计	47 650	49 200	50 770	51 500	199 120

2015 年 3 月 31 日公司在编制 2015 年第二季度至 2016 年第一季度滚动预算时,发现未来的四个季度中将出现以下情况:

(1) 由于设备在使用过程中的过度磨损,使其老化速度加快,预计折旧费用增加到 30 000 元。

(2) 预计设备修理费用在 2015 年第三季度和 2016 年第一季度分别增加到 6 430 元、6 510 元。

(3) 2015 年第二季度至 2016 年第一季度预计直接人工总工时分别为 3 720 小时、3 840 小时、3 910 小时和 4 000 小时。

编制 2015 年第二季度至 2016 年第一季度制造费用预算。

8.3.2　任务实现步骤

步骤 1　建立"滚动预算"Excel 工作簿,双击"Sheet 1"工作表标签,输入工作表名"2015

年第二季度至 2016 年第一季度制造费用预算",按回车键。

步骤 2 参照表 8.11,录入天乐公司给定的资料,如图 8.27 所示。

	A	B	C	D	E	F
1	2015年第二季度至2016年第一季度制造费用预算				单位：元	
2	项目	2015年			2016年	合计
3		第二季度	第三季度	第四季度	第一季度	
4	直接人工预算总工时（小时）	3 720	3 840	3 910	4 000	15 470
5	变动制造费用					
6	间接材料费用	7 140	7 420	7 980	8 420	30 960
7	间接人工费用	6 350	6 810	7 140	7 300	27 600
8	水电与修理费	8 790	8 990	9 560	9 780	37 120
9	其他	1 890	1 930	2 090	2 190	8 100
10	小计	24 170	25 150	26 770	27 690	103 780
11	固定制造费用					
12	修理费用	5 890	6 430	6 310	6 510	25 140
13	折旧费用	7 500	7 500	7 500	7 500	30 000
14	管理人员工资	6 000	6 000	6 000	6 000	24 000
15	保险费	3 000	3 000	3 000	3 000	12 000
16	其他	1 500	1 500	1 500	1 500	6 000
17	小计	23 890	24 430	24 310	24 510	97 140
18	制造费用合计	48 060	49 580	51 080	52 200	200 920

图 8.27 2015 年第二季度至 2016 年第一季度制造费用预算图

步骤 3 录入公式,如图 8.28 所示。

	A	B	C	D	E	F
1	2015年第二季度至2016年第一季度制造费用预算				单位：元	
2	项目	2015年			2016年	合计
3		第二季度	第三季度	第四季度	第一季度	
4	直接人工预算总工时（小时）	3 720	3 840	3 910	4 000	=SUM(B4:E4)
5	变动制造费用					
6	间接材料费用	7 140	7 420	7 980	8 420	=SUM(B6:E6)
7	间接人工费用	6 350	6 810	7 140	7 300	=SUM(B7:E7)
8	水电与修理费	8 790	8 990	9 560	9 780	=SUM(B8:E8)
9	其他	1 890	1 930	2 090	2 190	=SUM(B9:E9)
10	小计	=SUM(B6:B9)	=SUM(C6:C9)	=SUM(D6:D9)	=SUM(E6:E9)	=SUM(B10:E10)
11	固定制造费用					
12	修理费用	='2014年全年制造费用预算'!C12	6 430	='2014年全年制造费用预算'!E12	6 510	=SUM(B12:E12)
13	折旧费用	7 500	7 500	7 500	7 500	=SUM(B13:E13)
14	管理人员工资	='2014年全年制造费用预算'!B$14	='2014年全年制造费用预算'!C$14	='2014年全年制造费用预算'!D$14	='2014年全年制造费用预算'!E$14	=SUM(B14:E14)
15	保险费	='2014年全年制造费用预算'!B$15	='2014年全年制造费用预算'!C$15	='2014年全年制造费用预算'!D$15	='2014年全年制造费用预算'!E$15	=SUM(B15:E15)
16	其他	='2014年全年制造费用预算'!B$16	='2014年全年制造费用预算'!C$16	='2014年全年制造费用预算'!D$16	='2014年全年制造费用预算'!E$16	=SUM(B16:E16)
17	小计	=SUM(B12:B16)	=SUM(C12:C16)	=SUM(D12:D16)	=SUM(E12:E16)	=SUM(B17:E17)
18	制造费用合计	=B10+B17	=C10+C17	=D10+D17	=E10+E17	=SUM(B18:E18)

图 8.28 2015 年第二季度至 2016 年第一季度制造费用预算公式

8.3.3 拓展任务

编制混合滚动预算,如图 8.29 所示。

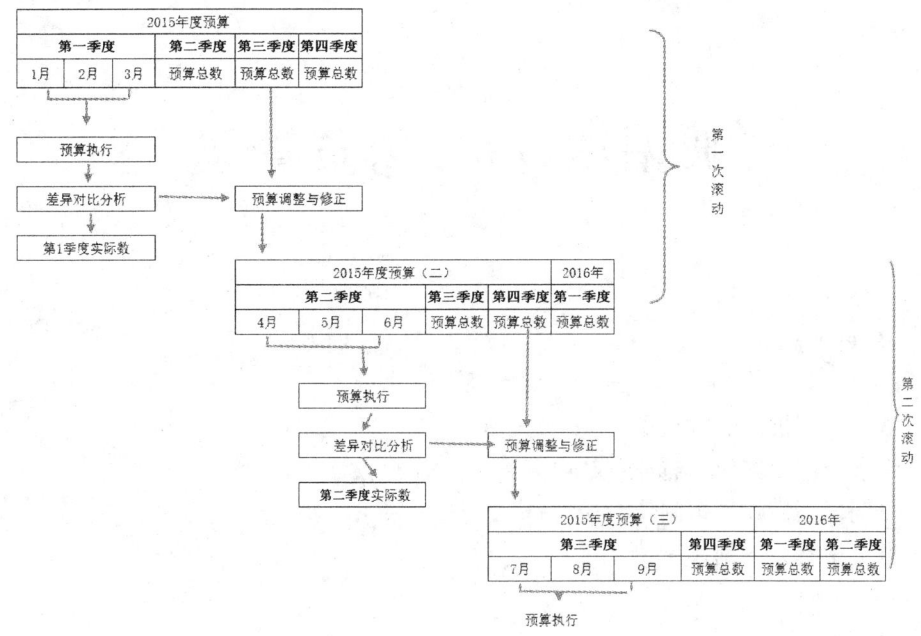

图 8.29　混合预算图

实 战 训 练

天星公司预计销售单价(不含税)为 500 元,公司适用的增值税税率为 17%;各季度销售货款的 60% 于当季度收到,其余 40% 在下季度收到。2015 年年末的应收账款余额为 40 000 元,预计在预算期第一季度收到现金。根据表 8.12 及给定部分资料编制销售预算表。

表 8.12　　　　　　　　　　　销 售 预 算　　　　　　　　　金额单位:元

季　　度	一	二	三	四	全年
预计销售量(件)	560	690	780	920	
预计单位售价	700	700	700	700	
销售收入					

2014 年年末甲产品存货量为 50 件,2015 年预算年度的甲产品销售量计划见销售预算表,经公司生产销售管理部门分析,预计 2015 年各季度末产成品存货占本季度销售量的 10%。根据销售预算编制生产预算。

若天天公司 2015 年生产甲产品只需要用 A 材料,甲产品 A 材料消耗定额为 15 千克/件,单价 10 元/千克;2015 年年初,A 材料库存量为 2 500 千克,2015 年内各季度末 A 材料库存按本季度生产需要量的 10% 储备;2015 年第一季度需支付上年应付购料款余额为 11 000 元,预计 2015 年各季度材料采购款于当季度以现金支付 80%,其余 20% 下季度再以现金付讫。编制直接材料预算。

单位甲产品工时定额为 15 小时/件,小时工资率为 8 元/小时,其他直接人工费用(福利费)计提比例为 14%。编制直接人工成本预算。

典型项目 9 筹资管理

➤ 项目目标

1. 资金时间价值函数认识
2. 综合资本成本(平均资本成本)测算
3. 分期偿还借款方案制作
4. 融资租赁方案制作

➤ 项目知识背景

财务角度:筹资管理是企业为了满足经营活动、投资活动、资本结构管理和其他需要,运用一定的筹资方式,通过一定的筹资方式,筹措和获取所需资金的一种财务行为。

Excel 技巧:利用财务函数 FV、PV、PMT、IPMT、PPMT、RATE,单变量求解、控件使用等功能和函数。

➤ 项目任务

滨海旭日有限公司需要资金扩大企业生产规模,筹资渠道参见表 9.1 至表 9.5。财务人员首先需学习资金的时间价值函数,其次再计算各种筹资方式的个别资金成本和综合资金成本,建立分期偿还借款基本模型和融资租赁方案模型。

表 9.1　　　　　　　　　　　　　筹资渠道资料

筹资方式	金额(万元)	利率指标	利率(股利)	筹资费率
银行借款	300	利率	5%	2%
债券	200	利率	5%	3%
优先股	300	股利率	6%	5%
普通股	700	第一年股利	2	6%
留存收益	500	股利年增长率	5%	
		普通股发行价格	10	
现有资本合计	2 000	所得税率	25%	

表 9.2 综合资本成本的计算表

资本类型	权重	个别资本成本	加权资本成本
长期借款	15%		
长期债券	10%		
优先股	15%		
普通股	35%		
留存收益	25%		
合计	100%		

表 9.3 分期偿还基本模型

借款类型	分期偿还借款
借款金额(元)	2 000 000
借款年利率	10%
借款年限(年)	5
每年还款期数(期)	2
总还款期数(期)	10
每期偿还金额(元)	

表 9.4 分期偿还借款方案模拟运算表

	2	4	5	6	8	10
5%						
6%						
7%						
8%						
9%						
10%						
11%						
12%						

表 9.5 租赁金融方案

租赁项目名称	装配设备
租金(万元)	2 000 000
租金支付方式	预付或后付
每年支付数(次)	2
租期(年)	5
总付款次数(次)	10
租赁年利率(%)	6%
每期应付租金(万元)	

➤ 任务分解

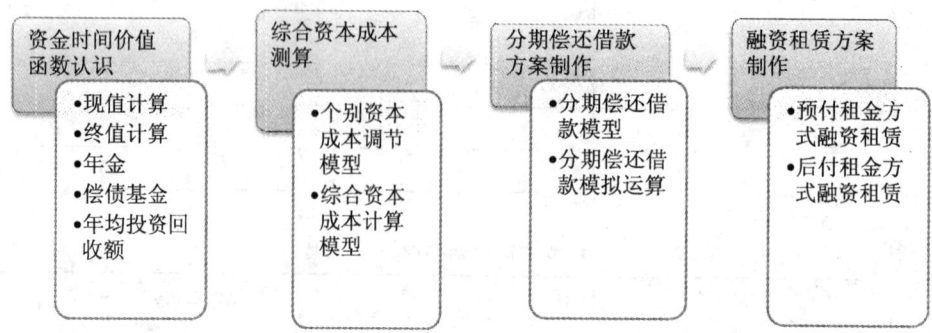

图 9.1　任务分解图

任务 9.1 **资金时间价值函数认识**

9.1.1　任务分析

货币的时间价值从量的规定性来看,是没有风险和没有通货膨胀下的社会平均资金利润率。在计量货币时间价值时,风险报酬和通货膨胀因素不应该包括在内。

9.1.1.1　现值的计算

现值是指货币资金的现在价值,即将来某一时点的一定资金折合成现在的价值。

单利现值的计算公式:

$$P = F/(1+i\times n)$$

式中　P 表示现值;F 表示未来某一时点发生金额;i 表示年利率;n 表示计息年数;$1/(1+i\times n)$ 为单利现值系数。

复利现值的计算公式:

$$P = F/(1+i)^n$$

式中　$1/(1+i)^n$ 表示复利现值系数,记作 $(P/F, i, n)$。

9.1.1.2　终值的计算

终值是指货币资金未来的价值,即一定量的资金在将来某一时点的价值,表现为本利和。

单利终值的计算公式:

$$F = P\times(1+i\times n)$$

式中　F 表示终值;P 表示本金;i 表示年利率;n 表示计息年数;$(1+i\times n)$ 表示单利终值系数。

复利终值的计算公式:

$$F = P \times (1+i)^n$$

式中　$(1+i)^n$ 表示复利终值系数，记作 $(F/P, i, n)$。

9.1.1.3　年金

年金是在一定时期内每隔相等时间、发生相等数额的收付款项。在经济生活中，年金的现象十分普遍，如等额分期付款、直线法折旧、每月相等的薪金、等额的现金流量等。年金按发生的时间不同，分为普通年金和预付年金。普通年金又称后付年金，是每期期末发生的年金；预付年金是每期期初发生的年金。

1. 普通年金终值

将每一期发生的金额计算出终值并相加称为年金终值。

普通年金终值计算公式为：

$$F = [A \times (1+i)^{n-1}] \div i = A \times (F/A, i, n)$$

式中　$[(1+i)^{n-1}] \div i$ 称为年金终值系数，记为 $(F/A, i, n)$，可通过"年金终值系数表"查得。

2. 普通年金现值

将每一期发生的金额计算出现值并相加称为年金现值。

普通年金现值计算公式为：

$$F = A \times [(1+i)^{n-1}] \div i$$

其中　$[(1+i)^{n-1}] \div i$ 称为年金现值系数，即普通年金为 1 元、利率为 i、经过 n 期的年金终值，记为 $(F/A, i, n)$，可通过"年金现值系数表"查得。

3. 预付年金终值

它和普通年金终值系数相比，期数加 1，而系数减 1，可记作 $[(F/A, i, n+1)-1]$。

4. 预付年金现值

它和普通年金终值系数相比，期数减 1，而系数加 1，可记作 $[(P/A, i, n-1)+1]$。

5. 递延年金

递延年金又称"延期年金"，是指在最初若干期没有收付款项的情况下，后面若干期等额的系列收付款项。它是普通年金的特殊形式。普通年金又称"后付年金"，是指每期期末有等额的收付款项的年金。这种年金形式是在现实经济生活中最为常见。普通年金终值犹如零存整取的本利和，是一定时期内每期期末等额收付款项的复利终值之和。

递延年金不是从第一年第一期就开始发生年金，而是在几期以后每期期末发生相等数额的款项。递延年金终值的计算与普通年金相同，其现值的计算有两种方法：

方法一　$P = A \times [(P/A, i, m+n)-(P/A, i, m)]$

方法二　$P = A \times (P/A, i, n-m) \times (P/F, i, m)$

式中　m 表示递延期；n 表示等额收付的次数。

第一种方法，是把递延年金视为 n 期普通年金，求出递延期末的现值，然后再将此现值调整到第一期期初。

第二种方法，是假设递延期中也进行支付，先求出 $(m+n)$ 期的年金现值，然后，扣除实际并未支付的递延期 (m) 的年金现值，即可得出最终结果。

6. 永续年金

永续年金是指无限期的年金,永续年金没有终值,其现值的计算公式为:

$$P = A \times (1/i) = A/i$$

9.1.1.4 偿债基金

偿债基金是为了偿还若干年后到期的债券,每年必须积累固定数额的资金。实质上就是已知年金终值求年金的问题。

偿债基金系数和年金终值系数互为倒数,记作$(A/F, i, n)$,偿债基金系数可以制成表格备查,亦可根据年金终值系数求倒数确定。

偿债基金的计算公式:

$$A = F/(A/F, i, n)$$

9.1.1.5 年均投资回收额

年均投资回收额是为了收回现在的投资,在今后一段时间内每年收回相等数额的资金。实质上是已知年金现值求年金的问题。

年均投资回收额的计算公式:

$$A = P/(P/A, i, n)$$

9.1.2 任务实现步骤

9.1.2.1 终值函数 FV

某人于 2013 年 1 月 1 日存入银行 1 000 元,年利率为 10%。2015 年 12 月 31 日取出时的复利终值是多少?

步骤 1 输入本金、利率和期数建立复利终值函数表,如图 9.2 所示。

	A	B	C	D
1	（1）某人于2013年1月1日存入银行1 000元，年利率为10%。2015年12月31日取出。要求计算：			
2	本金（现值）	1 000		
3	利率	10%		
4	期数	3		
5	复利终值			

图 9.2 复利终值函数案例

步骤 2 选择单元格 D5,单击公式编辑栏上"插入函数"工具 f_x,接着会出现如图 9.3 所示的对话框,在"或选择类别"下选择"财务"类,而在"选择函数"下选择"FV"函数。

步骤 3 在图 9.3 所示的对话框中,点击"确定"按钮,会出现如图 9.4 所示的"FV 函数的参数对话框"。

步骤 4 分别在"RATE""NPER""PV"项目中,输入参数值"10%", 3, "1 000",如图 9.5 所示(也可以选择对应单元格)。

步骤 5 完成上一步骤的参数设置后,单击"确定"按钮。

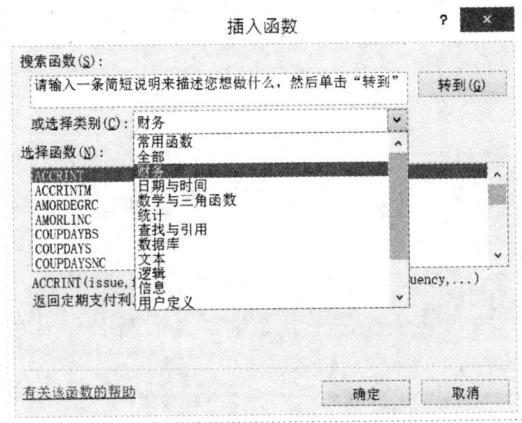

图 9.3　选择财务函数 FV 对话框

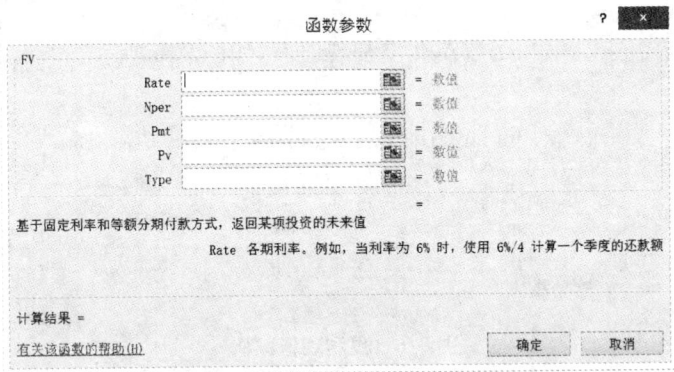

图 9.4　FV 函数的参数对话框

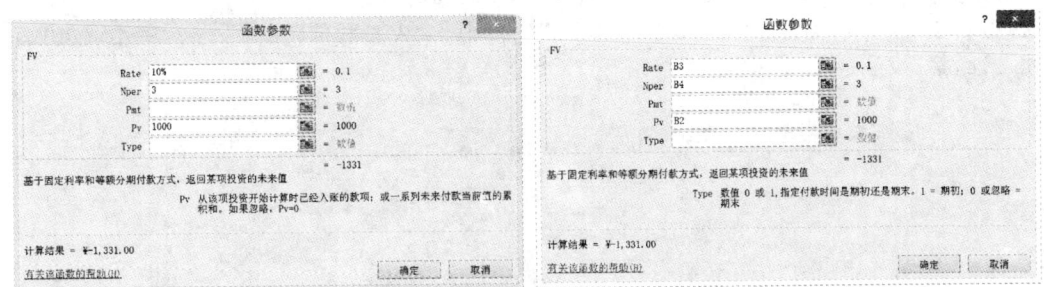

图 9.5　输入 FV 函数的参数

📖 **知识链接**

FV 函数是基于固定利率及等额分期付款方式,返回某项投资的未来值。
　　语法规则如下:
　　该函数的

$$FV(rate,nper,pmt,pv,type)$$

(续上)

> 具有以下参数：
>
> rate 为各期的利率。
>
> nper 为年金的总付款期数。
>
> pmt 分期付款金额,在年金期限内不得变动,通常 pmt 包含本金和利息,但没有包含税金或其他费用。
>
> pv 现值或未来一系列付款的目前总额,若省略 pv,则默认为 0。
>
> type 为 0 或 1 的数值,用来设置每一期金额的给付时段默认值为 0,代表期末,为 1,代表期初。

9.1.2.2 现值函数 PV

某人将于 2022 年 1 月 1 日从银行取出 10 000 元,年利率为 10%。2015 年 12 月 31 日应存入多少?

步骤 1　输入终值、利率和期数建立复利现值表,如图 9.6 所示。

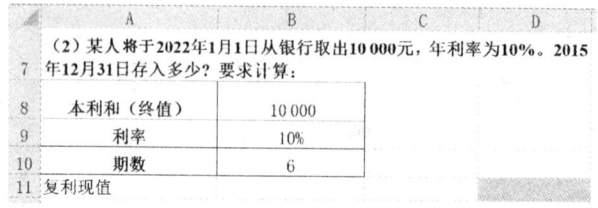

	A	B	C	D
7	(2)某人将于 2022 年 1 月 1 日从银行取出 10 000 元,年利率为 10%。2015 年 12 月 31 日存入多少? 要求计算:			
8	本利和（终值）	10 000		
9	利率	10%		
10	期数	6		
11	复利现值			

图 9.6　复利现值案例

步骤 2　选择单元格 D11,单击公式编辑栏上"插入函数"工具，在"或选择类别"下选择"财务"类,在"选择函数"下选择"PV"函数,点击"确定"按钮。

步骤 3　分别在"RATE""NPER""FV"项目中,输入参数值"10%", 6, "—10 000",如图 9.7 所示。

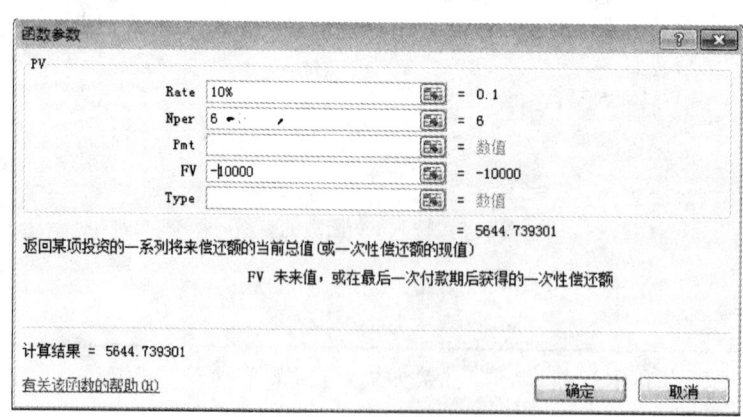

图 9.7　输入 PV 函数的参数

步骤 4　完成上一步骤的参数设置后,单击"确定"按钮。

☞ **知识链接**

> PV 函数，根据利率、总付款期数、每期付款金额、年金终值的信息来计算出目前投资的总价值。
>
> 该函数的语法规则如下：
>
> $$PV(rate, nper, pmt, fv, type)$$
>
> 具有以下参数：
>
> rate 为各期的利率，若年利率为 6%，每月的利率是 6%/12。
>
> nper 年金的总期数，若贷款为 4 年期，每月付款一次，则贷款期数为 4×12。
>
> pmt 为各期所给的固定金额，包含其本金和利息即年金现值总和。
>
> fv 年金终值，若省略 fv 默认为 0，如贷款的年金终值是 0。
>
> type 为 0 或省略是期末；为 1 是期初，即各期金额的给付时点。

9.1.2.3 年金终值的计算

1. 普通年金终值计算

若 1 000 元，分别在 2012 年、2013 年、2014 年和 2015 年 12 月 31 日存入 250 元，仍按 10%利率，每年复利一次，求 2015 年 12 月 31 日余额是多少？

步骤 1 输入现值、利率和期数建立年金复利终值表，如图 9.8 所示。

	A	B	C	D
12	（3）若 1 000 元，分别在 2012 年、2013 年、2014 年和 2015 年 12 月 31 日存入 250 元，仍按 10%利率，每年复利一次，求 2015 年 12 月 31 日余额是多少？			
13	本金（现值）	250		
14	利率	10%		
15	期数	4		
16	普通年金终值			

图 9.8 普通年金复利终值案例

步骤 2 选择单元格 D16，录入[FV]函数。

步骤 3 分别在[RATE]、[NPER]、[PMT]项目中，输入参数值"10%"，4，"−250"，如图 9.9 所示。

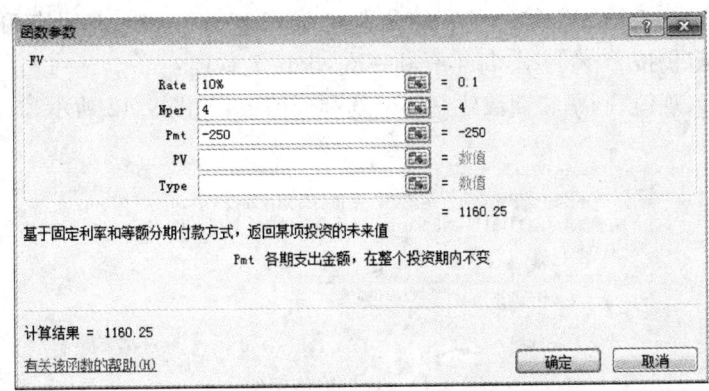

图 9.9 输入 FV 函数的参数

步骤 4 完成上一步骤的参数设置后,单击"确定"按钮。

2. 预付年金终值计算

若 1 000 元,分别在 2012 年、2013 年、2014 年和 2015 年 1 月 1 日存入 250 元,仍按 10%利率,每年复利一次,求 2015 年 12 月 31 日余额是多少?

步骤 1 输入现值、利率和期数建立年金复利终值表,如图 9.10 所示。

	A	B	C	D
18	(4) 若1 000元,分别在2012年、2013年、2014年和2015年1月1日存入250元,仍按10%利率,每年复利一次,求2015年12月31日余额是多少?			
19	本金(现值)	250		
20	利率	10%		
21	期数	4		
22	预付年金终值			

图 9.10 预付年金复利终值案例

步骤 2 选择单元格 D22,录入[FV]函数。

步骤 3 分别在[RATE]、[NPER]、[PMT]、[TYPE]项目中,输入参数值"10%",4,"-250","1",如图 9.11 所示。

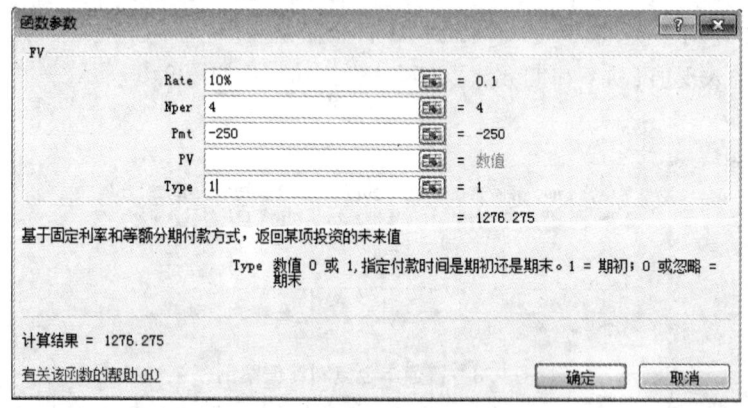

图 9.11 输入 FV 函数的参数

步骤 4 完成上一步骤的参数设置后,单击"确定"按钮。

9.1.2.4 年金现值计算

若 2012 年年初存入一笔款项,使我们分别在 2012 年、2013 年、2014 年和 2015 年 12 月 31 日取出 250 元,仍按 10%利率,每年复利一次,求这笔款项?

步骤 1 输入现值、利率和期数建立年金复利现值表,如图 9.12 所示。

	A	B	C	D
23	(5) 若2012年初存入一笔款项,使我们分别在2012年、2013年、2014年和2015年12月31日取出250元,仍按10%利率,每年复利一次,求这笔款项?			
24	本金(现值)	250		
25	利率	10%		
26	期数	4		
27	普通年金现值			

图 9.12 年金现值案例

步骤2 选择单元格 D27,录入"PV"函数。

步骤3 分别在"RATE""NPER""PMT"项目中,输入参数值"10％", 4,"－250",如图 9.13 所示。

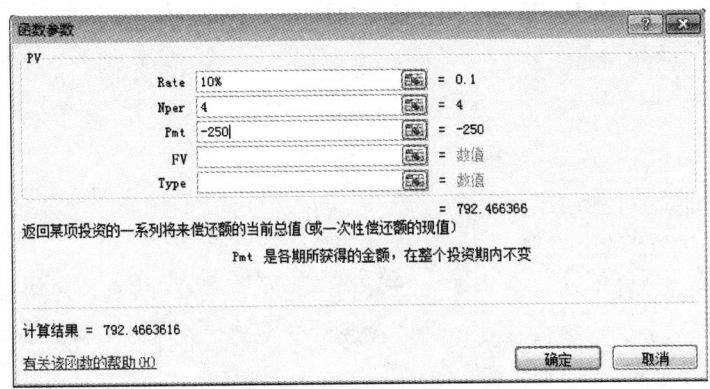

图 9.13 输入 PV 函数的参数

步骤4 完成上一步骤的参数设置后,单击"确定"按钮。

9.1.2.5 PMT 函数

某人于 2016 年年初购买商品房,现贷款 792.466 36 元,复利年利率为 10％。如果要在未来 4 年内等额偿还贷款本金及利息(每年年末支付),每年需要偿还多少钱?

步骤1 输入现值、利率和期数,如图 9.14 所示。

	A	B	C	D
	(6)某人2016年年初购买商品房,现贷款792.46636元,复利年利率为			
32	10%。如果要在未来4年内等额偿还贷款本金及利息(每年年末支付),每 年需要偿还多少钱?			
33	现值	792.46636		
34	利率	10%		
35	期数	4		
36	年均投资回收额			

图 9.14 PMT 函数案例

步骤2 选择单元格 D36,录入[PMT]函数。

步骤3 分别在"RATE"、"NPER"、"PMT"项目中,输入参数值"10％", 4,"－792.466 36",如图 9.15 所示。

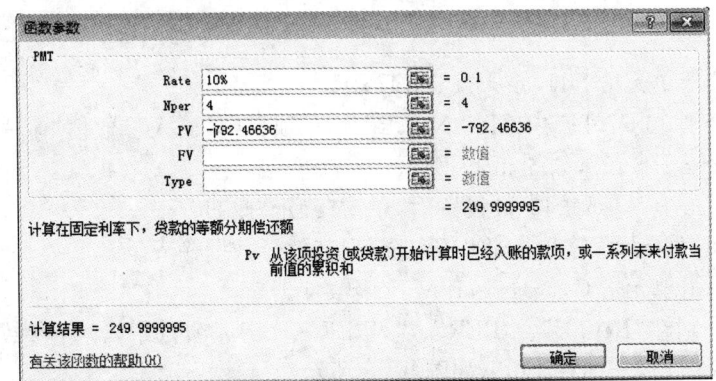

图 9.15 输入 PMT 函数的参数

步骤 4 完成上一步骤的参数设置后,单击"确定"按钮。

☞ **知识链接**

> PMT 函数 基于固定利率及等额分期付款方式,返回贷款的每期付款额。
> 该函数的语法规则如下:
>
> $$PMT(rate, nper, pv, fv, type)$$
>
> 具有以下参数:
>
> rate 贷款利率(期利率)。
>
> nper 该项贷款的付款总期数(总年数或还租期数)。
>
> pv 现值(租赁本金),或一系列未来付款的当前值的累积和,也称为本金。
>
> fv 为未来值(余值),或在最后一次付款后希望得到的现金余额,如果省略 fv,则假设其值为 0,也就是一笔贷款的未来值为 0。
>
> type 数字 0 或 1,用于指定各期的付款时间是在期初还是期末。1 代表期初(先付:每期的第一天付),不输入或输入 0 代表期末(后付:每期的最后一天付)。

9.1.2.6 PPMT 和 IPMT 函数

某人于 2016 年年初购买商品房,现贷款 792.466 36 元,复利年利率为 10%。如果要在未来 4 年内等额偿还贷款本金及利息(每年年末支付),每年需要偿还多少本金和利息?

步骤 1 输入年金、利息、还本金和尚未偿还数据建立本金利息偿还表,如图 9.16 所示。

	A	B	C	D	E
38	(7)第(6)题中,每年需要偿还金额中,含利息和本金各是多少?				
39	年度	年金	利息	还本金	尚未偿还本金
40	0				792.46636
41	1				
42	2				
43	3				
44	4				
45					

图 9.16 PPMT 和 IPMT 函数案例

步骤 2 选择单元格 D41,录入"PPMT"函数。

步骤 3 分别在"RATE""PER""NPER""PV"项目中,输入参数值"$B$34","A41","$B$35","－$E$40",如图 9.17 所示。

步骤 4 完成上一步骤的参数设置后,单击"确定"按钮。

步骤 5 利用自动填充功能,将"还本金"列其他行数据输入。

步骤 6 单击单元格 C41,录入"IPMT"函数。

步骤 7 分别在"RATE"、"PER"、"NPER"、"PV"项目中,输入参数值"$B$34","A41","$B$35","－$E$40",如图 9.18 所示。

步骤 8 完成上一步骤的参数设置后,单击"确定"按钮。

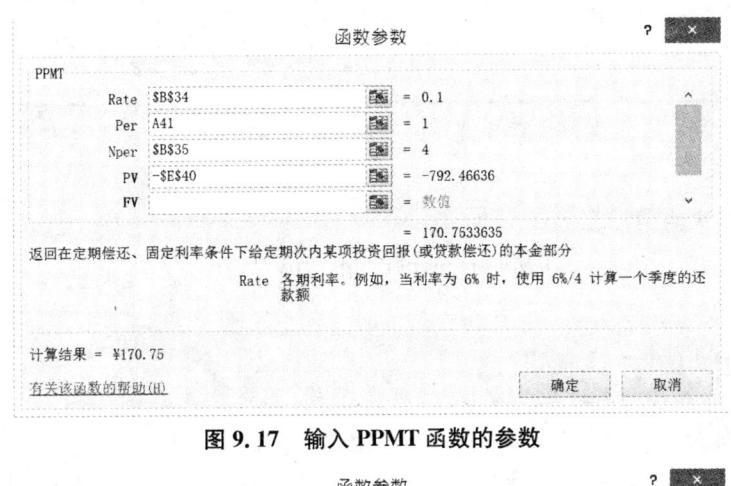

图 9.17　输入 PPMT 函数的参数

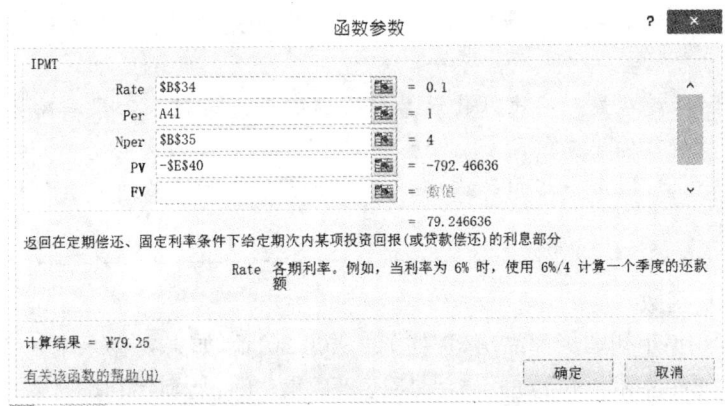

图 9.18　输入 IPMT 函数的参数

步骤 9　利用自动填充功能,将"利息"列其他行数据输入。

☞ **知识链接**

　　PPMT 函数　是基于固定利率及等额分期付款方式,返回投资在某一给定期间内的本金偿还额。

　　该函数的语法规则如下:

$$PPMT(rate, per, nper, pv, fv, type)$$

　　具有以下参数:

　　rate 为各期利率。

　　per 用于计算其本金数额的期数,必须介于 1 到 nper 之间。

　　nper 为总投资期,即该项投资的付款期总数。

　　pv 为现值,即从该项投资开始计算时已经入账的款项,或一系列未来付款当前值的累积和,也称为本金。

　　fv 为未来值,或在最后一次付款后希望得到的现金余额,如果省略 fv,则假设其值为 0,也就是一笔贷款的未来值为 0。

　　type 数字 0 或 1,用于指定各期的付款时间是在期初还是期末。0 或省略为期末,1 为期初。

☞ 知识链接

> IPMT 函数　基于固定利率及等额分期付款方式,返回给定期数内对投资的利息偿还额。
>
> 该函数的语法规则如下:
>
> $$IPMT(rate, per, nper, pv, fv, type)$$
>
> 具有以下参数:
>
> rate 为各期利率。
>
> per 用于计算其利息数额的期数,必须在 1 到 nper 之间。
>
> nper 为总投资期,即该项投资的付款期总数。
>
> pv 为现值,即从该项投资开始计算时已经入账的款项,或一系列未来付款的当前值的累积和,也称为本金。
>
> fv 为未来值,或在最后一次付款后希望得到的现金余额。如果省略 fv,则假设其值为 0(例如,一笔贷款的未来值即 0)。
>
> type 数字 0 或 1,用以指定各期的付款时间是在期初还是期末。0 或省略为期末,1 为期初。

9.1.2.7　RATE 函数

某人于 2016 年年初购买商品房,贷款 792.466 36 元,如果要在未来 4 年内等额偿还贷款本金及利息(每年年末支付),每年需要偿还 250 元。问:复利年利率是多少?

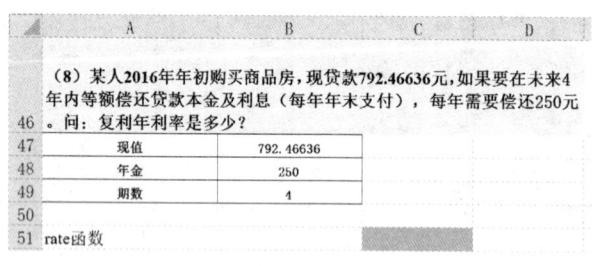

图 9.19　RATE 函数表

步骤 1　输入现值、利率和期数数据,如图 9.19 所示。

步骤 2　选择单元格 C51,录入"RATE"函数。

步骤 3　分别在"NPER""PMT""PV"项目中,输入参数值"B49","B48","−B47",如图 9.20 所示。

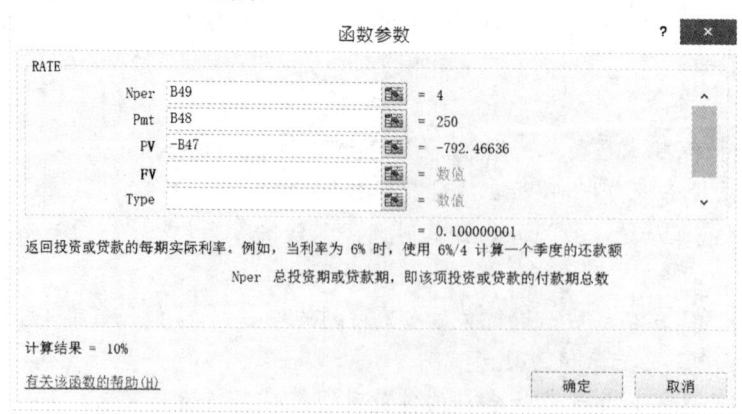

图 9.20　输入 RATE 函数的参数

步骤4 完成上一步骤的参数设置后,单击"确定"按钮。

☞ **知识链接**

> RATE 函数 返回未来款项的各期利率。
>
> 该函数的语法规则如下:
>
> $$rate(nper, pmt, pv, fv, type, guess)$$
>
> 具有以下参数:
>
> nper 是总投资(或贷款)期。
>
> pmt 是各期所应付给(或得到)的金额。
>
> pv 是一系列未来付款当前值的累积和。
>
> fv 是未来值,或在最后一次支付后希望得到的现金余额。
>
> type 是数字 0 或 1,用于指定各期的付款时间是在期初还是期末,0 为期末,1 为期初。

9.1.3 拓展任务

建立递延年金和不等额系列收支计算现值模型。

9.1.3.1 递延年金

某企业向银行借入一笔长期款项,银行贷款的年利息率为 8%,银行规定前 10 年不用还本付息,但从第十一年至第二十年每年年末偿还本息 100 万元,问这笔款项的现值应为多少?

9.1.3.2 不等额系列收支

某企业进行投资,产生的现金净收益如表 9.6 所示,计算现金净收益的现值。

表 9.6　　　　　　　　　　不等额系列收支表　　　　　　　　　单位:万元

年　次	现金净收益	年　次	现金净收益
1	800	2	1 200
3	1 600	4	2 000
5	1 500		

任务9.2 综合资本成本(平均资本成本)测算

9.2.1 任务分析

综合资本成本又称加权平均资本成本,是以各种不同筹资方式的资本成本为基数,以各种不同筹资方式占资本总额的比重为权数计算的加权平均数。

9.2.2 任务实现步骤

步骤1 建立"综合资本成本"工作表,如图 9.21 所示。

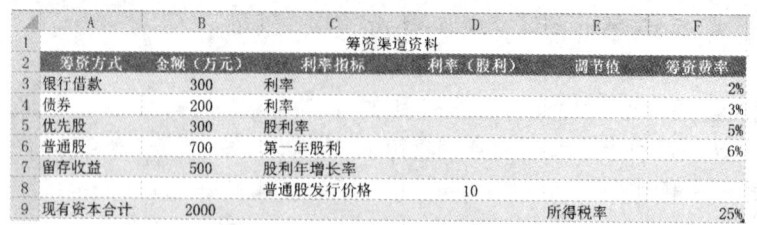

图 9.21　筹资渠道资料图

步骤 2　显示"开发工具",单击"文件"按钮,在下拉菜单里面单击"选项"按钮,在对话框里单击"自定义功能区"按钮,在右边的两栏里面的右栏可以看到"开发工具"(在倒数第三个),单击"确定"按钮,如图 9.22 所示。

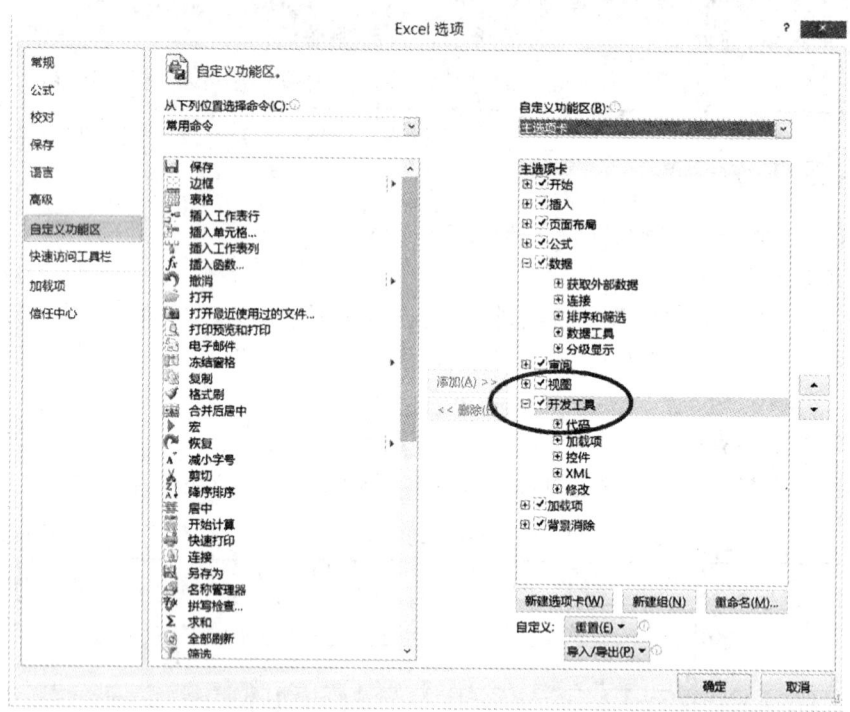

图 9.22　Excel 选项图

步骤 3　在图 9.23 中点击"开发工具"下的"插入"工具按钮,插入"滚动条窗体控件",如图 9.24 所示。

图 9.23　开发工具

步骤 4　将"滚动条窗体控件"移到 E3 单元格中,单击鼠标右键,选择设置控件格式,如图 9.25 所示。

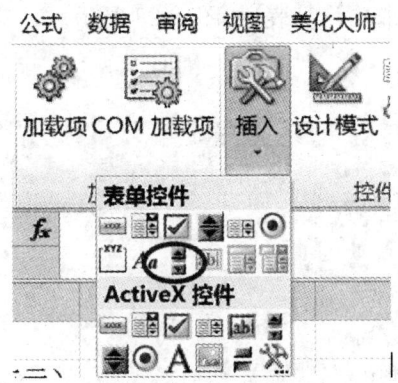

图 9.24　滚动条窗体控件

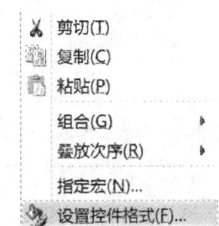

图 9.25　设置控件格式

步骤 5　在控制页标签中进行设置，如图 9.26 所示。

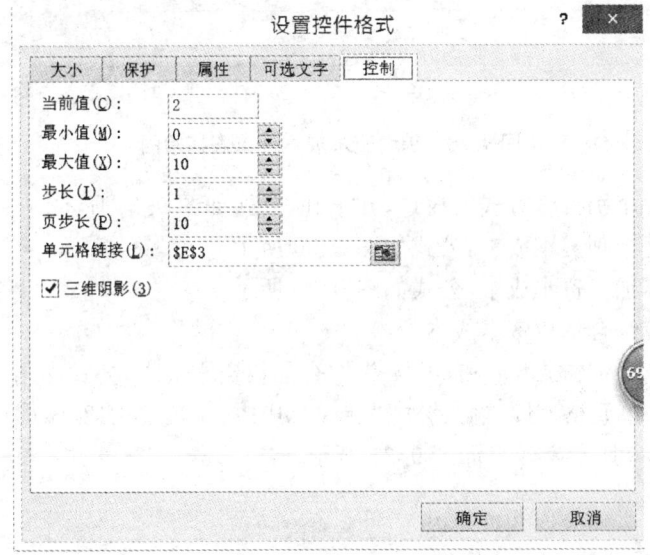

图 9.26　控件格式设置

步骤 6　使用同样方法，将"调节值"列的其他单元格输入。

步骤 7　在单元格 D3 中，输入公式 E3/100，格式设为"百分比"。

步骤 8　同理，设置其他单元格数值，如图 9.27 所示。

	A	B	C	D	E	F
1			筹资渠道资料			
2	筹资方式	金额（万元）	利率指标	利率（股利）	调节值	筹资费率
3	银行借款	300	利率	4%	‹　　›　4	2%
4	债券	200	利率	6%	‹　　›　6	3%
5	优先股	300	股利率	8%	‹　　›　8	5%
6	普通股	700	第一年股利	2	‹　　›　2	6%
7	留存收益	500	股利年增长率	5%	‹　　›　5	
8			普通股发行价格	10		
9	现有资本合计	2000			所得税率	25%

图 9.27　筹资渠道资料控件图

步骤 9 在筹资渠道资料下方建立综合资本成本计算表,如图 9.28 所示。

	A	B	C	D	E	F
1	筹资渠道资料					
2	筹资方式	金额（万元）	利率指标	利率（股利）	调节值	筹资费率
3	银行借款	300	利率	4%	‹ › 4	2%
4	债券	200	利率	6%	‹ › 6	3%
5	优先股	300	股利率	8%	‹ › 8	5%
6	普通股	700	第一年股利	2	‹ › 2	6%
7	留存收益	500	股利年增长率	5%	‹ › 5	
8			普通股发行价格	10		
9	现有资本合计	2000		所得税率		25%
10	综合资本成本的计算					
11	资本类型	权重	个别资本成本	加权资本成本		
12	长期借款					
13	长期债券					
14	优先股					
15	普通股					
16	留存收益					
17	合计					

图 9.28 综合资本成本计算表初始图

步骤 10 计算个别筹资方式的权重,并求和,公式如图 9.30 所示。

步骤 11 计算个别资本成本,公式如图 9.30 所示。

步骤 12 计算加权资本成本,公式如图 9.30 所示。

步骤 13 计算综合加权资本成本。

方法一 对加权资本成本求和,D17 为综合加权资本成本,公式如图 9.30 所示。

方法二 选择单元格 C17,输入公式"＝SUMPRODUCT(B12：B16,C12：C16)",公式如图 9.29 和图 9.30 所示。效果如图 9.31 所示。

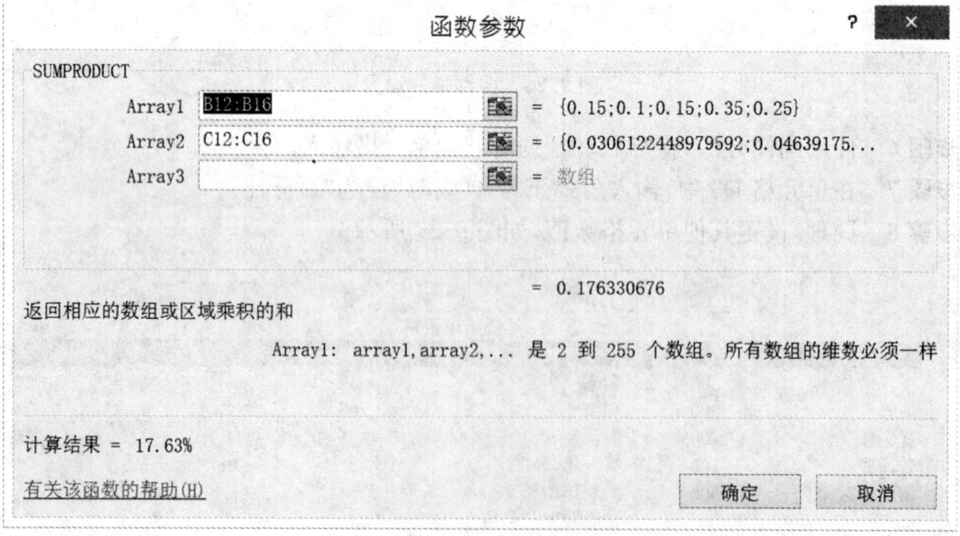

图 9.29 SUMPRODUCT 函数参数图

	A	B	C	D	E	F
1			筹资渠道资料			
2	筹资方式	金额（万元）	利率指标	利率（股利）	调节值	筹资费率
3	银行借款	300	利率	=E3/100	‹　　　›	0.02
4	债券	200	利率	=E4/100	‹　　　›	0.03
5	优先股	300	股利率	=E5/100	‹　　　›	0.05
6	普通股	700	第一年股利	=E6	‹　　　›	0.06
7	留存收益	500	股利年增长率	=E7/100	‹　　　›	
8			普通股发行价格	10		
9	现有资本合计	=SUM(B3:B7)			所得税率	0.25
10			综合资本成本的计算			
11	资本类型	权重	个别资本成本		加权资本成本	
12	长期借款	=B3/$B$9	=B3*D3*(1-$F$9)/(B3*(1-F3))		=B12*C12	
13	长期债券	=B4/$B$9	=B4*D4*(1-$F$9)/(B4*(1-F4))		=B13*C13	
14	优先股	=B5/$B$9	=B5*D5/(B5*(1-F5))		=B14*C14	
15	普通股	=B6/$B$9	=D6/(D8*(1-F6))+D7		=B15*C15	
16	留存收益	=B7/$B$9	=D6/D8+D7		=B16*C16	
17	合计	=SUM(B12:B16)	=SUMPRODUCT(B12:B16,C12:C16)		=SUM(D12:D16)	

图 9.30　综合资本成本计算表公式图

	A	B	C	D	E	F
1			筹资渠道资料			
2	筹资方式	金额（万元）	利率指标	利率（股利）	调节值	筹资费率
3	银行借款	300	利率	4%	‹　　›4	2%
4	债券	200	利率	6%	‹　　›6	3%
5	优先股	300	股利率	8%	‹　　›8	5%
6	普通股	700	第一年股利	2	‹　　›2	6%
7	留存收益	500	股利年增长率	5%	‹　　›5	
8			普通股发行价格	10		
9	现有资本合计	2000			所得税率	25%
10			综合资本成本的计算			
11	资本类型	权重	个别资本成本		加权资本成本	
12	长期借款	15%	3.06%		0.46%	
13	长期债券	10%	4.64%		0.46%	
14	优先股	15%	8.42%		1.26%	
15	普通股	35%	26.28%		9.20%	
16	留存收益	25%	25.00%		6.25%	
17	合计	100%	17.63%		17.63%	

图 9.31　综合资本成本计算表效果图

☞ **知识链接**

　　SUMPRODUCT 函数是在给定的几组数组中，将数组间对应的元素相乘，并返回乘积之和。

　　该函数的语法规则如下：

$$SUMPRODUCT([array1],[array2],[array3],\cdots)$$

　　具有下列参数（参数：为操作、事件、方法、属性、函数或过程提供信息的值）：

　　array1 是必需的，其相应元素需要进行相乘并求和的第一个数组参数。

　　array2，array3，… 是可选的，2～255 个数组参数，其相应元素需要进行相乘并求和。

说明

　　数组参数必须具有相同的维数，否则，函数 SUMPRODUCT 将返回错误值 ♯VALUE！。

　　函数 SUMPRODUCT 将非数值型的数组元素作为 0 处理。

任务 9.3   分期偿还借款方案制作

9.3.1   任务分析

分期偿还借款是指企业在借款到期之前定期等额或不等额偿还本息的借款。一般来说,借款企业不希望采用这种分期偿还借款的还款方式,它会提高企业的实际借款利率,但降低了银行的经营风险,所以银行等金融机构愿意采用分期偿还方式提供借款。这种方式一般适用于金额大、期限长的银行借款。

9.3.2   任务实现步骤

步骤 1   输入数据建立分期偿还借款方案模型,如表 9.14 所示。

	借款类型	分期偿还借款
	借款金额（元）	2000000
	借款年利率	10%
	借款年限（年）	5
	每年还款期数（期）	2
	总还款期数（期）	
	每期偿还金额（元）	

分期偿还借款方案模型

图 9.32   分期偿还借款方案数据图

步骤 2   在单元格 D8 中,输入公式"＝D6 * D7"。

步骤 3   在单元格 D9 中,输入公式"＝ABS(PMT(D5/D7,D8,D4))"。

步骤 4   输入利率和期数,如图 9.33 所示。

分期偿还借款方案模型

借款类型	分期偿还借款
借款金额（元）	2000000
借款年利率（%）	10%
借款年限（年）	5
每年还款期数（期）	2
总还款期数（期）	10
每期偿还金额（元）	259009.1499

计算在不同利率下,不同借款年限下:每期还款金额,填入下表

259009.1	2	4	5	6	8	10
5%						
6%						
7%						
8%						
9%						
10%						
11%						
12%						

图 9.33   分期偿还借款方案模型

步骤 5   在单元格 A14 中,输入公式"＝ABS(PMT(D5/D7,D6 * D7,D4))"。

步骤 6　选中 A14：G22 单元格区域，单击"数据"菜单项中，"模拟分析"工具按钮列中，模拟运算表菜单项，如图 9.34 所示。

图 9.34　模拟运算表功能图

步骤 7　在弹出的对话框中，如图 9.35 所示，在"输入引用行的单元格"中输入"＄D＄6"，在"输入引用列的单元格"中输入"＄D＄5"。

步骤 8　点击"确定"按钮后，效果如图 9.36 所示。

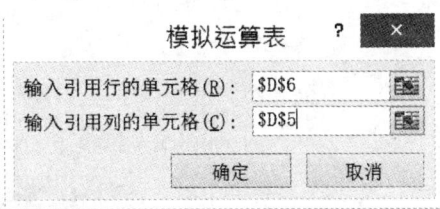

图 9.35　模拟运算表参数

	A	B	C	D	E	F	G
1			分期偿还借款方案模型				
2							
3			借款类型	分期偿还借款			
4			借款金额（元）	2000000			
5			借款年利率（%）	10%			
6			借款年限（年）	5			
7			每年还款期数（期）	2			
8			总还款期数（期）	10			
9			每期偿还金额（元）	259009.1499			
10							
11							
12			计算在不同利率下，不同借款年限下：每期还款金额，填入下表				
13							
14	259009.1	2	4	5	6	8	10
15	5%	531635.76	278934.6917	228517.5264	194974.254	153197.9772	128294.257
16	6%	538054.09	284912.7777	234461.0132	200924.1709	159221.6985	134431.415
17	7%	544502.28	290953.2931	240482.7357	206967.8985	165369.6613	140722.154
18	8%	550980.09	297055.6641	246581.8887	213104.3454	171639.9984	147163.501
19	9%	557487.3	303219.3066	252757.6435	219332.3773	178030.7389	153752.289
20	10%	564023.67	309443.6273	259009.1499	225650.82	184539.816	160485.174
21	11%	570588.97	315728.0236	265335.5374	232058.4624	191165.076	167358.66
22	12%	577182.98	322071.8853	271735.9164	238554.0588	197904.2872	174369.114

图 9.36　分期偿还借款方案效果

任务9.4　融资租赁方案制作

9.4.1　任务分析

滨海旭日有限公司 2015 年 1 月 1 日从一租赁公司租入 1 套装配设备，价值 2 000 万元，双方商定：租期为 5 年，预计租赁期满的残值为 5 万元，年利率按 6％计算，租金为每年支付

2 次,支付方式可以选择期初支付和期末支付。计算该设备每期应支付的租金。

融资租赁又称设备租赁,或现代租赁,是指实质上转移与资产所有权有关的全部或绝大部分风险和报酬的租赁。资产的所有权最终可以转移,也可以不转移。

融资租赁是集融资与融物、贸易与技术更新于一体的新型金融产业。由于其融资与融物相结合的特点,出现问题时租赁公司可以回收、处理租赁物,因而,在办理融资时,对企业资信和担保的要求不高,所以非常适合中小企业融资。

9.4.2 任务实现步骤

步骤 1 建立融资租赁方案模型,如图 9.37 所示。

	A	B	C	D	E	F	G
1	滨海旭日有限公司2015年1月1日从一租赁公司租入 1 套装配设备,价值2000万元,双方商定:租期为5年,预计租赁期满的残值为5万元,年利率按6%计算,租金为每年支付2次,支付方式可以选择期初支付和期末支付。计算该设备每期应支付的租金。						
2			租赁筹资方案模型				
3	租赁项目名称			装配设备			
4	租金(万元)			2,000,000			
5	租金支付方式						预付
6	每年支付数(次)			2			后付
7	租期(年)			5			
8	总付款次数(次)						
9	租赁年利率(%)			6%			
10	每期应付租金(万元)						

图 9.37 融资租赁方案模型初始图

步骤 2 单击"开发工具"工具栏中的插入工具按钮,如图 9.38 所示。

图 9.38 开发工具

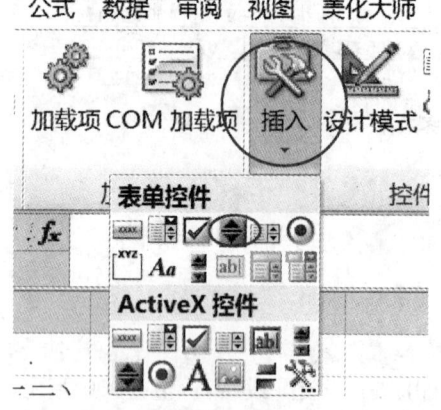

图 9.39 选择控件

步骤 3 选中下列组合框控件,如图 9.39 所示。

步骤 4 在单元格 G5 中输入"预付",单元格 G6 中输入"后付"。

步骤 5 将组合框控件移入单元格 D5,单击鼠标右键选择设置控件格式,在对话框控制页标签中进行设置,如图 9.40 所示。

步骤 6 在单元格 D8 中输入公式"=D6 * D7"。

步骤 7 在单元格 D10 中输入公式"D10 = IF(INDEX(G5:G6,B5)="预付",ABS(PMT(D9/D6,D8,D4,,1)),ABS(PMT(D9/D6,D8,D4,,0)))"。

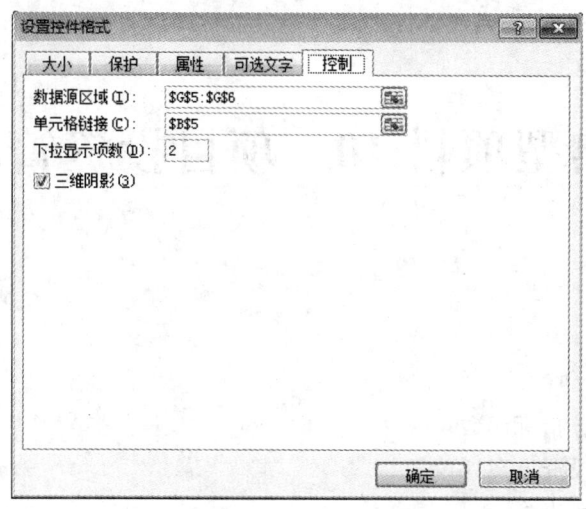

图 9.40　控制格式设置

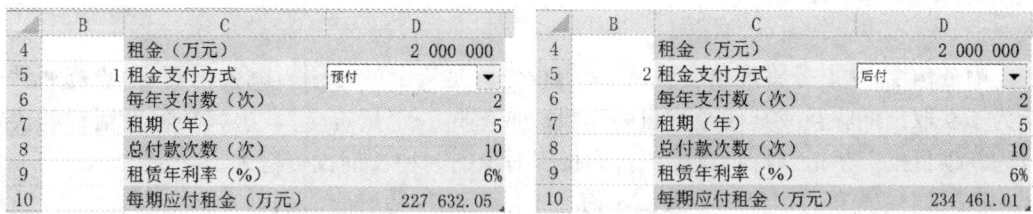

图 9.41　融资租赁方案模型效果图

9.4.3　拓展任务

为了便于有计划地安排租金的支付和财务人员进行账务处理,承租企业可编制租金摊销表。

实 战 训 练

滨海发展有限公司目前资本结构为:总资本 1 000 万元,其中债务资本 400 万元(年利息 40 万元),普通股资本 600 万元(600 万股,面值为 1 元,市价为 5 元)。企业由于扩大经营规模,需要追加筹资 800 万元,所得税税率为 20%,不考虑筹资费用因素。有以下三种筹资方案。

甲方案:增发普通股 200 万股,每股发行价为 3 元;同时向银行借款 200 万元,利率保持原来的 10%。

乙方案:增发普通股 100 万股,每股发行价为 3 元;同时溢价发行 500 万元面值为 300 万元的公司债券,票面利率为 15%。

丙方案:不增发普通股,溢价发行 600 万元面值为 400 万元的公司债券,票面利率为 15%;由于受债券发行数额的限制,需要补充向银行借款 200 万元,利率为 10%。

典型项目 10 项目投资管理

➤ 项目目标

1. 投资项目财务指标函数
2. 独立或互斥投资方案评价
3. 固定资产更新决策

➤ 项目知识背景

财务角度：从财务管理角度看，广义的投资就是资金的运用。就公司而言，投资通常是指为了获取预期收益或其他经营目的而投放或垫付一定量资金，从事某项经营活动的决策行为。项目投资是指以特定建设项目为投资对象的一种长期投资行为。

Excel 技巧：利用 NPV、IRR、MATCH 和 MAX 等功能和函数。

➤ 项目任务

吉大卢卡设备有限公司是生产电子设备的中大型企业，该企业生产的豪华烤箱，长期以来销售国内，供不应求，为了扩大生产能力。该公司准备新建一条生产线，拟进行项目投资分析。首先学习和了解了 Excel 中投资项目的财务指标函数，进而建立独立和互斥投资方案的分析模型和固定资产更新改造方案的分析模型。相关资料，如表 10.1 至表10.5所示。

表 10.1 投资项目财务指标函数

年　　　次	现金流量(元)
0	−200 000
1	80 000
2	120 000
3	90 000
...	
合计	
净现值	
净现值率	
内含报酬率	
现值指数	

表 10.2   独立和互斥投资数据资料

资金成本:		10%			单位:元
指标	期间	方案 1	方案 2	方案 3	最优方案
初始投资	0	−300 000.00	−300 000.00	−160 000.00	
第一年收益	1	180 000.00	50 000.00	100 000.00	
第二年收益	2	140 000.00	140 000.00	70 000.00	
第三年收益	3	50 000.00	180 000.00	30 000.00	
数据分析区域					
净现值					
净现值率					
内含报酬率					
现值指数					

表 10.3   新旧设备资料表

项目	旧设备	备注	新设备	备注
原价	84 000		76 500	
税法残值	4 000		4 500	
税法使用年限(年)	8		6	
已使用年限(年)	3		0	
尚可使用年限(年)	6		6	
垫支营运资金	10 000		11 000	
大修理支出	18 000	在第二年年末	9 000	在第四年年末
每年折旧费(直线法)	10 000	=(原价−税法残值)÷税法使用年限	12 000	=(原价−税法残值)÷税法使用年限
每年营运成本	13 000		7 000	
目前账面价值	54 000	=原值−累计折旧	76 500	=原值−累计折旧
目前变现成本	40 000		76 500	
预计最终报废残值	5 500		6 000	

表 10.4   保留旧设备方案

项 目	0	1	2	3	4	5	6
每年营运成本							
每年折旧抵税							
大修理费用							
预计残值变价收入							
残值净收益纳税							
营运资金收回							
目前变价收入							
目前变价收入净损失减税							
合计							

表 10.5 购买新设备方案

项　　目	0	1	2	3	4	5	6
设备投资							
垫支营运资金							
每年营运成本							
每年折旧抵税							
大修理费用							
残值变现收入							
残值净收益纳税							
营运资金收入							
合计							

➢ 任务分解

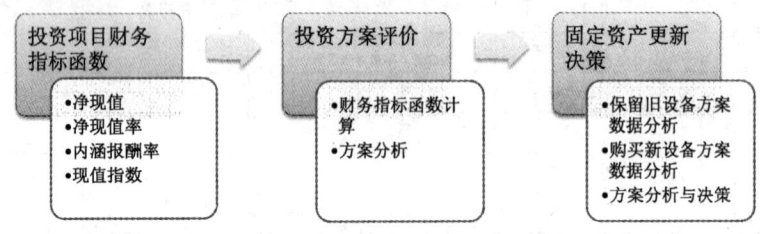

图 10.1　任务分解图

任务 10.1　投资项目财务指标函数

10.1.1　任务分析

10.1.1.1　现金流量

现金流量是指投资项目在其计算期内因资金循环而引起的现金流入和现金流出增加的数量。现金流量包括现金流入量和现金流出量。

1. 现金流入量

现金流入量是指投资项目实施后在项目计算期内所引起的企业现金收入的增加额,简称现金流入。它包括以下几部分。

1）营业收入

营业收入是指项目投产后每年实现的全部营业收入。

2）固定资产的余值

固定资产的余值是指投资项目的固定资产在终结报废清理的残值收入或中途转让时的变价收入。

3）回收流动资金

回收流动资金是指投资项目在项目计算期结束时收回原来投放在各种流动资产上营运

资金。

4）其他现金流入量

2．现金流出量

现金流出量是指投资项目实施后在项目计算期内所引起的企业现金流出的增加额，简称现金流出。包括以下几部分。

1）建设投资（含更改投资）

（1）固定资产投资包括固定资产的购置成本或建造成本，运输成本和安装成本等。

（2）无形资产投资。

2）垫支的流动资金

垫支的流动资金是指投资项目建成投产后为开展正常经营活动而投放在流动资产（存货、应收账款等）上的营运资金。

3）付现成本（或称经营成本）

付现成本是指在经营期内为满足正常生产经营而需用现金支付的成本。

$$付现成本＝变动成本＋付现的固定成本＝总成本－折旧额（及摊销额）$$

4）所得税额

所得税额是指投资项目建成投产后，应纳税所得额增加而增加的所得税。

5）其他现金流出量

3．现金净流量

现金净流量是指投资项目在项目计算期内现金流入量和现金流出量的净额。

现金净流量的计算公式为：

$$现金净流量（NCF）＝年现金流入量－年现金流出量$$

当流入量大于流出量，净流量为正值；反之，净流量为负值。

10.1.1.2　项目投资决策评价指标

项目投资决策评价指标是指用于衡量和比较投资项目可行性，并据以进行方案决策的定量化标准与尺度，是由一系列综合反映投资效益、投资产出关系的量化指标构成的。

项目投资决策评价指标很多，按是否考虑资金的时间价值分为静态指标和动态指标。

静态指标又称非贴现指标，是指在计算过程中不考虑资金时间价值因素的指标，主要包括投资利润率和静态回收投资期等指标。

动态指标又称贴现指标，是指在计算过程中必须充分考虑和利用资金时间价值的指标，主要包括净现值（NPV）、净现值率（NPVR）、现值指数（又称获利指数，PI）和内部收益率（IRR）等指标。

1．净现值

净现值（NPV）是指在项目计算期内，按一定贴现率计算的各年现金净流量现值的代数和。

$$净现值 = \sum_{t=0}^{n} NCF_t \times (P/F, i, t)$$

式中　n 表示项目计算期（包括建设期与经营期）；NCF_t 表示第 t 年的现金净流量；（P/F，

i, t)表示第 t 年、贴现率为 i 的复利现值系数。

净现值指标的决策标准是净现值大于或等于 0 是项目可行的必要条件。

2. 净现值率

净现值率是指投资项目的净现值与投资现值合计的比值。

$$净现值率＝净现值÷投资现值$$

3. 现值指数

现值指数是指项目投产后按一定贴现率计算的在经营期内各年现金净流量的现值合计与投资现值合计的比值。

$$现值指数 = \sum 经营期各年现金净流量现值 ÷ 投资现值$$

净现值率与现值指数有如下关系：

$$现值指数＝净现值率＋1$$

净现值率大于或等于 0，现值指数大于或等于 1 是项目可行的必要条件，可用于投资额不同的互斥项目投资决策。

4. 内含报酬率

内含报酬率又称内部收益率，是指投资项目在项目计算期内各年现金净流量的现值合计数等于 0 时的贴现率，亦可将其定义为能使投资项目的净现值等于 0 时的贴现率。

内含报酬率 IRR 满足下列等式：

$$\sum_{t=0}^{n} NCF_t \times (P/F, IRR, t) = 0$$

内含报酬率评价项目可行的必要条件是内含报酬率大于或等于贴现率。

10.1.2 任务实现步骤

步骤 1 建立"项目投资管理"工作簿，修改"Sheet 1"工作表名"投资项目财务指标函数"，录入表 10.1 内容，年次 0，1，2，3 对应的数据分别表示初始投资，第一、第二、第三年的现金流量，如图 10.1 所示。

步骤 2 参照图 10.3 录入合计、净现值、净现值率、现值指数和内部收益率等指标函数公式。

	A	B
1	资本成本	10%
2	年次	现金流量
3	0	-200000
4	1	80000
5	2	120000
6	3	90000
7	...	
8	合计	
9	净现值	
10	净现值率	
11	内含报酬率	
12	现值指数	

图 10.2　投资项目财务指标函数初始图

	A	B
1	资本成本	0.1
2	年次	现金流量
3	0	-200000
4	1	80000
5	2	120000
6	3	90000
7	...	
8	合计	=SUM(B3:B7)
9	净现值	=NPV(B1,B4:B6)+B3
10	净现值率	=B9/-B3
11	内含报酬率	=IRR(B3:B6)
12	现值指数	=NPV(B1,B4:B6)/-B3

图 10.3　投资项目财务指标函数公式图

步骤 3　录入合计公式。现金流量的负数表示现金的流出,即资金的投入;正数表示现金的流入,即净收益。因此,合计单元格 B8 的数值为不考虑货币时间价值的净利润。

步骤 4　录入净现值公式。选择 B9 单元格可以直接录入公式,但最好使用函数向导录入公式,通过鼠标选择函数参数引用的数据单元和区域,如图 10.4 所示。在 NPV(B1,B4:B6)公式后录入"+B3"。因为函数 NPV 不包括 $t=0$ 时的初始投资和初始垫支的现金流量。

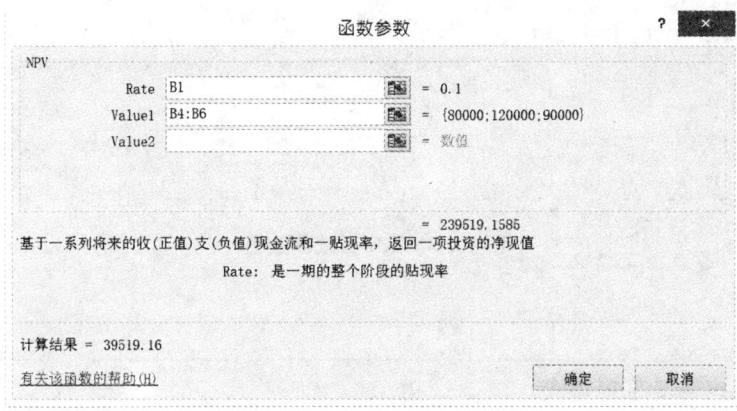

图 10.4　NPV 函数参数图

☞ **知识链接**

净现值的公式如下:

$$净现值 = \sum_{t=0}^{n} NCF_t \times (P/F, i, t)$$

注意:包括初始的现金流量,即 $t=0$ 时的初始投资和初始垫支的流动资金。

NPV 是通过使用贴现率以及一系列未来支出(负值)和收入(正值),返回一项投资的净现值(注意:不包括 $t=0$ 时的初始投资和初始垫支的现金流量)。该函数的语法规则如下:

NPV(rate, [value 1], [value 2], …)

具有以下参数:

rate 是必需的,是某一期间的贴现率,如资本成本、最低报酬率等。

value 1, value 2, … value 1 是必需的,后续值是可选的。这些是代表支出及收入的 1~254 个参数。

value 1, value 2, …在时间上必须具有相等间隔,并且都发生在期末。

NPV 使用 value 1, value 2, … 的顺序来解释现金流的顺序。所以,务必保证支出和收入的数额按正确的顺序输入。

忽略以下类型的参数:参数为空白单元格、逻辑值、数字的文本表示形式、错误值或不能转化为数值的文本。

如果参数是一个数组或引用,则只计算其中的数字。数组或引用中的空白单元格、逻辑值、文本或错误值将被忽略,如某个期间没有发生现金流量要用"0"表示。

步骤 5 录入净现值率公式"净现值率＝净现值÷投资现值"。

步骤 6 录入内含报酬率公式。利用 Fx 函数向导录入参数，如图 10.5 所示。

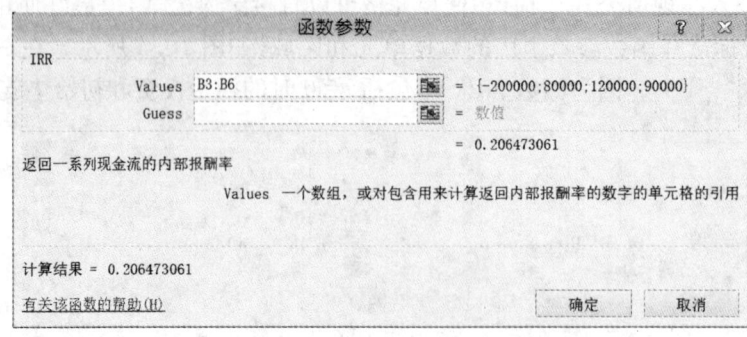

图 10.5 IRR 函数参数图

☞ **知识链接**

内含报酬率满足下列等式：

$$\sum_{t=0}^{n} NCFt \times (P/F, \ IRR, \ t) = 0$$

注意：包括初始的现金流量，即 $t=0$ 时的初始投资和初始垫支的流动资金。

IRR 返回由数值代表的一组现金流的内部收益率。这些现金流不必为均衡的，但作为年金，它们必须按固定的间隔产生，如按月或按年。内部收益率为投资的回收利率，其中包含定期支付（负值）和定期收入（正值）。该函数的语法规则如下：

IRR(values, [guess])

具有下列参数（参数为操作、事件、方法、属性、函数或过程提供信息的值）：

values 是必需的，数组或单元格的引用，这些单元格包含用来计算内部收益率的数字。

values 必须包含至少一个正值和一个负值，以计算返回的内部收益率。

函数 IRR 根据数值的顺序来解释现金流的顺序。故应确定按需要的顺序输入了支付和收入的数值。

如果数组或引用包含文本、逻辑值或空白单元格，这些数值将被忽略。

guess 可选，对函数 IRR 计算结果的估计值。

Microsoft Excel 使用迭代法计算函数 IRR。从 guess 开始，函数 IRR 进行循环计算，直至结果的精度达到 0.000 01%。如果函数 IRR 经过 20 次迭代，仍未找到结果，则返回错误值 #NUM!。

在大多数情况下，并不需要为函数 IRR 的计算提供 guess 值。如果省略 guess，假设它为 0.1（10%）。

如果函数 IRR 返回错误值 #NUM!，或结果没有靠近期望值，可用另一个 guess 值再试一次。

步骤 7 录入现值指数公式。现值指数＝∑经营期各年现金净流量现值/投资现值,即＝NPV(B1,B4:B6)/(－B3)。效果如图 10.6 所示。

	A	B
1	资本成本	10%
2	年次	现金流量
3	0	－200000
4	1	80000
5	2	120000
6	3	90000
7	...	
8	合计	90000
9	净现值	39519.16
10	净现值率	20%
11	内含报酬率	21%
12	现值指数	1.20

图 10.6 投资项目财务指标函数效果图

10.1.3 拓展任务

根据上述数据建立静态指标(非贴现指标)的分析模型,主要包括投资利润率和静态回收投资期等指标,再进一步计算动态指标中的动态投资回收期。

任务 10.2 独立或互斥投资方案

10.2.1 任务分析

独立方案是指在决策过程中,一组互相分离、互不排斥的方案或单一的方案。一组完全独立的方案存在的前提条件为:①投资资金来源无限制;②投资资金无优先使用的排列;③各投资方案所需的人力、物力均能得到满足;④不考虑地区、行业之间的相互关系及其影响;⑤每一投资方案是否可行,仅取决于本方案的经济效益,与其他方案无关。

互斥方案指互相关联、互相排斥的方案,即一组方案中的各个方案彼此可以相互代替,采纳方案组中的某一方案,就会自动排斥这组方案中的其他方案。

独立或互斥投资方案的决策管理包括以下程序:

(1)估算出投资方案的预期现金流量。

(2)预计未来现金流量的风险,并确定预期现金流量的概率分布和期望值。

(3)确定资金成本的一般水平即贴现率。

(4)计算投资方案现金流入量和流出量的总现值。

(5)通过项目投资决策评价指标的计算,作出投资方案是否可行的决策。

10.2.2 任务实现步骤

步骤 1 建立"独立或互斥投资方案分析表"工作表,如图 10.7 所示。

步骤 2 录入分析区域的单元公式,如图 10.8 所示。

	A	B	C	D	E	F
1			独立或互斥投资方案分析表			
2	资金成本:		10%			单位: 元
3	指标	期间	方案1	方案2	方案3	最优方案
4	初始投资	0	-300 000.00	-300 000.00	-160 000.00	
5	第一年收益	1	180 000.00	50 000.00	100 000.00	
6	第二年收益	2	140 000.00	140 000.00	70 000.00	
7	第三年收益	3	50 000.00	180 000.00	30 000.00	
8				数据分析区域		
9	净现值					
10	净现值率					
11	内含报酬率					
12	现值指数					
13	分析结论:					

图 10.7　独立或互斥投资方案分析初始图

	A	B	C	D	E	F
1			独立或互斥投资方案分析表			
2	资金成本:		0.1			单位: 元
3	指标	期间	方案1	方案2	方案3	最优方案
4	初始投资	0	-300 000	-300 000	-160 000	
5	第一年收益	1	180 000	50 000	100 000	
6	第二年收益	2	140 000	140 000	70 000	
7	第三年收益	3	50 000	180 000	30 000	
8				数据分析区域		
9	净现值	=NPV($C$2,C5:C7)+C4		=NPV($C$2,D5:D7)+D4	=NPV($C$2,E5:E7)+E4	="方案"&MATCH(MAX(C9:E9),C9:E9,0)
10	净现值率	=-C9/C4		=-D9/D4	=-E9/E4	="方案"&MATCH(MAX(C10:E10),C10:E10,0)
11	内含报酬率	=IRR(C4:C7)		=IRR(D4:D7,$C$2)	=IRR(E4:E7,$C$2)	="方案"&MATCH(MAX(C11:E11),C11:E11,0)
12	现值指数	=NPV($C$2,C5:C7)/-C4		=NPV($C$2,D5:D7)/-D4	=NPV($C$2,E5:E7)/-E4	="方案"&MATCH(MAX(C12:E12),C12:E12,0)
13	分析结论:					

图 10.8　独立或互斥投资方案分析公式图

☞ **知识链接**

　　MATCH 函数可在单元格区域（区域：工作表上的两个或多个单元格。区域中的单元格可以相邻或不相邻）中搜索指定项，然后返回该项在单元格区域中的相对位置。

　　如果需要获得单元格区域中某个项目的位置而不是项目本身，则应该使用 MATCH 函数而不是某个 LOOKUP 函数。例如，可以使用 MATCH 函数为 INDEX 函数的 row_num 参数提供值。该函数的语法规则如下：

$$MATCH(lookup\_value, lookup\_array, [match\_type])$$

具有下列参数：

lookup_value 是必需的。需要在 lookup_array 中查找的值。例如，如果要在电话簿中查找某人的电话号码，则应该将姓名作为查找值，但实际上需要的是电话号码。

lookup_value 参数可以为值（数字、文本或逻辑值）或对数字、文本或逻辑值的单元格引用。

lookup_array 是必需的。要搜索的单元格区域。

match_type 是可选的。数字 -1、0 或 1。match_type 参数指定 Excel 如何在 lookup_array 中查找 lookup_value 的值。此参数的默认值为 1。

（续上）

> 1 或省略 MATCH 函数会查找小于或等于 lookup_value 的最大值。lookup_array 参数中的值必须按升序排列。
>
> 0 MATCH 函数会查找等于 lookup_value 的第一个值。lookup_array 参数中的值可以按任何顺序排列。
>
> −1 MATCH 函数会查找大于或等于 lookup_value 的最小值。lookup_array 参数中的值必须按降序排列。

步骤 3　根据函数取值进行方案分析，如图 10.9 所示。

独立或互斥投资方案分析表

指标	期间	方案1	方案2	方案3	最优方案
资金成本：		10%			单位：元
初始投资	0	−300 000.00	−300 000.00	−160 000.00	
第一年收益	1	180 000.00	50 000.00	100 000.00	
第二年收益	2	140 000.00	140 000.00	70 000.00	
第三年收益	3	50 000.00	180 000.00	30 000.00	
数据分析区域					
净现值		¥16 904.58	¥−3 606.31	¥11 299.77	方案1
净现值率		5.63%	−1.20%	7.06%	方案3
内含报酬率		14%	9%	15%	方案3
现值指数		105.63%	98.80%	107.06%	方案3
分析结论：					

利用净现值进行分析，方案1和方案3的净现值均大于0，方案可行，最优方案为1。

利用净现值率进行分析，方案1和方案3的净现值率均大于0，方案可行，方案3的净现值率小于方案1的，原因是投入资金少，从相对值角度看，最优方案为3。

利用内含报酬率进行分析，方案1和方案3的内含报酬率均大于资本成本率10%，方案可行，最优方案为3。

利用现值指数进行分析，方案1和方案3的现值指数均大于1，方案可行，最优方案为3。

图 10.9　独立或互斥投资方案分析效果与分析图

10.2.3　拓展任务

利用 10.1.3 拓展任务的模型分析上述独立或互斥投资方案。

任务 10.3　固定资产更新决策

10.3.1　任务分析

固定资产更新决策与新建项目相比，固定资产更新决策最大的难点在于不容易估算项目的净现金流量。

在估算固定资产更新项目的净现金流量时，要注意以下几点：

第一，项目计算期不取决于新设备的使用年限，而是由旧设备可继续使用的年限决定。

第二，需要考虑在建设起点旧设备可能发生的变价净收入，并以此作为估计继续使用旧设备至期满时的净残值的依据。

第三，由于以旧换新决策相当于在使用新设备投资和继续使用旧设备两个原始投资不同的备选方案中作出比较与选择。因此，第一种方法是估算增量净现金流量（ΔNCF）；第二种方法是直接比较两个方案的折现总费用的大小，然后选择折现总费用低的方案。

第四，在此类项目中，所得税后净现金流量比所得税前净现金流量更有意义。

固定资产更新决策利用差额投资内部收益率法，当更新改造项目的差额内部收益率指标大于或等于基准折现率或设定折现率时，应当进行更新；反之，就不应当进行更新。

10.3.2 任务实现步骤

10.3.2.1 保留旧设备方案数据分析

步骤 1 建立“固定资产更新决策”工作表，录入新旧设备资料，如图 10.10 所示。

	A	B	C	D	E	F	G	H
1				固定资产更新决策表				
2			新旧设备资料					
3	项目	旧设备	备注	新设备	备注2			
4	原价	84 000		76 500			替换重置，寿命相同	
5	税法残值	4 000		4 500				
6	税法使用年限（年）	8		6			企业所得税率	
7	已使用年限（年）	3		0			25%	
8	尚可使用年限（年）	6		6			资本成本率	
9	垫支营运资金	10 000		11 000			10%	
10	大修理支出	18 000	第2年末	9 000	第4年末			
11	每年折旧费（直线法）	10 000	=（原价-税法残值）/税法使用年限	12 000	=（原价-税法残值）/税法使用年限			
12	每年营运成本	13 000		7 000				
13	目前账面价值	54 000	=原值-累计折旧	76 500	=原值-累计折旧			
14	目前变现成本	40 000		76 500				
15	预计最终报废残值	5 500		6 000				

图 10.10 新旧设备资料表

步骤 2 继续编制保留旧设备方案初始表格，如图 10.11 所示。

	A	B	C	D	E	F	G	H
18				保留旧设备方案				
19	项目	0	1	2	3	4	5	6
20	每年营运成本							
21	每年折旧抵税							
22	大修理费用							
23	预计残值变价收入							
24	残值净收益纳税							
25	营运资金收回							
26	目前变价收入							
27	目前变价收入净损失减税							
28	合计							

图 10.11 保留旧设备方案初始图

步骤 3 录入“每年营运成本”数据公式，通过新旧设备资料中的数据计算而来。由于营运成本有抵税的作用，每年实际的现金流量＝每年的营运成本×（1－所得税税率）。营运成本是现金流出，为负数。参考公式，如图 10.12 所示。将 1～6 年的现金流量折现，记入第零年的单元格中，即 B20。

步骤 4 录入“每年的折旧抵税”数据公式，同样通过新旧设备资料中的数据计算而来。折旧不产生现金流出，但是可以产生抵税的效果，每年的折旧抵税的现金流量＝每年的折旧×（1－所得税税率）。折旧抵税至现金流出的减少，视同现金流入，为正数。由于税法使用年限为 8 年，已经使用 3 年，可提折旧的年限只有 5 年。参考公式如图 10.12 所示。将1～5 年的现金流量折现，记入第零年的单元格中，即 B21。

步骤 5 录入“大修理费用”的数据公式。大修理费用发生在第二年，现金流出，并有抵

（续上）

> 1 或省略 MATCH 函数会查找小于或等于 lookup_value 的最大值。lookup_array 参数中的值必须按升序排列。
>
> 0 MATCH 函数会查找等于 lookup_value 的第一个值。lookup_array 参数中的值可以按任何顺序排列。
>
> －1 MATCH 函数会查找大于或等于 lookup_value 的最小值。lookup_array 参数中的值必须按降序排列。

步骤 3　根据函数取值进行方案分析，如图 10.9 所示。

独立或互斥投资方案分析表

资金成本：	10%				单位：元
指标	期间	方案1	方案2	方案3	最优方案
初始投资	0	−300 000.00	−300 000.00	−160 000.00	
第一年收益	1	180 000.00	50 000.00	100 000.00	
第二年收益	2	140 000.00	140 000.00	70 000.00	
第三年收益	3	50 000.00	180 000.00	30 000.00	
数据分析区域					
净现值		¥16 904.58	¥−3 606.31	¥11 299.77	方案1
净现值率		5.63%	−1.20%	7.06%	方案3
内含报酬率		14%	9%	15%	方案3
现值指数		105.63%	98.80%	107.06%	方案3
分析结论：					

14　利用净现值进行分析，方案1和方案3的净现值均大于0，方案可行，最优方案为1。

15　利用净现值率进行分析，方案1和方案3的净现值率均大于0，方案可行，方案3的净现值小于方案1的，原因是投入资金少，从相对值角度看，最优方案为3。

16　利用内含报酬率进行分析，方案1和方案3的内含报酬率均大于资本成本率10%，方案可行，最优方案为3。

17　利用现值指数进行分析，方案1和方案3的现值指数均大于1，方案可行，最优方案为3。

图 10.9　独立或互斥投资方案分析效果与分析图

10.2.3　拓展任务

利用 10.1.3 拓展任务的模型分析上述独立或互斥投资方案。

任务 10.3　固定资产更新决策

10.3.1　任务分析

固定资产更新决策与新建项目相比，固定资产更新决策最大的难点在于不容易估算项目的净现金流量。

在估算固定资产更新项目的净现金流量时，要注意以下几点：

第一，项目计算期不取决于新设备的使用年限，而是由旧设备可继续使用的年限决定。

第二，需要考虑在建设起点旧设备可能发生的变价净收入，并以此作为估计继续使用旧设备至期满时的净残值的依据。

第三，由于以旧换新决策相当于在使用新设备投资和继续使用旧设备两个原始投资不同的备选方案中作出比较与选择。因此，第一种方法是估算增量净现金流量（ΔNCF）；第二种方法是直接比较两个方案的折现总费用的大小，然后选择折现总费用低的方案。

第四，在此类项目中，所得税后净现金流量比所得税前净现金流量更有意义。

固定资产更新决策利用差额投资内部收益率法，当更新改造项目的差额内部收益率指标大于或等于基准折现率或设定折现率时，应当进行更新；反之，就不应当进行更新。

10.3.2 任务实现步骤

10.3.2.1 保留旧设备方案数据分析

步骤 1 建立"固定资产更新决策"工作表，录入新旧设备资料，如图 10.10 所示。

项目	旧设备	备注	新设备	备注2		
		固定资产更新决策表				
		新旧设备资料				
原价	84 000		76 500			替换重置，寿命相同
税法残值	4 000		4 500			
税法使用年限（年）	8		6			企业所得税率
已使用年限（年）	3		0			25%
尚可使用年限（年）	6		6			资本成本率
垫支营运资金	10 000		11 000			10%
大修理支出	18 000	第2年末	9 000	第4年末		
每年折旧费（直线法）	10 000	=(原价-税法残值)/税法使用年限	12 000	=(原价-税法残值)/税法使用年限		
每年营运成本	13 000		7 000			
目前账面价值	54 000	=原值-累计折旧	76 500	=原值-累计折旧		
目前变现成本	40 000		76 500			
预计最终报废残值	5 500		6 000			

图 10.10 新旧设备资料表

步骤 2 继续编制保留旧设备方案初始表格，如图 10.11 所示。

项目	0	1	2	3	4	5	6
			保留旧设备方案				
每年营运成本							
每年折旧抵税							
大修理费用							
预计残值变价收入							
残值净收益纳税							
营运资金收回							
目前变价收入							
目前变价收入净损失减税							
合计							

图 10.11 保留旧设备方案初始图

步骤 3 录入"每年营运成本"数据公式，通过新旧设备资料中的数据计算而来。由于营运成本有抵税的作用，每年实际的现金流量＝每年的营运成本×（1－所得税税率）。营运成本是现金流出，为负数。参考公式，如图 10.12 所示。将 1～6 年的现金流量折现，记入第零年的单元格中，即 B20。

步骤 4 录入"每年的折旧抵税"数据公式，同样通过新旧设备资料中的数据计算而来。折旧不产生现金流出，但是可以产生抵税的效果，每年的折旧抵税的现金流量＝每年的折旧×（1－所得税税率）。折旧抵税至现金流出的减少，视同现金流入，为正数。由于税法使用年限为 8 年，已经使用 3 年，可提折旧的年限只有 5 年。参考公式如图 10.12 所示。将1～5年的现金流量折现，记入第零年的单元格中，即 B21。

步骤 5 录入"大修理费用"的数据公式。大修理费用发生在第二年，现金流出，并有抵

税作用,公式如图 10.12,为负数。录入第一年的数据为 0,再将 1～2 年的现金流量折现,记入第零年的单元格中,即 B22。

步骤 6　录入"预计残值变价收入"公式。预计残值变价收入发生在第六年,折现时,需将 1～5 年数据补充为 0。再将 1～6 年的现金流量折现,记入第零年的单元格中,即 B23。

步骤 7　录入"残值净收益纳税"的数据公式。预计残值变价收入大于税法计算的净残值,产生预计净收益,因此要预计净收益纳税额=(预计残值变价收入-税法残值)×所得税税率。残值净收益纳税发生在第六年,折现时,需将 1～5 年数据补充为 0。再将 1～6 年的现金流量折现,记入第零年的单元格中,即 B24。

步骤 8　录入"营运资金的收回"的数据公式。营运资金的收回发生在第六年,折现时,需将 1～5 年数据补充为 0。再将 1～6 年的现金流量折现,记入第零年的单元格中,即 B25。

步骤 9　录入"目前变价收入"的数据公式。变价收入是指将旧设备出售,能收回的资金,使用保留旧设备的方案,就不能同时收回这笔资金,因此,相当于资金的投入,直接记入第零年的单元格中,即 B26。

步骤 10　录入"目前变价收入净损失减税"的数据公式。目前变价收入小于目前账面价值,产生净损失,因此可以抵税=(目前变价收入-目前账面价值)×所得税税率。直接记入第零年的单元格中,即 B27。

步骤 11　将上述数据合计,第零年的合计数,即该方案的净现值。参考公式如图 10.12 所示,效果参考如图 10.13 所示。

	A	B	C	D	E	F	G	H
					保留旧设备方案				
18								
19	项目	0	1	2	3	4	5	6
20	每年营运成本	=NPV($G$9, C20:H20)	=-$B$12*(1-$G$7)	=-$B$12*(1-$G$7)	=-$B$12*(1-$G$7)	=-$B$12*(1-$G$7)	=-$B$12*(1-$G$7)	=-$B$12*(1-$G$7)
21	每年折旧抵税	=NPV($G$9, C21:H21)	=$B$11*$G$7	=$B$11*$G$7	=$B$11*$G$7	=$B$11*$G$7	=$B$11*$G$7	
22	大修理费用	=-NPV($G$9, C22:D22)	0	=-B10*(1-$G$7)				
23	预计残值变价收入	=NPV($G$9, C23:H23)	0	0	0	0	0	=B15
24	残值净收益纳税	=NPV($G$9, C24:H24)	0	0	0	0	0	=-(B15-B5)*G7
25	营运资金收回	=NPV($G$9, C25:H25)	0	0	0	0	0	=B9
26	目前变价收入	=-B14	0	0	0	0	0	0
27	目前变价收入净损失减税	=(B14-B13)*G7	0	0	0	0	0	0
28	合计	=SUM(B20:B27)	=SUM(C20:C27)	=SUM(D20:D27)	=SUM(E20:E27)	=SUM(F20:F27)	=SUM(G20:G27)	=SUM(H20:H27)

图 10.12　保留旧设备方案公式图

	A	B	C	D	E	F	G	H
					保留旧设备方案				
18								
19	项目	0	1	2	3	4	5	6
20	每年营运成本	-42 463.79	-9 750	-9 750	-9 750	-9 750	-9 750	-9 750
21	每年折旧抵税	9 476.97	2 500	2 500	2 500	2 500	2 500	
22	大修理费用	-11 157.02	0	-13 500				
23	预计残值变价收入	3 104.61	0	0	0	0	0	5 500
24	残值净收益纳税	-211.68	0	0	0	0	0	-375
25	营运资金收回	5 644.74	0	0	0	0	0	10 000
26	目前变价收入	-40 000.00	0	0	0	0	0	0
27	目前变价收入净损失减税	-3 500.00	0	0	0	0	0	0
28	合计	-79 106.18	-7 250	-20 750	-7 250	-7 250	-7 250	5 375

图 10.13　保留旧设备方案效果图

10.3.2.2　购买新设备方案数据分析

步骤 1　编制购买新设备方案初始表格,如图 10.14 所示。

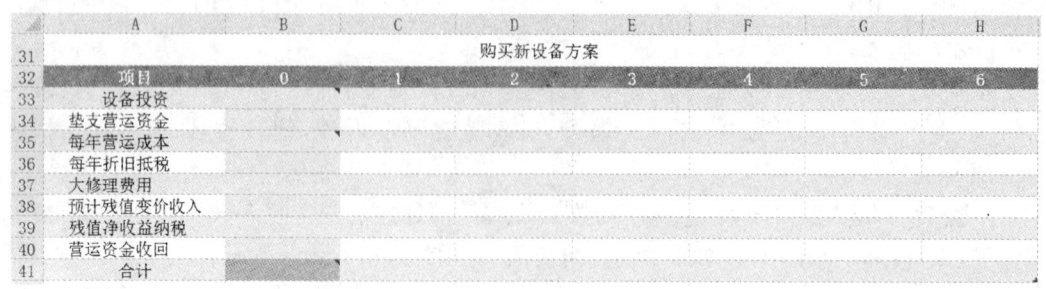

图 10.14　购买新设备方案初始图

步骤 2　录入"设备投资"数据公式,设备投资直接记为新设备的原价,现金流出,记为负数,记入第零年的单元格中,即 B33。

步骤 3　录入"垫支营运资金"数据公式,由于旧设备已经使用了 3 年,早在 3 年前就应垫支了营运资金,所以旧设备数据分析中没有涉及垫支了营运资金。但是如果购入新设备,就需要出售旧设备,旧设备垫支的营运资金转移到新设备上,新设备垫支的营运资金高于旧设备垫支的营运资金,只要支付差额就可以了。因此公式为:新设备垫支的营运资金－旧设备垫支的营运资金。记入第零年的单元格中,即 B34。

步骤 4　录入"每年营运成本"数据公式,通过新旧设备资料中的数据计算而来。由于营运成本有抵税的作用,每年实际的现金流量＝每年的营运成本×(1－所得税税率)。营运成本是现金流出,为负数。参考公式如图 10.15。将 1～6 年的现金流量折现,记入第零年的单元格中,即 B35。

步骤 5　录入"每年的折旧抵税"数据公式,同样通过新旧设备资料中的数据计算而来。折旧不产生现金流出,但是可以产生抵税的效果,每年的折旧抵税的现金流量为:每年的折旧×(1－所得税税率)。折旧抵税至现金流出的减少,视同现金流入,为正数。可提折旧的年限 6 年。参考公式如图 10.15 所示。将 1～6 年的现金流量折现,记入第零年的单元格中,即 B36。

步骤 6　录入"大修理费用"数据公式。大修理费用发生在第四年,现金流出,并有抵税作用,公式如图 10.12,为负数。录入第一、第二、第三年的数据为 0,再将 1～4 年的现金流量折现,记入第零年的单元格中,即 B37。

步骤 7　录入"预计残值变价收入"公式。预计残值变价收入发生在第六年,折现时,需将 1～5 年数据补充为 0。再将 1～6 年的现金流量折现,记入第零年的单元格中,即 B38。

步骤 8　录入"残值净收益纳税"数据公式。预计残值变价收入大于税法计算的净残值,产生预计净收益,因此要预计净收益纳税额＝(预计残值变价收入－税法残值)×所得税税率。残值净收益纳税发生在第六年,折现时,需将 1～5 年数据补充为 0。再将 1～6 年的现金流量折现,记入第零年的单元格中,即 B39。

步骤 9　录入"营运资金的收回"数据公式。营运资金的收回发生在第六年,折现时,需将 1～5 年数据补充为 0。再将 1～6 年的现金流量折现,记入第零年的单元格中,即 B40。

步骤 10　将上述数据合计,第零年的合计数,即该方案的净现值。参考公式如图 10.15所示,效果参考如图 10.16。

图 10.15 购买新设备方案公式图

图 10.16 购买新设备方案效果图

10.3.2.3 方案分析

上述两个方案是替换重置,寿命相同的案例,营业收入预计相同,则没有考虑,因此,两个方案的净现值实际为两个方案的相关现金流出的现值,且都为负数。保留旧设备的方案的现金流出的现值小于购买新设备方案的现金流出的现值,故应当选择保留旧设备的方案。

10.3.3 拓展任务

从上例可以看出替换重置的案例,由于营业收入预计相同,不予以考虑,其他相同的信息也将不予以考虑,因此,固定资产更新决策可以利用差额投资内部收益率法,进行判断。请大家根据上述资料建立一个差额投资内部收益率法的分析模型。

实 战 训 练

吉大卢卡设备有限公司急需 1 台不需要安装的设备,设备投入使用后,每年可增加营业收入与营业税金及附加的差额为 60 000 元,增加经营成本 37 000 元。市场上该设备的购买价(含税)为 80 000 元,折旧年限为 10 年,预计净残值为 4 000 元。若从租赁公司按经营租赁的方式租入同样的设备,只需每年年末支付 10 000 元租金,可连续租用 10 年。假定基准折现率为 10%,适用的企业所得税税率为 25%。

试建立模型,进行案例分析。

附录 1　　Excel 中的 VBA 语言介绍

第一节　标识符

标识符是一种标识变量、常量、过程、函数、类等语言构成单位的符号,利用它可以完成对变量、常量、过程、函数、类等的引用。命名规则如下所述。

1. 字母打头,由字母、数字和下划线组成,如 A987b_23Abc

2. 字符长度小于 40(Excel 2002 以上中文版等,可以用汉字且长度可达 254 个字符)

3. 不能与 VB 保留字重名

第二节　运算符

运算符是代表 VB 某种运算功能的符号。

1. 赋值运算符

2. 数学运算符 &、+(字符连接符)、+(加)、-(减)、Mod(取余)、\(整除)、*(乘)、/(除)、-(负号)、^(指数)

3. 逻辑运算符 Not(非)、And(与)、Or(或)、Xor(异或)、Eqv(相等)、Imp(隐含)

4. 关系运算符=(相同)、<>(不等)、>(大于)、<(小于)、>=(不小于)、<=(不大于)、Like、Is

5. 位运算符 Not(逻辑非)、And(逻辑与)、Or(逻辑或)、Xor(逻辑异或)、Eqv(逻辑等)、Imp(隐含)

第三节　数据类型

VBA 共有 12 种数据类型,具体见表 1,此外用户还可以根据以下类型用 Type 自定义数据类型。

表 1　　　　　　　　　　　　　　　　VBA 数据类型表

数据类型	类型标识符	字节
字符串型 String	$	字符长度(0~65 400)
字节型 Byte	无	1
布尔型 Boolean	无	2
整数型 Integer	%	2

购买新设备方案							
项目	0	1	2	3	4	5	6
设备投资	=-D4						
垫支营运资金	=-D9+B9						
每年营运成本	=NPV($G$9,C35:H35)	=-$D$12*(1-$G$7)	=-$D$12*(1-$G$7)	=-$D$12*(1-$G$7)	=-$D$12*(1-$G$7)	=-$D$12*(1-$G$7)	=-$D$12*(1-$G$7)
每年折旧抵税	=NPV($G$9,C36:H36)	=-$D$11*$G$7	-$D$11*$G$7	=-$D$11*$G$7	=-$D$11*$G$7	=-$D$11*$G$7	0
大修理费用	=NPV($G$9,C37:H37)	0	0	0	=-D10*(1-G7)	0	0
预计残值变价收入	=NPV($G$9,C38:H38)	0	0	0	0	0	=D15
残值净收益纳税	=NPV($G$9,C39:H39)	0	0	0	0	0	=-(D15-D5)*G7
营运资金收回	=NPV($G$9,C40:H40)	0	0	0	0	0	=D9
合计	=SUM(B33:B40)	=SUM(C33:C40)	=SUM(D33:D40)	=SUM(E33:E40)	=SUM(F33:F40)	=SUM(G33:G40)	=SUM(H33:H40)

图 10.15　购买新设备方案公式图

购买新设备方案							
项目	0	1	2	3	4	5	6
设备投资	-76 500.00						
垫支营运资金	-1 000.00						
每年营运成本	-22 865.12	-5 250	-5 250	-5 250	-5 250	-5 250	-5 250
每年折旧抵税	13 065.78	3 000	3 000	3 000	3 000	3 000	3 000
大修理费用	-4 610.34	0	0	0	-6 750	0	0
预计残值变价收入	3 386.84	0	0	0	0	0	6 000
残值净收益纳税	-211.68	0	0	0	0	0	-375
营运资金收回	6 209.21	0	0	0	0	0	11 000
合计	-82 525.30	-2 250	-2 250	-2 250	-9 000	-2 250	14 375

图 10.16　购买新设备方案效果图

10.3.2.3　方案分析

上述两个方案是替换重置,寿命相同的案例,营业收入预计相同,则没有考虑,因此,两个方案的净现值实际为两个方案的相关现金流出的现值,且都为负数。保留旧设备的方案的现金流出的现值小于购买新设备方案的现金流出的现值,故应当选择保留旧设备的方案。

10.3.3　拓展任务

从上例可以看出替换重置的案例,由于营业收入预计相同,不予以考虑,其他相同的信息也将不予以考虑,因此,固定资产更新决策可以利用差额投资内部收益率法,进行判断。请大家根据上述资料建立一个差额投资内部收益率法的分析模型。

实　战　训　练

吉大卢卡设备有限公司急需 1 台不需要安装的设备,设备投入使用后,每年可增加营业收入与营业税金及附加的差额为 60 000 元,增加经营成本 37 000 元。市场上该设备的购买价(含税)为 80 000 元,折旧年限为 10 年,预计净残值为 4 000 元。若从租赁公司按经营租赁的方式租入同样的设备,只需每年年末支付 10 000 元租金,可连续租用 10 年。假定基准折现率为 10%,适用的企业所得税税率为 25%。

试建立模型,进行案例分析。

207

附录1　Excel 中的 VBA 语言介绍

项目一　VBA 语言基础

第一节　标识符

标识符是一种标识变量、常量、过程、函数、类等语言构成单位的符号,利用它可以完成对变量、常量、过程、函数、类等的引用。命名规则如下所述。

1. 字母打头,由字母、数字和下划线组成,如 A987b_23Abc
2. 字符长度小于 40(Excel 2002 以上中文版等,可以用汉字且长度可达 254 个字符)
3. 不能与 VB 保留字重名

第二节　运算符

运算符是代表 VB 某种运算功能的符号。

1. 赋值运算符
2. 数学运算符 &、+(字符连接符)、+(加)、-(减)、Mod(取余)、\(整除)、*(乘)、/(除)、-(负号)、^(指数)
3. 逻辑运算符 Not(非)、And(与)、Or(或)、Xor(异或)、Eqv(相等)、Imp(隐含)
4. 关系运算符=(相同)、<>(不等)、>(大于)、<(小于)、>=(不小于)、<=(不大于)、Like、Is
5. 位运算符 Not(逻辑非)、And(逻辑与)、Or(逻辑或)、Xor(逻辑异或)、Eqv(逻辑等)、Imp(隐含)

第三节　数据类型

VBA 共有 12 种数据类型,具体见表1,此外用户还可以根据以下类型用 Type 自定义数据类型。

表 1　　　　　　　　　　　　　　　VBA 数据类型表

数据类型	类型标识符	字节
字符串型 String	$	字符长度(0~65 400)
字节型 Byte	无	1
布尔型 Boolean	无	2
整数型 Integer	%	2

（续表）

数据类型	类型标识符	字节
长整数型 Long	&	4
单精度型 Single	!	4
双精度型 Double	#	8
日期型 Date	无	8(公元 100/1/1 至公元 99/12/31)
货币型 Currency	@	8
小数点型 Decimal	无	14
变体型 Variant	无	以上任意类型,可变
对象型 Object	无	4

第四节　变量与常量

1. VBA 允许使用未定义的变量,默认是变体变量

2. 在模块通用说明部分,加入 Option Explicit 语句可以强迫用户进行变量定义

3. 变量定义语句及变量作用域

Dim 变量 as 类型　　定义为局部变量,如 Dim xyz as integer

Private 变量 as 类型　　定义为私有变量,如 Private xyz as byte

Public 变量 as 类型　　定义为公有变量,如 Public xyz as single

Global 变量 as 类型　　定义为全局变量,如 Globlal xyz as date

Static 变量 as 类型　　定义为静态变量,如 Static xyz as double

一般变量作用域的原则是,哪部分定义就在哪部分起作用,模块中定义则在该模块起作用。

常量为变量的一种特例,用 Const 定义,且定义时赋值,程序中不能改变值,作用域也如同变量作用域。如:Const Pi 3. 1415926 as single。

第五节　数组

数组是包含相同数据类型的一组变量的集合,对数组中的单个变量引用通过数组索引下标进行。在内存中表现为一个连续的内存块,必须用 Global 或 Dim 语句来定义。定义规则如下:

Dim 数组名([lowerto]upper[,[lowerto]upper,…])astype; Lower 缺省值为 0。二维数组是按行列排列,如 XYZ(行,列)。除了以上固定数组外,VBA 还有一种功能强大的动态数组,定义时无大小维数声明;在程序中再利用 Redim 语句来重新改变数组大小,原来数组内容可以通过加 preserve 关键字来保留。

如下例:

Dim array 1( )asdouble:Redim array 1(5):array 1(3)=250:Redim preserve array 1(5,10)。

第六节　注释和赋值语句

1. 注释语句是用来说明程序中某些语句的功能和作用;VBA 中有两种方法标识为注释语句

2. 赋值语句是进行对变量或对象属性赋值的语句,采用赋值号,如 X＝123；Form1. caption＝"我的窗口"

对对象的赋值采用：setmyobject＝object 或 myobject：＝object

第七节　书写规范

1. VBA 不区分标识符的字母大小写,一律认为是小写字母

2. 一行可以书写多条语句,各语句之间以冒号：分开

3. 一条语句可以多行书写,以空格加下划线_来标识下行为续行

4. 标识符最好能简洁明了,不造成歧义

第八节　判断语句

1. If…Then…Else 语句

If…Then…Else 语句

根据表达式的值,有条件地执行一组语句。

If condition Then ［statements］［ elsestatements］

如：If A＞B And C＜D Then A＝B＋2 Else A＝C＋2

如：If x＞250 Then x＝x－100

或者,可以使用块形式的语法：

If condition ［ Then ］

　　［ statements］

［ ElseIf elseifcondition ［ Then ］

　　［ elseifstatements ］］

［ Else

　　［ elsestatements ］］

End IfElse

　　Digits ＝ 3

End If

2. SelectCase…Case…EndCase 语句

为了避免难以弄清的复杂的嵌套的 If 语句,你可以使用 Select Case 语句代替。

SelectCase Pid

Case"A32"

Price＝200

Case"A33"

Price＝300

CaseElse

Price＝900

End Select

3. Choose 函数

Choose(index,choce－1,choice－2,…,choice－n)

  Choose 函数可以用来选择自变量串列中的一个值，并将其返回，index 必要参数，数值表达式或字段，它的运算结果是一个数值，且介于 1 和可选择的项目数之间。choice 必要参数，Variant 表达式，包含可选择项目的其中之一。如：

  GetChoice＝Choose(ind,"speedy","united","federal")。

  4. Switch 函数

  Switch(expr－1,value－1[,expr－2,value－2_[,expr－n,value－n]])

  Switch 函数和 Choose 函数类似，但它是以两个一组的方式返回所要的值，在串列中，最先为 TRUE 的值会被返回。expr 必要参数，要加以计算的 Variant 表达式。value 必要参数。如果相关的表达式为 TRUE，则返回此部分的数值或表达式，没有一个表达式为 TRUE，Switch 会返回一个 Null 值。

第九节　循环语句

  1. ForNext 语句

  以指定次数来重复执行一组语句。

For counter start To end[Step]'step 缺省值为 1

[statements]

[Exit For]

[statements]

Next[counter]

  例如：

For Words＝26 To 1 Step－1 '建立 26 次循环

For Chars＝0 To 25'建立 26 次循环

MyString＝MyString&Chars '将数字添加到字符串中

Next Chars 'Incrementcounter

MyString＝MyString&"" '添加一个空格

Next Words

  2. ForEach···Next 语句

  主要功能是对一个数组或集合对象进行，让所有元素重复执行一次语句

For Each elementIngroup

Statements

[Exitfor]

Statements

Next[element]

  例如：

For Eachrang 2 Inrange 1

With range 2. interior

. Colorindex＝6

. Pattern＝XlSolid

```
Endwith
Next
```

第十节　过程和函数

过程是构成程序的一个模块,往往用来完成一个相对独立的功能。过程可以使程序更清晰、更具结构性。VBA 具有四种过程:Sub 过程、Function 函数、Property 属性过程和 Event 事件过程。

1. Sub 过程

Sub 过程的参数有两种传递方式:按值传递(ByVal)和按地址传递(ByRef)。

例如:

```
Sub password(ByValxasinteger,ByRefyasinteger)
If y=280 then y=x+y else y=x-y
x=x+280
Endsub
Subcall_password()
Dim x 1asinteger
Dim y 1asinteger
x1=28
y1=280
Endsub
```

2. Function 函数

函数实际是实现一种映射,它通过一定的映射规则,完成运算并返回结果。参数传递也有两种:按值传递(ByVal)和按地址传递(ByRef)。

例如:

```
Function password(ByValxasinteger,Byrefyasinteger)as boolean
If y=280 then y=x+y else y=x-y
x=x+280
if y=330 then password=true else password=false
End Function
Subcall_password()
Dim x1 as integer
Dim y1 as integer
x1=28
y1=280
Endsub
```

第十一节　内部函数

在 VBA 程序语言中有许多内置函数,可以帮助程序代码设计和减少代码的编写工作。

1. 测试函数

IsNumeric(x)：是否为数字，返回 Boolean 结果－True or False

IsDate(x)：是否是日期，返回 Boolean 结果－True or False

IsEmpty(x)：是否为 Empty，返回 Boolean 结果－True or False

IsArray(x)：指出变量是否为一个数组。

IsError(expression)：指出表达式是否为一个错误值

IsNull(expression)：指出表达式是否不包含任何有效数据（Null）。

IsObject(identifier)：指出标识符是否表示对象变量

2. 数学函数

Sin(X)、Cos(X)、Tan(X)、Atan(x)：三角函数，单位为弧度

Log(x)：返回 x 的自然对数

Exp(x)：返回 e 或 x

Abs(x)：返回绝对值

Int(number)、Fix(number)：返回参数的整数部分，区别以案例为证：Int 将－10.4 转换成－11，而 Fix 将－10.4 转换成－10

Sgn(number)：返回一个 Variant(Integer)，指出参数的正负号

Sqr(number)：返回一个 Double，指定参数的平方根

VarType(varname)：返回一个 Integer，指出变量的子类型

Rnd(x)：返回 0~1 之间的单精度数据，x 为随机种子

3. 字符串函数

Trim(string)：去掉 string 左右两端空白

Ltrim(string)：去掉 string 左端空白

Rtrim(string)：去掉 string 右端空白

Len(string)：计算 string 长度

Left(string,x)：取 string 左段 x 个字符组成的字符串

Right(string,x)：取 string 右段 x 个字符组成的字符串

Mid(string,start,x)：取 string 从 start 位开始的 x 个字符组成的字符串

Ucase(string)：转换为大写

Lcase(string)：转换为小写

Space(x)：返回 x 个空白的字符串

Asc(string)：返回一个 integer，代表字符串中首字母的字符代码

Chr(charcode)：返回 string，其中包含有与指定的字符代码相关的字符

4. 转换函数

CBool(expression)：转换为 Boolean 型

CByte(expression)：转换为 Byte 型

CCur(expression)：转换为 Currency 型

CDate(expression)：转换为 Date 型

CDbl(expression)：转换为 Double 型

CDec(expression)：转换为 Decemal 型

CInt(expression)：转换为 Integer 型

CLng(expression)：转换为 Long 型

CSng(expression)：转换为 Single 型

CStr(expression)：转换为 String 型

CVar(expression)：转换为 Variant 型

Val(string)：转换为数据型

Str(number)：转换为 String

5. 时间函数

Now：返回一个 Variant(Date)，根据计算机系统设置的日期和时间来指定日期和时间。

Date：返回包含系统日期的 Variant(Date)。

Time：返回一个指明当前系统时间的 Variant(Date)。

Month(date)：返回一个 Variant(Integer)，其值为 1～12 的整数，表示 1 年中的某月

Year(date)：返回 Variant(Integer)，包含表示年份的整数。

Weekday(date,[firstdayofweek])：返回一个 Variant(Integer)，包含一个整数，代表某个日期是星期几

第十二节 文件操作

Dir[(pathname[,attributes])]：pathname 可选参数，用来指定文件名的字符串表达式，可能包含目录或文件夹，以及驱动器。如果没有找到 pathname，则会返回零长度字符串("")；attributes 可选参数。常数或数值表达式，其总和用来指定文件属性。如果省略，则会返回匹配 pathname，但不包含属性的文件。

Kill(pathname)：从磁盘中删除文件，pathname 参数是用来指定一个文件名。

RmDir(pathname)：从磁盘中删除目录，pathname 参数是用来指定一个文件夹。

项目二 VisualBASIC 程序设计网络教学

第一节 宏的简介

1. VBA 和 VB 的区别

语言 VASUALBASIC 的子集，实际上 VBA 是"寄生于"VB 应用程序的版本。VBA 和 VB 的区别包括如下几个方面：

(1) VB 是设计用于创建标准的应用程序，而 VBA 是使已有的应用程序(Excel 等)自动化。

(2) VB 具有自己的开发环境，而 VBA 必须寄生于已有的应用程序。

(3) 要运行 VB 开发的应用程序，用户不必安装 VB，因为 VB 开发出的应用程序是可执行文件(∗.EXE)，而 VBA 开发的程序必须依赖于它的"父"应用程序，∗VBA 可以称作 Excel 的"遥控器"。

VBA 究竟是什么？更确切地讲，它是一种自动化语言，它可以使常用的程序自动化，可以创建自定义的解决方案。

2. Excel 环境中基于应用程序自动化的优点

（1）使重复的任务自动化。

（2）自定义 Excel 工具栏,菜单和界面。

（3）简化模板的使用。

（4）自定义 Excel,使其成为开发平台。

（5）创建报表。

（6）对数据进行复杂的操作和分析。

3. 录制简单的宏

"宏"是指一系列 Excel 能够执行的 VBA 语句。

以下案例将要录制的宏非常简单,只是改变单元格颜色。请完成如下操作步骤:

（1）打开新工作簿,确认其他工作簿已经关闭。

（2）选择 D8 单元格。调出"常用"工具栏。

（3）选择"工具"—"宏"—"录制新宏"。

（4）输入"改变颜色"作为宏名替换默认宏名,单击确定,注意,此时状态栏中显示"录制",特别是"停止录制"工具栏也显示出来。替换默认宏名主要是便于分别这些宏。

（5）选择"格式"的"单元格",选择"图案"选项中的红色,单击"确定"按钮。

（6）单击"停止录制"工具栏按钮,结束宏录制过程。

录制完一个宏后就可以执行它了。

4. 执行宏

当执行一个宏时,可以按以下步骤进行:

（1）选择任何一个单元格,例如 D8。

（2）选择"工具"—"宏"—"宏",显示"宏"对话框。

（3）选择"改变颜色",选择"执行",则 D8 单元格的颜色变为红色。

5. 查看录制的代码

（1）选择"工具"—"宏"—"宏",显示"宏"对话框。

（2）单击列表中的"改变颜色",选择"编辑"按钮。此时,会打开 VBA 的编辑器窗口（VBE）,代码如下:

```
Sub 改变颜色()
′改变颜色 Macro
′xw 记录的宏 2011-7-20
With Selection. Interior
. Color Index=3
. Pattern=xl Solid
. Pattern Color Index=xl Automatic
EndWith
EndSub
```

6. 编辑录制的代码

在上一节案例中,我们录制了一个宏并查看了代码。现在,在宏中作一个修改,删除多余行,直到和下面代码相同:

```
Sub 改变颜色()
```

'改变颜色 Macro

'xw 记录的宏 2011-7-20

With Selection. Interior

. Color Index＝3

EndWith

EndSub

完成后,结果和修改前的状况一样。在 With 语句前加入一行:

Range("D8"). Select

宏运行结果都是使 D8 单元格变红。

7. 录制宏的局限性

希望自动化的许多 Excel 过程大多可以用录制宏来完成。但是宏记录器存在以下局限性。

(1) 录制的宏无判断或循环能力。

(2) 人机交互能力差,即用户无法进行输入,计算机无法给出提示。

(3) 无法显示 Excel 对话框。

(4) 无法显示自定义窗体。

第二节　处理录制的宏

1. 为宏指定快捷键

快捷键是指键的组合,当其按下时执行一条命令。

例如:Ctrl＋C 在许多程序中代表"复制"命令。当给宏指定了快捷键后,就可以用快捷键来执行宏,而不必通过"工具"菜单。

注意:当包含宏的工作簿打开时间,为宏指定快捷键会覆盖 Excel 默认的快捷键。例如:把 Ctrl＋C 指定给某个宏,那么 Ctrl＋C 就不再执行复制命令。用以下方法可以打印出 Excel 的快捷键清单:

(1) 打开 Excel 帮助文件并选择"目录"选项。

(2) 从"使用快捷键"文件夹中选择"快捷键"标题。

(3) 右击该标题,从快捷菜单中选择"打印"。

(4) 选择"打印所选标题和所有子主题",单击"确定"按钮。

2. 决定宏保存的位置

宏可保存在三种可能的位置:

(1) 当前工作簿(只有该工作簿打开时,该宏才可用)。

(2) 新工作簿。

(3) 个人宏工作簿。

3. 个人宏工作簿

个人宏工作簿,是为宏而设计的一种特殊的具有自动隐藏特性的工作簿。第一次将宏创建到个人宏工作簿时,会创建名为"PERSONAL. XLS"的新文件。如果该文件存在,则每当 Excel 启动时会自动将此文件打开并隐藏在活动工作簿后面(在"窗口"菜单中选择"取消隐藏"后,可以很方便地发现它的存在)。如果你要让某个宏在多个工作簿都能使用,那么就应当创建个人宏工作簿,并将宏保存于其中。个人宏工作簿保存在"XLSTART"文件夹中。具体路径为:

C:\WINDOWS\Profiles\ApplicationData\Microsoft\Excel\XLSTART。可以以单词"XLSTART"查询。

注意:如果存在个人宏工作簿,则每当 Excel 启动时会自动将此文件打开并隐藏。因为它存放在 XLSTART 文件夹内。

4. 将宏指定给按钮

"按钮"是最常见的界面组成元素之一. 通过使用"窗体"工具栏,可以为工作簿中的工作表添加按钮。在创建完一个按钮后,可以为它指定宏,然后你的用户就可以通过单击按钮来执行宏。具体操作步骤如下:

(1) 打开工作簿。

(2) 调出"窗体"工具栏。

(3) 单击"窗体"工具栏中的"按钮"控件,此时鼠标变成十字形状。

(4) 在希望放置按钮的位置按下鼠标左键,拖动鼠标画出一个矩形,这个矩形代表了该按钮的大小。对大小满意后放开鼠标左键,这样一个命令按钮就添加到了工作表中,同时 Excel 自动显示"指定宏"对话框。

(5) 从"指定宏"对话框中选择"格式化文本",单击"确定"按钮。这样,就把该宏指定给命令按钮。

(6) 在按钮的标题"按钮 1"前单击鼠标左键,按下 Delete 直到删除所有文本,输入"格式化"作为标题。

(7) 单击按钮外的任意位置,现在该按钮的标题由默认的"按钮 1"变为"格式化"而且被指定了一个宏。

(8) 试着在某个单元格中输入文本,单击按钮运行该宏。

当鼠标移动至该按钮时自动变成手的形状,如果要改变其大小或标题,只需用右键单击该按钮就可以进行修改和设置。很明显,你再也不需记住宏的名字或快捷键了,只需按一下按钮。

5. 将宏指定给图片或其他对象

指定宏到图片十分简单,只需单击某个图片,单击快捷菜单中的"指定宏"进行设置即可。

如果不希望在工作表上添加控件或图片执行宏,还有一种方法可以选择:将宏指定给"工具栏按钮",可按如下操作步骤进行:

(1) 打开工作簿,选择"工具"—"定义",显示"自定义工具栏"对话框。

(2) 从"类别"列表框中选择"宏",从"命令"列表框中选择"自定义按钮"。

(3) 将"自定义按钮"拖动到工具栏。

(4) 右键单击该按钮,选择"指定宏",显示"指定宏"对话框。

(5) 选择"格式化文本"并确定。

(6) 单击"关闭"按钮,关闭"自定义工具栏"对话框。

(7) 试着在某个单元格中输入文本,单击工具栏按钮运行该宏。

项目三　学习控件

1. Excel 开发过程简介

需要对以下问题有个大致的概念。

（1）谁使用——这决定了程序的操作难度及界面感观。

（2）数据来源和保存在哪里——这决定了程序的结构。

（3）如何操作——这将决定程序的界面和细节。

（4）数据处理的结果——最终决定程序的价值。

2. 认识不同的控件

开始时请关闭所有工作簿，打开一个新工作簿并另存为。在工具栏上单击鼠标右键，从快捷菜单中选择"窗体"，显示"窗体"工具栏. 其中有 16 个控件，只有 9 个可放到工作表内。

（1）标签：用于表现静态文本。

（2）分组框：用于将其他控件进行组合。

（3）按钮：用于执行宏命令。

（4）复选框：是一个选择控件，通过单击可以选择和取消选择，可以多项选择。

（5）选项按钮：通常几个选项按钮组合在一起使用，在一组中只能选择一个选项按钮。

（6）列表框：用于显示多个选项并从中选择。只能单选。

（7）组合框：用于显示多个选项并从中选择。可以选择其中的项目或者输入一个其他值。

（8）滚动条：不是你常见的来给很长的窗体添加滚动能力的控件，而是一种选择机制。例如调节过渡色的滚动条控件，包括水平滚动条和垂直滚动条。

（9）微调控件：也是一种数值选择机制，通过单击控件的箭头来选择数值。例如改变 Windows 日期或时间就会使用到微调控件。

3. 向工作表添加控件

用 Excel 设计界面十分简单，要将控件添加到工作表上，可以按以下操作步骤：

（1）创建新工作簿并另存为，显示"窗体"工具栏。

（2）选择"标签"控件。

（3）将鼠标定位到指定单元格，此时鼠标变成小十字。

（4）按下左键，拖动大约指定单元格长度，放开鼠标左键。如果希望控件大小易于控制，可在创建该控件时按下 ALT 拖动。

（5）在指定标签上单击右键，选择"编辑文字"，现在可以输入文字. 完成后，单击任何单元格退出文字编辑。

（6）通过以上步骤可以添加其他控件到工作表中。

4. 设置控件的特性

设置控件的特性，可以按以下步骤操作：

（1）选中先前创建的复选框控件，如果没有，则马上创建一个。

（2）右击该控件，选择"控制"选项卡。

（3）在"单元格链接"中输入指定单元格并确定。

（4）单击任意单元格，退出设置。

　　(5) 用鼠标左键单击复选框,在指定单元格出现 TRUE,这意味着该控件被选中,再次单击该控件,指定单元格会出现 FALSE。

　　(6) 选择刚才创建的滚动条控件.并调出"设置控件格式"对话框。

　　(7) 在"单元格链接"中输入指定单元格并确定。

　　(8) 在滚动条外任意单元格单击鼠标左键,使滚动条不被选择。

　　(9) 用鼠标单击滚动条上的箭头,则指定单元格的数值增加 1,继续单击则指定单元格的数值继续增加。

　　(10) 保存并关闭该工作簿。

　　5. 给控件命名

　　当创建一个控件时 Excel 会自动给它指定一个名字,但不便于理解和记忆,为控件取名的方法基本和给单元格或区域取名的方法相同。选中某个控件,再在位于公式栏上的"名字"编辑框输入控件名字,这样就给控件更改了名字。

项目四　理解变量和变量的作用

　　1. 存放的位置:模块

　　VBA 代码必须存放在某个位置,这个地方就是模块。

　　(1) 标准模块是作为一个单元保存在一起的 VBA 定义和过程的集合。

　　(2) 类模块:VBA 允许你创建自己的对象,对象的定义包含在类模块中。

　　你的大部分工作集中在标准模块中(简称为模块)。

　　2. 对模块的概览

　　过程被定义为 VBA 代码的一个单元,过程中包括一系列用于执行某个任务或是进行某种计算的语句。工作簿的每个过程都有唯一的名字加以区分。有两种不同的过程:子程序和函数过程。子程序只执行一个或多个操作,而不返回数值。当录制完宏查看代码时,所看到的就是子程序。宏只能录制子程序,而不能录制函数过程。子程序案例如下:

```
Subcmd Sma ll Font_Click()
With Selection. Font
. Name="Arial"
. Font Style="Regular"
. Size=30
EndWith
Endsub
```

　　上面列出的过程实际上是一个事件过程。通过它的名字,就可以知道这是一个事件过程。

　　这个过程的名字是由一个对象的名字 CmdSmallFont 和一个事件的名字 Click 组成的,两者之间用下划线分开。如果还不明白,可以告诉你,CmdSmallFont 是一个命令按钮的名字。也就是说,当单击这个命令按钮时,就会运行这个事件过程。

　　函数过程通常情况下称为函数,要返回一个数值。这个数值通常是计算的结果或是测试的结果。

3. 保存对模块所做的改变

要保存新过程,需要保存过程所驻留的工作簿,可以用 VBA 编辑器保存工作簿。具体操作步骤如下:

(1) 选择"文件"—"保存工作簿"。因为本工作簿还没有保存过,所以要给它命名。

(2) 输入指定工作簿名作为文件名并按回车键,则工作簿和模块与过程都保存下来了。

4. 变量

变量是用于临时保存数值的地方。每次应用程序运行时,变量可能包含不同的数值,而在程序运行时,变量的数值可以改变。

(1) 变量的数据类型。数据类型在数据结构中的定义是一个值的集合以及定义在这个值集上的一组操作。变量是用来存储值的所在处,它们有名字和数据类型。变量的数据类型决定了如何将代表这些值的位存储到计算机的内存中。在声明变量时也可指定它的数据类型。所有变量都具有数据类型,以决定能够存储哪种数据。

数据类型包括原始类型、多元组、记录单元、代数数据类型、抽象数据类型、参考类型以及函数类型。

(2) 用 Dim 语句创建变量(声明变量)。创建变量可以使用 Dim 语句,创建变量通常成为"声明变量"。Dim 语句的基本语法如下:

Dim varname[([subscripts])][, varname[([subscripts])]]…

这条语法中的变量名代表将要创建的变量名。对变量的命名规则和对过程的命名规则相同。变量名必须以字母开始,并且只能包含字母数字和特定的特殊字符,不能包含空格句号、惊叹号,也不能包含字符@、&、$和#. 名字最大长度为 255 个字符。

在 Dim 语句中不必提供数据类型。如果没有数据类型,变量将被定义为 Variant 类型,因 VBA 中默认的数据类型是 Variant。

Variant 数据类型占用存储空间较大(16 或 22 字节)而且它将影响程序的性能。VBA 必须辨别 Variant 类型的变量中存储了何种类型的数据。

(3) 变量命名的惯例如表 2 所示。

表 2 　　　　　　　　　　　　　　**推荐的变量命名惯例**

数据类型	短前缀	长前缀
Array	a	ary
Boolean	f	bin
Currency	c	cur
Double	d	dbl
Date/Time	dt	dtm/dat
Integer	i	int
Long	l	lng
Object	o	obj
Single		sng
String	s	str
Variant	v	var

（4）使用数组。数组是具有相同数据类型并共同享有一个名字的一组变量的集合。数组中的元素通过索引数字加以区分,定义数组的方法如下:

Dimarray_name(n)Astype(其中 n 是数组元素的个数)

例如,要创建保存 25 个员工名字的数组,可以用以下语句:

Dims 员工名字(24)AsInteger

注意:括号中的数字是 24,而不是 25。这是因为在默认的情况下,第一个索引数字是 0。数组在处理相似信息时非常有用。

声明数组时的另一种方法是不给定大小,可以在程序运行时定义其大小,通过创建动态数组就可以做到。

例如,使用 VBA 程序要创建一个表格,可以提示用户输入表格的行和列的数目。声明动态数组的语法如下:

Dimdyn_array()Astype

对数组声明后可以在程序运行时用:ReDim 语句指定数组的大小:

ReDimdyn_array()(array_size)

参数 array_size 代表数组的新大小。如果要保留数组的数值,请在 ReDim 语句后使用保留字 Preserve,具体语法如下:

ReDimPreservedyn_array(array_size)

（5）变量赋值。声明变量后就可以给变量赋值。Average 是 Excel 的函数,在 VBA 中不能直接使用。在 VBA 中,通过 WorksheetFunction 对象可使用 Microsoft Excel 工作表函数。

附录 2　Excel 快捷键

1. 定位功能组合键

1) 在工作表中移动和滚动向上、下、左或右移动单元格箭头键

2) 移动到当前数据区域的边缘:Ctrl+ 箭头键

3) 移动到行首:Home

4) 移动到工作表的开头:Ctrl+Home

5) 移动到工作表的最后一个单元格:Ctrl+End

6) 向下移动一屏:Page Down

7) 向上移动一屏:Page Up

8) 向右移动一屏:Alt+Page Down

9) 向左移动一屏:Alt+Page Up

10) 移动到工作簿中下一个工作表:Ctrl+Page Down

11) 移动到工作簿中前一个工作表:Ctrl+Page Up

12) 移动到下一工作簿或窗口:Ctrl+F6 或 Ctrl+Tab

13) 移动到前一工作簿或窗口:Ctrl+Shift+F6

14) 移动到已拆分工作簿中的下一个窗格:F6

15) 移动到被拆分的工作簿中的上一个窗格:Shift+F6

16) 滚动并显示活动单元格:Ctrl+Backspace

17) 显示"定位"对话框:F5

18) 显示"查找"对话框:Shift+F5

19) 重复上一次"查找"操作:Shift+F4

20) 在保护工作表中的非锁定单元格之间移动:Tab

2. 处于 End 模式时在工作表中移动

1) 打开或关闭 End 模式:End

2) 在一行或列内以数据块为单位移动:End,箭头键

3) 移动到工作表的最后一个单元格:End,Home

4) 在当前行中向右移动到最后一个非空白单元格:End,Enter

3. 处于"滚动锁定"模式时在工作表中移动

1) 打开或关闭滚动锁定:Scroll Lock

2) 移动到窗口中左上角处的单元格:Home

3) 移动到窗口中右下角处的单元格:End

4) 向上或向下滚动一行:上箭头键或下箭头键

5) 向左或向右滚动一列：左箭头键或右箭头键

4. 用于预览和打印文档

1) 显示"打印"对话框：Ctrl+P

2) 在打印预览中时：

(1) 当放大显示时，在文档中移动：箭头键

(2) 当缩小显示时，在文档中每次滚动一页：Page Up

(3) 当缩小显示时，滚动到第一页：Ctrl+上箭头键

(4) 当缩小显示时，滚动到最后一页：Ctrl+下箭头键

5. 用于工作表、图表和宏

1) 插入新工作表：Shift+F11

2) 创建使用当前区域的图表：F11 或 Alt+F1

3) 显示"宏"对话框：Alt+F8

4) 显示"Visual Basic 编辑器"：Alt+F11

5) 插入 Microsoft Excel 4.0 宏工作表：Ctrl+F11

6) 选择工作簿中当前和下一个工作表：Shift+Ctrl+Page Down

7) 选择当前工作簿或上一个工作簿：Shift+Ctrl+Page Up

6. 选择图表工作表

1) 选择工作簿中的下一张工作表：Ctrl+Page Down

2) 选择工作簿中的上一个工作表：Ctrl+Page Up, End, Shift+Enter

7. 用于在工作表中输入数据

1) 完成单元格输入并在选定区域中下移：Enter

2) 在单元格中折行：Alt+Enter

3) 用当前输入项填充选定的单元格区域：Ctrl+Enter

4) 完成单元格输入并在选定区域中上移：Shift+Enter

5) 完成单元格输入并在选定区域中右移：Tab

6) 完成单元格输入并在选定区域中左移：Shift+Tab

7) 取消单元格输入：Esc

8) 删除插入点左边的字符，或删除选定区域：Backspace

9) 删除插入点右边的字符，或删除选定区域：Delete

10) 删除插入点到行末的文本：Ctrl+Delete

11) 向上下左右移动一个字符：箭头键

12) 移到行首：Home

13) 重复最后一次操作：F4 或 Ctrl+Y

14) 编辑单元格批注：Shift+F2

15) 由行或列标志创建名称：Ctrl+Shift+F3

16) 向下填充：Ctrl+D

17) 向右填充：Ctrl+R

18) 定义名称：Ctrl+F3

8. 设置数据格式

1）显示"样式"对话框：Alt＋'（撇号）

2）显示"单元格格式"对话框：Ctrl＋1

3）应用"常规"数字格式：Ctrl＋Shift＋～

4）应用带两个小数位的"货币"格式：Ctrl＋Shift＋$

5）应用不带小数位的"百分比"格式：Ctrl＋Shift＋％

6）应用带两个小数位的"科学记数"数字格式：Ctrl＋Shift＋^

7）应用年月日"日期"格式：Ctrl＋Shift＋#

8）应用小时和分钟"时间"格式，并标明上午或下午：Ctrl＋Shift＋@

9）应用具有千位分隔符且负数用负号（－）表示：Ctrl＋Shift＋!

10）应用外边框：Ctrl＋Shift＋&

11）删除外边框：Ctrl＋Shift＋_

12）应用或取消字体加粗格式：Ctrl＋B

13）应用或取消字体倾斜格式：Ctrl＋I

14）应用或取消下划线格式：Ctrl＋U

15）应用或取消删除线格式：Ctrl＋5

16）隐藏行：Ctrl＋9

17）取消隐藏行：Ctrl＋Shift＋（ 左括号

18）隐藏列：Ctrl＋0（零）

19）取消隐藏列：Ctrl＋Shift＋）右括号

9. 编辑数据

1）编辑活动单元格并将插入点放置到线条末尾：F2

2）取消单元格或编辑栏中的输入项：Esc

3）编辑活动单元格并清除其中原有的内容：Backspace

4）将定义的名称粘贴到公式中：F3

5）完成单元格输入：Enter

6）将公式作为数组公式输入：Ctrl＋Shift＋Enter

7）在公式中键入函数名之后，显示公式选项板：Ctrl＋A

8）在公式中键入函数名后为该函数插入变量名和括号：Ctrl＋Shift＋A

9）显示"拼写检查"对话框：F7 键

10. 插入、删除和复制选中区域

1）复制选定区域：Ctrl＋C

2）剪切选定区域：Ctrl＋X

3）粘贴选定区域：Ctrl＋V

4）清除选定区域的内容：Delete

5）删除选定区域：Ctrl＋ 连字符

6）撤销最后一次操作：Ctrl＋Z

7）插入空白单元格：Ctrl＋Shift＋ 加号

11. 在选中区域内移动

1）在选定区域内由上往下移动：Enter

2）在选定区域内由下往上移动：Shift＋Enter

3）在选定区域内由左往右移动：Tab

4）在选定区域内由右往左移动：Shift＋Tab

5）按顺时针方向移动到选定区域的下一个角：Ctrl＋Period

6）右移到非相邻的选定区域：Ctrl＋Alt＋右箭头键

7）左移到非相邻的选定区域：Ctrl＋Alt＋左箭头键

12．选择单元格、列或行

1）选定当前单元格周围的区域：Ctrl＋Shift＋＊（星号）

2）将选定区域扩展一个单元格宽度：Shift＋箭头键

3）选定区域扩展到单元格同行同列的最后非空单元格：Ctrl＋Shift＋箭头键

4）将选定区域扩展到行首：Shift＋Home

5）将选定区域扩展到工作表的开始：Ctrl＋Shift＋Home

6）将选定区域扩展到工作表的最后一个使用的单元格：Ctrl＋Shift＋End

7）选定整列：Ctrl＋Spacebar

8）选定整行：Shift＋Spacebar

9）选定整个工作表：Ctrl＋A

10）如果选定了多个单元格则只选定其中的单元格：Shift＋Backspace

11）将选定区域向下扩展一屏：Shift＋Page Down

12）将选定区域向上扩展一屏：Shift＋Page Up

13）选定了一个对象，选定工作表上的所有对象：Ctrl＋Shift＋Spacebar

14）在隐藏对象、显示对象与对象占位符之间切换：Ctrl＋6

15）显示或隐藏"常用"工具栏：Ctrl＋7

16）使用箭头键启动扩展选中区域的功能：F8

17）将其他区域中的单元格添加到选中区域中：Shift＋F8

18）将选定区域扩展到窗口左上角的单元格：Scrolllock，Shift＋Home

19）将选定区域扩展到窗口右下角的单元格：Scrolllock，Shift＋End

13．处于 End 模式时展开选中区域

1）打开或关闭 End 模式：End

2）将选定区域扩展到单元格同列同行的最后非空单元格：End，Shift＋箭头键

3）将选定区域扩展到工作表上包含数据的最后一个单元格：End，Shift＋Home

4）将选定区域扩展到当前行中的最后一个单元格：End，Shift＋Enter

14．选择含有特殊字符单元格

1）选中活动单元格周围的当前区域：Ctrl＋Shift＋＊（星号）

2）选中当前数组，此数组是活动单元格所属的数组：Ctrl＋/

3）选定所有带批注的单元格：Ctrl＋Shift＋O（字母 O）

4）选择行中不与该行内活动单元格的值相匹配的单元格：Ctrl＋\

5）选中列中不与该列内活动单元格的值相匹配的单元格：Ctrl＋Shift＋|

6）选定当前选定区域中公式的直接引用单元格：Ctrl＋[（左方括号）

7）选定当前选定区域中公式直接或间接引用的所有单元格：Ctrl＋Shift＋{ 左大括号

8）只选定直接引用当前单元格的公式所在的单元格：Ctrl＋] 右方括号

9）选定所有带有公式的单元格，这些公式直接或间接引用当前单元格：Ctrl＋Shift＋} 右大括号